山西省高等学校人文社会科学重点研究基地项目“传承与转化：港台新儒家群体研究”（201429）
山西省高等学校人文社会科学重点研究基地项目“儒家思想在东亚文化圈的传播与变迁”（201324）

主编／张焕君　林宏跃

洵美且异

山西历史文化研究

执行主编／谢耀亭

科学出版社
北京

图书在版编目（CIP）数据

洵美且异：山西历史文化研究 / 张焕君，林宏跃主编. —北京：科学出版社，2016.2

ISBN 978-7-03-047187-1

Ⅰ.①洵…　Ⅱ.①张…②林…　Ⅲ.①文化史－研究－山西省　Ⅳ.①K292.5

中国版本图书馆CIP数据核字（2016）第019052号

责任编辑：陈　亮　杨　静 / 责任校对：胡小洁
责任印制：张　倩 / 封面设计：黄华斌
编辑部电话：010-64026975
E-mail：chenliang@mail.sciencep.com

科学出版社 出版
北京东黄城根北街16号
邮政编码：100717
http://www.sciencep.com

中国科学院印刷厂 印刷

科学出版社发行　各地新华书店经销

*

2016年2月第　一　版　开本：787×1092　1/16
2016年2月第一次印刷　印张：19 1/2
字数：310 000

定价：82.00元

（如有印装质量问题，我社负责调换）

《山右文库》总序

山右便是山西。明清二代，定都北京，太行山如华北之脊，分断东西，京津冀之外，山东为左，山西为右，乃是膏腴福地，京畿屏障。上溯至三代汉唐，始有唐尧定鼎陶寺，继而三晋图霸称强，汾渭之畔，沃野千里，十三朝西安得以雄立，河东始终乃紧要大郡。故有表里河山之美誉，人杰地灵，无时或辍。

风流自古难聚易消。尧都平阳，舜耕历山，选贤举能，天下辑睦，固然早已成为文人儒士口中的常谈。百五十年间，晋国称霸中原，襄扶周室，戈矛剑盾，公筵赋诗，也已是千古绝响，人间罕闻。汉唐而下，名人胜流，难以枚举。卫、霍子弟尚武，河东旧族右文，终于成就汉武帝一世英名，万里拓土；大唐诗坛的半壁河山，同辉日月。西河遗教，时闻涑水之上；雁门雄关，又见晋商足迹。大槐树上，乌鸦盘旋，百万移民遍布南北诸省；模范省份，六政三事，南北同蒲成就一时翘楚。

人过留名，雁过留声。繁华纵可失去，但叶落归根，终能肥美地力，滋育后人。三晋大地，历史文化遗存深厚异常，时时令人瞠目结舌。自北而南，汉魏碑碣，唐宋寺观，辽金壁画，元明戏台，星罗棋布，保存完好。祠庙香会，社火戏剧，所在多有；婚丧嫁娶，四时祭祀，略存古礼。行脚之处，或可税驾古村落，风物静美；晋商大院，亦可息肩小书墅，诗书怡情。山右多贤良，原不必忠烈祠边凭吊，古书堆中翻检，偶经寻常巷陌，亦见风教翕然。

文库之编撰，起意在壬辰之年（2012）。是年，偶得机缘，一群人志同道合，接手《山西档案》，尝试用“大档案”视角，走出档案办档案，加大对历史、文化领域的研究力度。为此，创设了《人物档案》、《壁画档案》、《古风晋韵》等栏目，走乡穿野，寻访古迹遗珍，叩门入户，遍访三晋贤士。目的十分简单，就是让原本来自民间的档案脱离神秘，回归民间，再现活力。大而言之，借助先贤留下的文化档案，民族之根得以舒展、延伸，地方记忆得以复活、保存，文化传承因此有脉络可循，民族精神借此可发掘提升。

“飞龙在天，利见大人”，语出《易经》。又云：“同声相应，同气相求，云从龙，风从虎。”敢于承担，勇于创新，就能得道多助，友朋云集。倘若欣逢盛世，更能风生水起，飞龙在天，成就一番绝大事业。无需辗转反侧，何必阔论高谈，父母桑梓之地，华夏文明之源，表里山河，瑰宝无限。只要能意诚心正，步步追寻，或亲临现场，登门拜谒；或细心探索，考证发掘。追索来龙去脉，展现真实生活，无论距离千年百年，心同理同，如万世一系，如扪镜自览。社会百态得以呈现，文化血脉因此承传。

岁月轮回，逝者如水。三年之间，同道十余人，谋定后动，不甘僵化浮泛，不畏青涩手生，尝试同仁办刊，力求触碰真实。精诚所至，幸得不辱使命。一年六期，如同无中生有，聚沙成塔。时而独守青灯，披阅文献；时而聚首陋室，热烈讨论；有时奔波于道路，扫描拓印；有时倦极而求闲，酒肴蒸腾。闹市寻隐，聆听希声之言；深山问路，侍坐刍荛之畔。四季熙攘，无涉名利，同道之谊，固然铭刻五内，而能时时得到师友教正，更增豪情逸兴。标举“大档案”之理念，牵涉众多，壁画寺观，戏台古建，档案卷宗，考古发现，皆在其选。如此改弦更张，而能谬承方家赐稿，读者订阅，其中深情厚意，心中岂无感念？

言及文化，总会提到国运。以今日之平和视野来看，当今中国，否极泰来，国运舒张，四海昇平，百年屈辱，一扫而空，文化发展，自然亟需提上日程。不过就事论事，还需有所区分。对于拥有五千年灿烂文明的中国而言，在经历过欧风美雨的百年吹袭之后，所谓文化早已斑驳陆离，传统与现代、自生与舶来、城市与乡村，掺和混搭，难分彼此，面目不清，主体不明。同一块神州大地，中外古今，杂彩纷呈，貌似丰富，实则飘零。割断与文化母体的联系，便如同悬浮半空的巨人，飘荡摇摆，无所归依。同样，无视现代文明的特征，一味沉溺于传统社会中的青灯古卷、宁静田园，又不免与世隔绝，食古不化。为此，就需要明确：唯有继承，才能发展；欲求发展，必先兼容。所谓继承，举凡我中华大地，天南地北，无论是儒法释道，四书五经，抑或是残碑断碣，竹帛钟鼎，只要能体现我民族之根、国人之魂者，皆需认真梳理，仔细研究，激活潜力，抉发生机。所谓兼容，在明体用，本体不明，遑论包容？欲明本体，既需游心传统，去粗存精，亦须骋目域外，采择琼英。如果我们相信，一个历史悠久的民族，曾经创造出辉煌的文明、优雅的艺术、诗意的生活、深邃的思想，产生过先秦诸子、孔孟之道、李杜诗篇、魏晋风度，必定有其内在的生存价值，有其符合天理人道的天然逻辑，那么在实现传统文化的现代转化过程中，在拔剑四顾寻找伴随现代化而来的文化乡愁时，我们就可以眼明心亮，气量恢弘。虽然不免探索的艰辛，但言谈举止间，就可以多些自信，有自己独特的精气神，民族文化的发展与繁荣，才能更有张力，更为从容。

人在途中。茅店月小，板桥霜浓。前路正远，栉风沐雨，仍需奋力前行。动极思静，歇足逆旅，先操刀锥之功。身形一旦停顿，三年来所思所见，铺陈在这般神秀河山间，草蛇灰线，蜿蜒而动，勾连出千年来勾魂摄魄的雕梁画栋，彩袖殷勤。吕梁巍巍，太行浩荡，多少人物辉映其中，吴带当风，庙貌雄浑，山川为之增色，生命因其恢宏。铺纸磨墨，莫停留！记录中传承，反思中延伸，历史从来不离人性，书写岂能缺少温情？

《山右文库》第一辑由此面世，分为壁画、人物、历史三卷。需要说明的是，人物卷中钱存训先生一篇，乃国家图书馆林世田先生赴美访谈所得，文中按语及注释则为编者所加。钱先生并非晋人，一生也未在山西做事，收入书中难免有自坏体例之嫌，但有感于钱先生保存文化命脉之功，更动心于彼时文人之遭际与情怀，还是破例收入，并向慨然惠赐的林先生三致谢意。在文库的整理、编写过程中，又得到山西师范大学、壁画艺术博物馆、山西省档案局、山西师范大学现代文理学院等单位的大力支持，以及山西师范大学历史学院同仁的鼎力协助，在此一并致谢。

是为序。

张焕君
乙未仲秋上浣谷旦书于平阳默庐

序　　言

山西，向为形胜。巍巍太行东峙，浩浩黄河西驰，华夏接其南，大漠通其北，表里山河，风姿独绰。从塞外平城，到河东平阳，两山夹峙，黄土漫坡，生民自来倔强，文化乃成多样。塞外游牧，本有草原自由之习性；棉麦富庶，更成河汾灵秀之域疆。“中国”，在这里出现；尧舜，在此地作邦；晋魂，在斯地奠定；北魏，曾在此定都；盛唐，从此地雄起，无远弗届，雄踞一方；晋商，从这里启航，远渡重洋，福泽异邦。近代以来，晋人自治，山西堪称模范，红军东渡，革命再兴烽火。武乡黎城黄崖洞，临汾吉县克难坡，八路军总部在此，二战区军旗飘扬。从吕梁烽火，到红色太行，革命的风暴，燃烧了整个中国。

山西，向为华夏。五千年悠久文明，历风雨而弥新，千万件绝世文物，经苦难以重生。古风晋韵，薪火斯文。放眼三晋，皆是异宝奇珍。崇福寺千佛成塔，悬空寺天下巨观，应县木塔佛宫寺，五台佛光斗拱奇，晋祠难老，飞虹琉璃，边靖楼威镇三关，万佛殿靖国安邦，鹳雀楼畔看秦晋相依，秋风楼上叹帝王丘墟。历史从未失落，脚下曾经繁华。自北而南，汾水浩荡之处，触目皆成盛景。

曾经辉煌的山西，并未留存到现代人的记忆中；相反，现代人印象中的山西，并非其物质的富饶和文化的厚重，而是落后与能源共生，贫穷与豪强相处。但当我们走进山西，就会发现，那不是山西的过去，也不应该是山西的未来。余秋雨在《抱愧山西》中写道：“在上一世纪乃至以前相当长的一个时期内，中国最富有的省份不是我们现在可以想象的那些地区，而竟然是山西！直到21世纪初，山西，仍是中国堂而皇之的金融贸易中心。北京、上海、广州、武汉等城市里那些比较像样的金融机构，最高总部大抵都在山西平遥县和太谷县几条寻常的街道间，这些大城市只不过是腰缠万贯的山西商人小试身手的码头而已。”时变境迁，山西已然失去了昔日的繁华与荣耀，但正如硬币的正反面一样，事物总有两面性，相对的闭塞与落后，却也避免经济浪潮的冲击，使众多物化的历史得以存世，进而使山西成为中国为数不多的文物大省之一，尤其是地面古建，更是冠绝华夏。厚重的历史，是祖先留给我们的遗产，值得我们自豪。自豪之余，更需要我们做的是，去感悟、去研究、去继承、去发扬。因为，这是我们的责任！

20世纪伊始，史学研究便逐渐显现出尴尬的境遇。新学制的推行，使史学不再拥有昔日的地位与光环；实用理性的肆虐，使史学一次次地遭遇质问：“历史到底有何用？”甚至有学人认为，历史的镜鉴功能，在信息化的今天，已渐渐失去功能。百年以来，很多研究历史的学者，为了维护学科的尊严，努力去试图给出答案。其实，诸如此类问题，大可不必理会，文德尔班说：“人是有历史的动物。”多么经典的话，只此一句，无需多言，历史对于人类的意义便彰显无遗，人们对于史学的怀疑，即显苍白！即使是信息化时代的今天，历史的镜鉴功能，仍没有失去其价值，只是太多的时候，我们忽视了曾经的历史，且并未真正地通过学习历史、研究历史来开创美好的明天。在我看来，历史对一个民族至关重要。历史，是一个民族自信心的来源；是一个民族信仰形成的源泉；是一个民族共同情感的纽带；更是一个民族精神的永恒栖息地！

《山西档案》自2012年改版以来，新设“古风晋韵”栏目，意在加强对山西历史文化的发掘与研究，使其不仅成为展现山西厚重文化的一个窗口，更希冀其对当代山西文化发展有所裨益。三年来，栏目渐受关注，惠稿日增，影响日广。现精选其中部分作品，汇辑成册，一方面是对此前工作的总结，另一方面也是对此后工作的鞭策。“呦呦鹿鸣，食野之蒿。

我有嘉宾，德音孔昭。”衷心期望更多的朋友们，关注山西历史文化，热爱山西历史文化，用我们的笔，发现山西别样的美！

耀亭谨识于求几斋

乙未年白露

目　　录

贰 / 文化篇

叁 / 近代篇

壹／古代篇

侯马盟誓遗址的发现与研究

田建文

摘要：1965 年，侯马盟誓遗址的发现，震动了当时的学术界，成为新中国成立以来全国十大考古发现之一。侯马盟书发表后，古文字学界、考古学界、史学界众多学者对侯马盟书的字形考释、思想内容等方面进行了卓有成效的研究。笔者在对侯马盟书 40 年来的研究进行回顾后，对侯马盟誓遗址在晋都新田中的位置及今后的侯马盟书研究提出几点设想。

关键词：侯马盟誓遗址；晋都新田；东周

从 1965 年到 2005 年，侯马盟书发现与研究工作的开展已经有 40 年了，回顾这 40 年走过的历程之后，我们又站在新的起跑线上。

一、众里寻他千百度

在 1965 年侯马盟誓遗址发现之前，侯马晋国遗址的主要考古成果有以下几方面。

1955 年 7 月，山西省文物管理委员会在西侯马、宋郭、白店、牛村、南西庄、北西庄等多个地点都发现东周时期文化层，认为与东周晋国晚期都城新田关系密切。

1956 年 3—7 月，文化部文物局在晋南文物普查，确认侯马遗址是一个遗存相当复杂、十分重要的大遗址，发现了凤城古城。

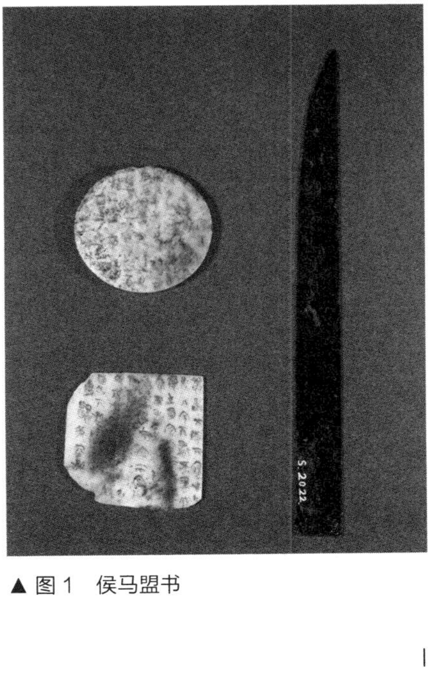

▲ 图 1　侯马盟书

1957年3—5月，山西省文管会侯马工作站相继发现牛村与平望两座古城，并勘察这两座古城内的宫殿台基，认为“侯马所发现的东周古城很可能就是晋之新田”。

1958年7月，开展以侯马为中心，总面积约为40平方公里的调查勘探工作，初步了解到侯马晋国遗址的大体分布范围。

1959年4月，上马村发现10余件东周铜器后调查发现了上马墓地，10月发掘乔村墓地。

1960年10月—1961年6月，发掘铸铜遗址面积约2100平方米，出土大量陶范等遗物。

1961年3月4日，侯马晋国遗址被国务院公布为第一批全国重点文物保护单位。

1961年3月，调查发现台神与马庄两座古城。

1962年4月，调查白店古城。

1964年3月，侯马晋国遗址“四有”保护规划工作完成。

每一项发现，都使那时尚年轻的考古工作者和同样年轻的侯马市，惊喜和兴奋了许久。而已经确认的晋都新田，需要有带铭文的文物去证明它。“只可遇，不可求”的考古学特点，在史无前例的“文化大革命”到来之前，梦寐以求又不期而遇！这就是1995年10月被评为新中国成立以来全国十大考古发现之一的侯马盟书。

1965年11月，为配合侯马发电厂的基建项目，山西省文物工作委员会在秦村西北，发现了侯马盟誓遗址。钻探结果在东西长70米、南北宽约55米的范围内，分布着埋葬牛、羊、马等牺牲和没有牺牲的祭祀坑400多个。限于当时的情况，只发掘了326个，其中被盟书埋在42个坑内。

当年参加发掘工作的张守中在《侯马盟书的发现和整理侧记》一文中回忆道：“盟书的出土是在1965年12月中旬，我清楚地记得初次见到盟书的情景。那天上午陶正刚同志在工地值班，我吃过午饭，步行去工地换班，在侯马火车站南站口东侧，我与陶正刚相遇……他从背包里取出几件用手帕包着的石片给我看，但当时我首先注意到的却是他正在颤抖的手。石片上的朱色篆体文字是清晰的，石片以及文字的数量都相当可观，我当时亦意识到这是一项重大发现，心情为之振奋。”16号坑中首先发现盟书，当时在工地上参加劳动的曲沃县农业中学的学生们把盟书拿走了，陶正刚先生及时宣传保护文物的重要性，一场虚惊后，包括 16 ：3 这片盟辞总序的盟书，又都聚集到一起，成为侯马盟书里最重要的一个单位。“侯马盟誓遗址的发掘历时 7 个月，出土盟书标本五千余件，现场工作结束时，‘文革’动乱已经开始。”盟誓遗址的发掘工作自 1965 年 11 月开始，至 1966 年 5 月结束，历时 7 个月。

二、一代人梦想的开始

这么多的文字内容，对于从公元前 6 世纪以降，铜器铭文尤其是长篇已少见，简册文字在南方易于保存还时有发现，而中原自西晋河南汲县魏襄王墓中出土过竹简并整理出《古本竹书纪年》和《穆天子传》外，很少见到有文字的文物了。倒是新中国成立前河南沁阳有多片盟书发现，但都残破到面目全非的程度和失去同一单位的共存关系了。

侯马盟誓遗址发掘的同时，张颔在 1966 年第 2 期的《文物》月刊上发表《侯马东周遗址发现晋国朱书文字》，报道了这一好消息，“综令以上同坑出土的两篇文字之内容，我们可以得出这样一个初步结论，即在东周时的晋国，定公以后，某年十一月乙丑之日，卿、大夫赵、犹、専等家族多人，集于祭祀场所，以祭其皇公之宗庙。这个宗庙，名叫‘上宫’”。

同期，也发表了一直关心文物与考古工作的郭沫若先生的文章《侯马盟书试探》，他指出：“𡉚公疑是晋幽公柳”，“盟首‘章’字当即赵敬侯章。其他的人名字是与敬侯同时歃盟的人”。

▲图 2 《侯马盟书》编写者（后为张颔，前左为张守中，前右为陶正刚）

接着，《考古》1966 年第 3 期刊登了陈梦家的《东周盟誓与出土载书》，认为“据出土的环境来看，这 60 片朱书于石片上的文字应是同埋于用牲之坎的载书。59 片同辞的一篇载书……”，将“不守上宫”释为“不守二宫”和“赵北及其子孙”、“麻夷我是”。传出河南沁阳的五本盟书，“它们与侯马出土者同时，约在公元前5世纪后半”。

盟书的出土，是继河南安阳殷墟甲骨文、商周铜器长篇铭文和战国楚简之后，有大量文字记载的一批绝好资料，并且又遇到文献记载相对比较详细的春秋五霸之一的晋国。这样，关于侯马盟誓遗址反映的时代、事件、主盟人等，就成了万人瞩目的焦点，尤其是在中国当时从事考古学研究的学者还不是很多的情况下，对以后的考古学也有一定的指导意义。研究者们纷纷厉兵秣马，知难而进，但由于我国爆发了“文化大革命”，整理和研究工作不得已而搁浅了。

三、中国考古学的一段缩影

再次关注它，已是6年以后的事了。

1972年，政治上稍有松动，由王克林、陶正刚、张守中进行了零星的整理，完成了《侯马东周盟誓遗址》。这是一篇简报，发表在复刊的《文物》1972年第4期上。“发掘了三百二十三座及椭圆形窖穴二处”，“盟誓遗址可分为甲、乙两区。甲区集中在西北部，这里的竖坑一般都很小，而且又很密集，互相打破的情况多，盟书都是在这个地区发掘出来的……乙区：除甲区外，均属于这一类型。竖坑一般比较分散，面积较大，重叠情况少，埋葬的牲畜主要是牛、马和羊，不见有盟书出土”，“就目前已经整理的盟书，大致可分为四种”等。

可是盟书仍然是装了7大箱，堆放在库房里。全面整理工作历经艰难，相同命运者还有马王堆汉墓等。

1973年8月8日，时任国务院图博口副组长的王冶秋先生，在检查完周恩来总理陪同法国总统蓬皮杜参观云冈石窟准备工作后，来到太原。9日听完张守中关于侯马盟书的介绍，当即明确提出要尽快整理出版。事后山西省有关领导迅速实施，成立了由张颔、陶正刚、张守中三位先生组成的整理小组，并给予工作环境、经费方面的支持。1974年7月25日，王冶秋在国家文物局听取了侯马盟书整理工作的汇报，及时抽调高水平的责任编辑，终于在1976年12月出版了《侯马盟书》。简述如下：

侯马盟誓遗址中，有4座墓葬和1座“十”字形的烧土沟，沟中存有大量被火烧过的兽骨残片和灰烬等，还有部分陶器。

竖坑深浅不一，深者 5.7 米，浅者则 0.2 米。坑口大小亦有差异，最大者长 1.6 米，宽 0.6 米；最小者长 0.4 米，宽 0.28 米。竖坑之间有打破叠压现象。

发掘的326座祭祀坑中，有壁龛的164个，多数龛内置有玉环、玉圭、玉璧、玉璋、玉简、玉片、玉块等，共211件；无壁龛的竖坑162个，埋有羊骨177具、牛骨63具、马骨19具；无牲坑57个，存疑坑10个。一般每坑埋牲体1具，埋葬姿势或俯或仰或侧，无一定律，部分似活体。埋盟书的42个坑内，伴出的牲体遗骨是，羊30具、牛3具、马1具，还有8个坑只出盟书而未见牲体遗骨。“竖坑之间的叠压打破关系，在甲区内见到十处，其中九处与盟书有关。例如：出土宗盟类四（盟书分类）的坑八五打破了出土宗盟类二和委质类的坑八六。又如坑八八打破坑九三，两坑均出土宗盟类四和委质类盟书。再如：坑一五四和坑一五二打破坑一五九，坑一五二打破坑七七，坑一八一打破坑五〇，这些先后不同时间的坑，都出土有宗盟类四盟书。从上述打破关系中可以看到：第一，宗盟类和委质类盟书常一同出土；第二，宗盟类四的盟书晚于宗盟类二的盟书；第三，宗盟类四的盟书本身也有先后之分。这可以说明，古代为了一事而反复为盟，即记载中所谓的‘寻盟’现象。”

有42个坑中出土有玉、石片盟书5000余件，另外还有埋有卜筮文字的竖坑3座。玉片最大者长32厘米、宽3.8厘米、厚0.9厘米，小型的一般长约18厘米、宽不到2厘米、厚仅0.2厘米，有些薄如纸片。玉石片以圭形为主，另外尚有璋形、璜形、圆形及不规则形。玉石片上的文字为毛笔所写，字迹多为朱色，少数为黑色。玉片上的文字多少不一，少者10余字，多者达220余字，一般为30—100个字。

考古报告临摹发表656件，其中可识别参盟人251人，打击对象人名26个。

四、侯马盟书研究

（一）事件

在《侯马盟书》出版之前，根据《侯马东周遗址发现晋国朱书文字》和《侯马东周盟誓遗址》，研究者对历史事件，发表了多种意见。

（1）郭沫若：公元前384年，赵敬侯章与赵武子朔争夺王位之事。

（2）张颔、王克林、陶正刚：年代属晋定公死去的公元前475年以后，所以发生的历史事件只能晚于此年。

（3）唐兰：公元前424年，赵桓子嘉逐赵献子浣之事。

（4）李裕民：与“下宫之役”有关，公元前585年，晋景公迁都新田，3年后即公元前582年，就策划了诛杀赵氏宗族的“下宫之役”。

《侯马盟书》考订为盟誓内容，反映了公元前496年前后，主盟人晋卿赵鞅在索取“卫贡五百家”的战争中，为团结宗族，打击赵尼等政敌而举行盟誓的情况。

1978年，高明的《侯马载书盟主考》同意唐兰先生的看法，1987年，冯时先生也持此看法。

（二）分类

在《侯马盟书》中，“侯马盟书及其发掘与整理”中，将盟书分为6类12种：

宗盟类，又可分为6种：“相当于举行某次宗盟类盟誓的序篇，为‘宗盟类一’。其余以盟辞中列入被诛讨的多与寡，分为‘宗盟类二’（被诛讨对象仅赵尼一家）、‘宗盟类三’（二氏二家：史）、‘宗盟类四’（四氏五家：赵尼、兟痣 、兟德、醧歇、史醜）、‘宗盟类五’（五氏七家：四氏五家而外，增加司寇□、司寇结）。少数因残损，被诛讨对象不清，为‘宗盟类六’。字迹能够辨识的宗盟类盟书共五百一十四篇，分别出土于三十七个坑中。”

委质类，“这是从敌对阵营里分化出来的一些人物所立的誓约；表明与旧营垒决裂，并将自己献身给新的主君（‘自质于君所’）；被诛讨对象除五氏七家而外，又增加四氏十四家(……)，已多至五氏二十一家，文字篇幅最长，字迹可辨识者共七十五篇，分别出土于十八个坑中”。

内室类，“盟辞内容表明，参盟人发誓，自己不‘纳室’，也要反对和声讨宗族兄弟们中间的‘纳室’行为，否则甘愿接受诛灭的制裁。字迹可辨的共五十八篇，集中出土坑六七”。

上述3类用朱红颜色书写。

诅咒类，“从坑一〇五出土的标本里，又发现了隐约有文字痕迹的十三件，字迹黑色，大都残损，无法辨识完整成篇的辞句，内容并非誓约，而是对既犯的罪行加以诅咒与谴责，使其受到神明的惩处”，分为“诅咒类一”与“诅咒类二”。

卜筮类，字迹也是黑色，“这是盟誓中有关卜筮的一些记录，不是正式的盟书。发现了三件，是写在圭形或璧形玉片上的”。

其他类，“除上述五类外，还发现少数残碎的盟书，内容特殊，但由于辞句支离，无从了解各篇的全貌。其中只有一件保存着‘永不盟于邯郸’一个完整的句子”。原书没有交代字迹的颜色。

黄盛璋把“诅咒类”、“卜筮类”排除在盟书之外，其余皆属盟书，依盟辞格式分为 4 类。其他先生也提出其他分类法。

1993 年，谢尧亭参考各家的分类意见分为 6 类：

甲类，即宗盟类。盟辞强调“事其主”、“守二宫”、“从嘉之盟定宫平陟之命”等，根据打击对象的多寡又分为 1—4 种。

乙类，即主盟人的誓辞。即坑 16 ∶ 3 一件，有干支纪日和月相“十又一月甲寅朏乙丑……”考订所指年代为晋定公十六年（公元前 496）十一月十三日，是年为公元前 495 年，其他坑与之相差不至于过远。

丙类，即委质类。强调“自质于君所”、“既质之后……”，打击对象始终明确为九氏 21 家。

丁类，即内（纳）室类。出自坑 67 中，强调“率从此盟质之言”及打击纳室者。

戊类，即诅咒类。出自坑 105 中，多残损，无法释读整篇誓辞，内容为诅咒背盟者。

己类，为其他类。内容特殊、辞句支离不全者。卜筮类只是一种与祭祀或盟誓有关的墨书，不在盟书之列。

（三）其他考订

（1）《侯马盟书》中的“侯马盟书丛考”就以下问题进行了考证。

“子赵孟”考，“前述春秋战国时期五个赵孟的经历，唯有赵鞅（赵简子）的身份和事迹与以上各种情况相吻合。特别是盟书中发现了被盟诅对象‘中行寅’的名字，而与中行寅同时的赵孟只有赵鞅，更直接地证实了盟书中的主盟人赵鞅，就是春秋晚期晋国六卿之一，新兴地主阶级的代表人物赵鞅”。

“宗盟”考，“同姓同宗的人在一起举行盟誓，叫做‘宗盟’”；“‘以事其宗’的‘宗’字，均指宗庙而言”；“据上述，凡称宗庙为宫，多系以谥号。则盟书中的‘定宫’，也应当属于宗庙。但是，它并不是晋定公的宗庙，而当是周定王的宗庙”；“‘平陟’当为‘平畤’……平畤是周王室近畿很重要的地方，而且很可能和王子朝事件有很密切的关系……平畤很可能是周敬王在入王城前后对赵鞅赐的另一地方。”

“委质”考，“就是把自己抵押给某个人，表示一生永不背叛的意思”；“‘自质于君所’，它的本义，是指盟誓时参盟人对鬼神所奉献的各种信物……但是，在盟书中，不仅仅是这个意思，还包括把自己‘委质’给新君，自献其身，表示永不叛离的意思”。

“内室”考，“盟书中的‘内室’，就是把别人的‘室’夺取过来并入自己的家室范围，以扩充这种剥削单位的行为”。

“历朔”考，“结论是：盟誓遗址坑一六出土的宗盟类一盟书上，记载的盟誓日期为公元前四九五年，即晋定公十六年十一月十三日。其他坑位出土的不同内容的盟书，虽然和赵鞅与范、中行氏的斗争有关，但是，因为事态的发展和时间的延续，曾经多次反复地行盟（寻盟），那些盟誓的具体时间，当然不能用这个‘序篇’所记的历朔时间一律加以概括”。

诅辞探解，“坑一〇五紧密地杂处于出朱书文字盟书的坑位中间。距第一九四坑四十厘米，距一五八坑仅有十厘米。坑一〇五的层位和方向，也和邻近诸坑相同，这就说明了坑一〇五出土墨书的盟书和其他许多朱书的盟书在掩埋的时间上差别不大”。能识别的字和词句如“口无卹”、“中行寅”、“韩子”、“兟口”、“众人”、“窻死”、“不利于”、“虘奉”、“詶”、“蛊”等，“据文献记载，‘中行寅’（即荀寅）是赵鞅的政敌，而当时晋国六卿中的‘韩予’（即韩不信，亦称韩不佞或韩简子）和魏曼多（魏襄子）两人，是赵鞅的同盟者。在以赵鞅为主盟人的盟誓遗址里，出现同盟者对共同敌人的诅文，是合乎情理的”。

张颔在《侯马盟书丛考续》中，继续考证“赵尼”、“丕显晋公”、“晋邦之中”、“侯马盟书和沁阳盟书的关系”、“侯马盟书文字体例”等问题。

（2）1972 年，朱德熙、裘锡圭主张“麻夷非是”即“昧雉彼视”。饶宗颐 1980 年也指出：“近年山西侯马出土大量盟书，共千余件，用作祭祀之玉币极多。此为晋赵鞅杀赵午之事。盟辞中涉及九氏十二家。其载书惯语云：‘及群虖明者，吾君其明亟视之，麻夷非是。’‘麻夷非是’一语，说者谓即公羊之‘昧雉彼视’。”但戚桂宴 1979 年认为这种说法是不合理的，“麻夷非是”即“无夷非是”。

（3）1980—1982 年，河南省文物考古研究所在河南温县发掘了 124 个祭祀坑，其中 16 个有盟书。研究者认为与侯马盟书从参盟人名、打击对象、盟书辞句上存在着一定联系，二者年代比较接近，只不过约辞体例不同、书法风格有异。简报中认为 K1 的主盟人可能是韩简子，据"十五年十二月乙未朔，辛酉"推断年代为公元前 497 年 1 月 16 日。另外，经查明新中国成立前所见的"沁阳盟书"就是在这处遗址出土的。

1987 年，冯时认为温县与侯马，这两批盟书分别代表了为同一事件而举行盟誓的敌对双方，其年代分属晋幽公 15 年的 11 月和 12 月，相当于公元前 425 年 12 月和第二年 2 月，可谓新说。

但 1994 年赵世纲、罗桃香发表文章表示反对，指出：赵鞅由晋阳归绛并韩、魏结盟，取得了智伯的支持。"在此之后，韩、赵、魏三家，但各自在自己控制的地区，进行一系列整顿内部的工作。对于韩氏来说，其内部也产生了分化，韩沩、韩何、韩口等都站在了范、中行氏一边。韩不信在知伯从盟之后，即回到韩困的都邑州，进行一系列的盟誓。温县 T1 坎即韩不信于同年十二月二十七日。""范、中行氏都没有列为首要打击对象。我们认为这可能与侯马与温县盟书的级别较低有关。"

（4）1993 年，笔者指出《侯马盟书》的誓词中每每言及"不守二宫"，原书认为"当指亲庙中的宗庙与祖庙"，不如解释为"公宫"与"固宫"贴切妥当。因为此前战乱就有晋公在"固宫"避难的事。《左传·襄公二十三年》："四月，栾盈帅曲沃之甲，因魏献子，以昼入绛……或告曰：'栾氏至矣。'（范）宣子惧。桓子曰：'奉君以走固宫，必无害也……'。公有姻丧，王鲋使宣子墨缞冒绖，二妇人辇以如公，奉公以如固宫。"他是考虑到公元前 496 年，赵简子兵围朝歌，范氏就命析成鲋（士鲋）和小王桃甲供鲜虞兵乘虚攻绛，幸好守备森严未被攻陷。可见双方一度势均力敌，所以盟书中多有阻止敌人"复入之于晋邦之中（地）"的誓词。范氏、中行氏作乱时，亦以"公宫"与"固宫"为目标。

1999 年，笔者又对侯马盟书中的"不守二宫"、"定宫平時"、"晋公大冢"、"从采邑制看侯马盟书"进行研究，"晋公大冢"是位于庙寝遗址的最大的一块夯土建筑基址，面积为 50 米 ×60 米；"按照我们的理解，主盟人与打击对象当在大夫以上，有的高居卿大夫；结盟人既有家臣也有为数众多的士，即使有大夫为数也不多，与国人结盟尚不能得到确证"。

（5）1993 年谢尧亭认为，坑位大的发展关系是由早及晚从西向东自北向南呈“Z”形；以一人参加多次结盟活动落实到单位分析，宗盟类二和四、宗盟类四和五、宗盟类二和四本身或其所属的坑有早晚之别，委质类的部分参盟人与宗盟类二、四部分参盟人互相结盟；盟书的分类前已述及；K1 是个重要的单位，并且认为主盟人不止“予赵孟”一人，也可能是“嘉”或其他人，主盟人不仅为自己的事情主盟，参盟人当是主盟方宗族内的贵族阶层人物等。

1999 年，他又指出侯马盟书的年代在公元前 490—前 458 年；“定宫平陟”意即平定城池宫殿，保卫都城，打击范氏、中行氏等敌对势力的侵扰，此命很可能是针对范氏、中行氏等伐晋公时下达的，后成为盟誓的一项重要内容；K1 可能是这批盟书坑中最早的单位。

（6）1994 年，日本学者江村治树在《侯马古城群和盟誓遗址的关系》中指出，“也有说法认为，州城是晋国大夫韩氏的邑，主盟者是韩简子（不信）。与此相对，侯马盟书的从晋都新田的附近出土，由此可以推定它是和国君有关系的”，盟誓遗址在呈王路建筑群（庙寝遗址）正南方 1000 米处，“侯马盟书的主盟者是晋的国君的可能性被加强了”。推测现晋都新田有外城墙，在牛村、西呈王、上马、宋郭之间。

（7）1994 年，美国学者罗凤鸣从另一个角度分析了侯马盟书，结论是盟誓的参与者既不是个人也不是邦国，而是“氏”或更小的宗族单位，但“盟”却是古老意义上的“礼”，它最重视的是引得神明的关注、控制神明的反应，而神明最有威力的自然是晋国的先君；盟书中记录的参盟人可能属于高级贵族的远亲等。

（8）侯马盟书所有摹本都出自张守中之手，1994 年他总结盟书的艺术特色为：时代早、数量大，是古人手书真迹；写在石片上的朱书文字形体古雅，变化繁多，是秦统一以前的文字，属大篆体系；笔法特点为运笔出锋、科斗笔法、回勾笔意。

五、侯马盟誓遗址在晋都新田中的位置

晋都新田以平望、牛村、台神三座古城组成了宫城，今平望古城内高大的宫殿台基为公宫。宫城之东千余米，有北坞、马庄、呈王三座卿城，都由东西或南北两座小城组成。宫城东西，分别是宗庙和社稷地；宫城之南、之

东南，为晋国公家控制的手工业作坊区；在汾河之东的平望至西高村、浍河之北的上马等地为贵族、国人墓葬区，而公室墓地则在浍河之南的峨嵋岭北麓的柳泉。以宫城为主体，左祖右社，注重军事防御、手工业生产、祭祀活动等构成了晋都新田的筑城模式，反映了当时“国之大事，在祀与戎”的时代背景，但没有发现郭城。

与侯马盟书相类的祭祀遗址，共发现了11处。位于宫城东部的“左祖”比较清楚，有北西庄、省地质水文二队、开发区、中国银行、省建一公司机运站、呈王路（文化宫前）、盟誓遗址（侯马发电厂）、晋田热电力公司（侯马电厂二期扩建）、煤灰制品厂等7处。1984年在侯马市工人文化宫及其附近发现的庙寝遗址（宗庙遗址），共发现夯土近百块，其中最大的一块长南北60米、东西宽50米，“所发现的夯土基址形状大多较规整，掘其形状和所处位置，可以分为建筑基址和垣墙基址两类。整个建筑群可分为若干组，每组内自成体系，各组间或界隔垣墙。各组间似有主次之别，而且废弃年代并不一致。夯土建筑基础有长方形、曲尺形、‘凵’形、多拐角曲尺形等”，那7处祭祀遗址位于其东、西、南，侯马盟誓遗址在庙寝遗址正南1千米处，盟书中屡屡云：丕显晋公大冢。两两相对，应是毫无疑问的。这与传统的中国营建城市的方式“左祖右社”甚符。

那么，其余6处遗址都是祭祀宗庙者，何以有6处甚至更多？无非是祭祀的目的有所不同，祭祀者身份有所不同。如呈王路就包含在庙寝遗址内，又有较多牛、马埋葬，应该是晋公率领卿、大夫祭祀，掌管这一仪式的有都宗人；盟誓遗址盟书中写明主盟人为赵孟，尽管赵孟是哪一位赵卿尚有争论，似为赵鞅赵简子，赵孟率领忠于其的大夫、士、国人在宗庙前盟誓，有家宗人安排礼仪程序，羊自然多而牛自然少。其余5处非此即彼。

六、侯马盟书研究的几点设想

（1）侯马盟书没有研究的问题还有许多，还有4000余件盟书字迹漫漶不清，可以依靠现代自然科学的手段恢复其本来面目。到那时至少通过参盟人参与不同内容的盟誓来达到理解全部盟誓的目的，实现真正意义上的昭然若揭。按现在的理解，参盟人两次以上出现若非是同名就要考虑先后了，同一个人以几次盟誓者，委质类一定早于宗盟、内室、诅咒各类。至于盟书中某些誓辞的解释，达到众所认同的地步还需要些时日。

（2）既然侯马盟誓遗址中能够分出几种类别，同一种尤其是宗盟类又可以细分，如何才能正确地把握？譬如卜筮类，也在虒祁遗址发现了，这里祭祀坑不排除晋公或大夫与别的国家的公、侯或使节缔结盟约举行盟誓之地。但已发掘的祭祀坑中只有卜筮类墨书题记。再如，《左传·定公十三年》：“十二月辛未，赵鞅入于绛，盟于公宫。”这两处盟誓遗址，作用和目的有一样的成分，也有不一样的成分。

（3）北京大学震旦古代文明研究中心编的《古代文明研究通讯》总第23期，孙庆伟发表《说周代册命礼中的“反入堇璋”和“反入堇圭”》，说：“任何一种制度在具体施行过程中都有发生变例的可能，我们认为圭是大夫级贵族的瑞器，而璋是士级贵族的瑞器，这是就当时的大势而言的，并不意味着其间就没有混用的现象。”落实到侯马盟书中关于参盟人和主盟人，以及被打击的对象，可以得出什么结论？

40年前发现的侯马盟书，与《史记·晋世家》等文献记载同样重要，况且还有考古资料作为后盾，就显得更为重要了。今后解读、研究的同时，更需要采用高科技将4000多片已经模糊不清的盟书复原出来。我想到那时，侯马盟书一定会给我们带来许多意想不到的信息。从这个意义上来讲，对侯马盟书的研究，才迈出了一小步！

作者简介：

田建文（1965— ），男，山西襄汾人，山西省考古研究所研究员、硕士生导师。

凤鸣晋地
——山西博物院鸟尊鉴赏

赵凡奇

摘要：鸟尊出土于天马—曲村晋侯墓地 M114 墓，由尊铭文可知它是一件宗庙祭祀用的礼器，其拥有者为第一位“晋侯”燮父。鸟尊造型独特，意蕴丰富，既有对周王室的感恩，又有对异姓国的感召。在晋系青铜器中，鸟形文物源远流长，推陈出新，深刻折射出了三晋大地社会历史的变迁。
关键词：鸟尊；意蕴；变迁

它曾是建业兴邦的见证，它曾是绝地通天的使者， 它曾是祭祀祖先的重器，它曾在历史的天空翱翔千年，而今栖止山西博物院，以它一贯的尊贵，吸引无数目光的流连、赞叹、浮想，它就是珍藏于山西博物院的国宝级文物——晋侯鸟尊（图 1）。

鸟尊出土于天马—曲村晋侯墓地 M114 燮父之墓[1]，为高冠凤鸟形，造型极其生动。凤鸟作回首站立状，头耸高冠，嘴上后部两鼻孔，圆眼，钩形眉，两翼上扬，尾巴下抻。尾下为一象首，象鼻向内卷曲，与鸟之双腿三足鼎立。鸟腹中空，背上有盖，盖顶立一小鸟钮，雏鸟抬头与回首的大鸟呼应，盖内侧铸铭文“晋侯作向大室宝尊彝”。鸟身上饰有羽毛及云雷纹，两翅和两足饰卷云纹。整器气度不凡，纹饰精美，庄重华贵。

▲ 图 1

一、国之重器　家之重宝

如此重器，在当时有何功用呢？“晋侯作向大室宝尊彝”，短短几句铭文，道出了它不凡的身份。

“晋侯”是爕父的自称。爕父在位期间，改国号“唐”为“晋”，是第一位“晋侯”。“向”，《说文·宀部》：“北出牖也”，徐灏《说文解字注笺》云：“古者前堂后室，室之前为牖，后为向。”故向有朝北、在北的意思。“大室”即太室，是太庙的主要建筑，《天亡簋》：“王祀于天室。”天室实际上也就是太室。太室位于整个宗庙建筑群中的北部。陕西凤雏甲组建筑基址中大庭之北的主体建筑就应是太室。“向大室”就是位在北部的大室。可见，鸟尊是一件宗庙祭祀用的礼器。

那么这件鸟尊在祭祀中具体起什么作用呢？

《尚书·洛诰》：“王入大室罗祼。”祼是祭名，以香酒浇地而求神。孔传：“太室，清庙，祼鬯告神。”可知，大室是对地祇（地神）行祼礼的地方。祼祭时所用的礼器称为祼器，祼器包括了彝、舟、瓒，周代官吏中专设了“郁人”这一官职掌管祼器。《周礼·春官·司尊彝》记载周代祭祀时需用礼器“六彝”，其中就有“鸟彝”。晋侯鸟尊实际上就是文献中的“鸟彝”，是一件置于大室的祼器。

鸟尊的所有者爕父是唐国的第二代继承人，在他统治期间，改国号“唐”为“晋”，这在晋国历史上是一件大事，需要及时昭告祖宗，祈求他们的庇佑。爕父为此专门范铸吉金，告祭先人，其态度之虔诚，了然见于鸟尊。盖顶上的小鸟，抬头仰望，似有所语，不正是在向象征祖先的大鸟款款致敬吗？

二、凤皇于飞　翙翙其羽

除了昭告先灵，鸟尊奇特的“双鸟和鸣”造型，还有别的意蕴吗？细绎周文化，笔者认为，鸟尊还表达了爕父怀柔众邦，招徕贤臣的意愿。[2]

在周人的文化中，凤凰象征臣下。文王在谈及周人崇拜凤鸟时，引用了《逸周书·王会解》中成王成周之会，四方献珍禽异兽“西申以凤鸟……氐羌以鸾鸟……方炀以皇鸟……方人以孔鸟”。凤、鸾、皇都是凤鸟之属，“四方献凤凰”说明周王德政远播，四方归顺来朝。在西周时期，“凤皇来仪”、“凤皇翔”、“凤皇集”，都表达了四方归顺的意蕴。最好的例子便是《诗·大雅·卷阿》。据《诗序》，此诗乃“召康公戒成王”之诗。全诗10章，章章言贤士君子来游王所；第7、8、9章进入高潮：

凤皇于飞，翙翙其羽，亦集爰止。蔼蔼王多吉士，维君子使，媚于天子。

凤皇于飞，翙翙其羽，亦傅于天。蔼蔼王多吉人，维君子命，媚于庶人。

凤皇鸣矣，于彼高冈；梧桐生矣，于彼朝阳。菶菶萋萋，雝雝喈喈。

7、8章前句设喻，后句实指。第7章前句可译为：凤凰一飞，群鸟随从；凤凰所止，众鸟群集。郑玄解上句"喻贤者所在，群士皆慕而往仕也"；孔颖达疏："凤与众鸟，俱集所止，犹贤与群士俱在王朝。众鸟慕凤似群士慕贤，故以为喻。"第7章后句，郑氏《笺》曰："王之朝多善士，蔼蔼然。君子，在上位者，率化之，使之亲爱天子，奉职尽力。"由此可知，凤皇指率群士来归附于王朝的君子。第8章，大意相同，不同者，谓贤者率群士安抚庶人。第9章，郑氏《笺》："梧桐生者，犹明君出也……凤皇之性，非梧桐不木妻"；孔颖达疏："此以凤凰兴贤者；梧桐……因凤所集，故以兴明君。"这就是周人观念中的凤凰。它是天子（明君）招徕的对象，是贤人、君子的象征。诗中有3章涉及凤凰，可以反映周人的观念。此诗主题，如《诗序》所说，是"言求贤用吉士也"。

结合晋南当时的政治环境，可以更好地理解鸟尊所鸣唱的主题。西周初期，周成王封叔虞于"唐"国之地，这件史事被演绎为颇具传奇色彩的"桐叶封唐"。实际上，周王室有此举动，是经过深思熟虑的。[3] 武王克商建立了周人的统治，但他在位的短短几年中，周对全国的统治并不巩固，政治上潜伏着严重的危机。彼时的晋南也是如此，阶级矛盾和民族矛盾都很尖锐，许多商代方国被保存下来，一旦时机成熟还会兴兵作乱。因此，在武王死后不久，纣子武庚（禄父）便利用周上层集团中的矛盾，发动叛乱，古唐国也参加了这次叛乱。周公举兵灭唐，迁古唐国君主和贵族于杜，叫作唐杜氏，在古唐国之地，分封了成王的弟弟叔虞。叔虞死后，他的儿子燮父继位。其时，周公东征大获全胜，唐、霍、虞、魏等国星罗棋布于晋南之地，有效地加强了对新附周室而心怀异志的陶唐氏、夏后氏国的控制。燮父意识到，想立足异姓长期影响下的晋南，必须有所更张，其举措之一就是改"唐"为"晋"。改国号象征了与古唐国的决裂，但晋国所处的环境，又要求他有兼容并包的精神。鸟尊回首引颈，就是一种召唤，一种怀柔异族的召唤。

三、晋地云涌　鸷鸟出击

在晋系青铜器中，鸟形器物源远流长，推陈出新，深刻地折射出三晋大地社会历史的变迁。

叔虞封唐时，举行过隆重的授土授民仪式。周天子赐叔虞“怀姓九宗、职官五正”，帮助他组织新的政权，赐“大路、密须之鼓，阙巩之甲，姑洗之钟”以炫耀周人的武功。晋国始祖带着周王室的册命，来到古唐国之地开始了创业史，同时也把周室文化带到晋南之地。晋国早期青铜器上的凤鸟纹饰，便是在周原鸟纹的基础上发展而来的，十分相似。晋侯鸟尊秉承了周王室的庙堂之气，回首凝望，以天使的身份宣示了对新疆域的占有。

唐国地处夏人故墟，四周遍布戎狄部落，为了以夏戎之俗治夏戎之民，成王命叔虞要“启以夏政、疆以戎索”。晋国不负王室重托，经过几代人的兢兢业业，不断开疆拓土，兼并联合，成为一方之主。周文化也随着晋国的征轮兵刃，传向四方。大河口墓地 M2002 出土的鸟形盉（图 2）生动地展现了这段历史。

大河口墓地属于“霸”国，“霸”国不载于传世文献，但“霸”器曾见于以往的青铜器著录。已知资料表明，霸与燕、晋、倗等国和周王朝有往来关系。从埋葬习俗看，大河口墓地与天马——曲村墓地有共同之处。陶器组合和青铜器风格显然又具有周文化的特征，商、周文化因素都比较明显，独具自身文化特色。墓葬时代横贯西周，晚期进入春秋初年。其人群应为狄人系统的一支，是被中原商周文化同化的狄人。[4] 鸟形盉的发现，就是霸国学习周文化的明证。

历史进入春秋时期，周王室对诸侯国的控制力减小，诸侯国内权力下移，卿大夫实力增大。晋国六卿离心离德，钩心斗角，蚕食公族。赵国在六卿的争斗中，深感久居晋国腹里，有掣肘之碍，因此率先向北发展，营建了晋阳城，到赵鞅当政时，进一步将赵国推向雄强。他铸刑鼎，强六卿，赏军功，两次度过晋阳被围的险情，灭范氏、中行氏、知氏，赵、韩、魏三氏瓜分其地，终成鼎立之势。[5] 赵鞅出土的鸷鸟尊，显露了赵国的雄心勃勃。

▲ 图 2

▲ 图 3

鸷鸟尊（图 3），通体圆雕，呈一昂首挺立的鸷鸟造型，禽体丰满，小冠，圆睛，钩咏，通体披饰羽鳞纹，颈部装饰有项圈，足掌上有蹼。[6]没有高扬的羽冠，没有飞扬的翅膀，没有招展的尾巴，有的是硕大的鸟喙，健硕的躯体，奋发的意气。阔步向前，踌躇满志，壮怀激烈，志气高昂。

西周初年广封诸侯，“以藩屏周”，晋侯鸟尊代表着周王室权力，有着浓重的礼法色彩，显得雍雍穆穆；晋国带着周王室的成命，将周文化广泛传播到戎狄之地，霸国鸟形盉明显以鸟尊为模范，又融入了本族元素；春秋末期，卿大夫尾大不掉，有侵吞公室之志，赵卿鸷鸟尊一改礼法束缚，大有一飞冲天之势。

参考文献:

[1] 田建文，谢尧亭．问疑晋侯墓：晋侯墓地出土青铜器国际学术研讨会论文集 [C]. 上海：上海书画出版社，2002.

[2] 臧振．论凤鸟在周文化中的地位 [J]. 陕西师范大学学报，1998,(3).

[3] 李孟存，李尚师．晋国史 [M]. 太原：山西古籍出版社，1999.

[4] 山西考古研究所大河口墓地联合考古队．山西翼城县大河口西周墓地 [J]. 考古，2011,(7).

[5] 沈长云等．赵国史稿 [M]. 北京：中华书局，2000.

[6] 山西省考古研究所，太原市文物管理委员会．太原晋国赵卿墓 [M]. 北京：文物出版社，1990.

作者简介:

赵凡奇（1983—　），男，山西静乐人，山西博物院馆员，硕士。

晋侯墓地出土伯喜父簋铭文索隐

贾海生

摘要：伯喜父簋是器主人伯喜父继体为君之前，依士冠礼加冠后，为祔祭亡妻倗母于祖庙所作礼器；铭中“倗母”之称，表明是倗国之女嫁于晋国而为伯喜父之妻；“王宗”一词，首见于伯喜父簋铭文，礼制与训诂皆可证王宗指祖庙而与宗法无关。

关键词：伯喜父簋；铭文；索隐

1994年5—10月，北京大学考古系和山西省考古研究所在山西省天马—曲村遗址北赵晋侯墓地进行了第五次较大规模的发掘，共清理了M33、M91、M92、M93、M102五座晋侯及其夫人的墓葬。因当时部分青铜器除锈、修复工作尚需时日，故发掘报告并未将所获全部资料公布于世，如M91出土可以确认的青铜礼乐器共有35件，报告仅公布了2件有铭铜器。[1] 2009年4月，李伯谦在香港中文大学举办的“中国古代青铜器国际研讨会”上提交了讨论晋伯卣及其相关问题的论文，披露了M91出土的另一件有铭铜器的照片、铭文拓本，并隶定了铭文。[2](p33-34) 从照片来看，器形为常见于西周中晚期的三足簋，器口下饰一周纹饰，敛口鼓腹，腹饰瓦纹，双耳呈耸角曲体卷尾兽形，三足较矮，足尖外卷。器内有铭文4行31字，合文2，为便于讨论，照例依原款式引录于此：

唯正月初吉丁亥，

伯喜父肇作倗母

宝簋，用夙夜享孝于

王宗，子子孙孙其永用。

器主人是伯喜父，器形与铭文所言一致，依有铭铜器命名的通例，此器可称为伯喜父簋。关于伯喜父的身份及时代，发掘报告已指出，M91 所出一件铜器铸有铭文“晋侯喜父作朕文考剌侯宝□”，M92 所出晋侯喜父盘铭文作“晋侯喜父作朕文考剌侯宝盘”，均标明器是喜父为其父剌侯所作，“剌”与“厉”相通，剌侯可能就是晋厉侯福，其子为晋靖侯宜臼，M33 和 M91 的墓主人为父子关系，M33 墓主人晋侯僰马应即晋厉侯，M91 墓主人晋侯喜父应即晋靖侯，晋靖侯在位约当周厉王之时。伯喜父簋铭中既无不识之字，亦无难释之句，但蕴含着重要的礼制信息，尝试钩沉索隐，以见西周时代礼乐文明的盛况。

据《礼记·内则》等文献的记载，子生三月之末，妻以子见于父，父执子之右手咳而名之，年满二十，责以成人之道而行冠礼，宾又为之加冠造字。《仪礼·士冠礼》云：“天子之元子犹士也，天下无生而贵者也。”天子之元子尚不得生而为贵，则天下之人固无生而贵者，皆当依士礼加冠。实际上，士冠礼为天下之达礼。加冠之后，宾又为冠者造字。《士冠礼》云：“冠者立于西阶东，南面，宾字之，冠者对。”宾为冠者所造之字的完整形式是“伯某甫”，见于《士冠礼》所载字辞。伯表行第，某即宾所造之字，因设文不得定言人字，故注家以“且字”释之，甫或作父，为男子之美称。因行第不同，伯或为仲，或为叔，或为季，唯其所当。名质字文，故冠礼之后敬名称字。铜器铭文所见伯唐父（伯唐父鼎 / 西周中期）、伯考父（伯考父簋盖 / 西周中期）、仲爯父（仲爯父鼎 / 西周晚期）、仲原父（仲原父匜 / 西周晚期）、叔商父（叔商父鼎 / 西周晚期）、叔向父（叔向父簋 / 西周晚期）、季右父（季右父鬲 / 西周晚期）、季良父（季良父簠 / 西周晚期）等，与《士冠礼》的说明正相吻合，不仅可证《士冠礼》所言有据，而且可知皆是男子加冠时宾为冠者所造之字。天子、诸侯之子既皆依士冠礼加冠，则宾为其所造之字的形式亦与列士之字的形式相同。伯喜父簋和晋侯喜父盘是同一人所作之器，在簋铭中自称伯喜父而在盘铭中又自称晋侯喜父，表明器主人曾依士冠礼加冠而伯喜父正是加冠时宾依列士之字的形式为其所造之字，其后伯喜父继体为君，作盘时在铭中以国名、爵称冠于喜父之前代替曾经表示其世子身份的伯字而又自称晋侯喜父。称谓的不同，不仅说明身份发生了变化，而且表明簋与盘作于不同的时期。簋作于冠礼之后、继体为君之前，盘则作于继体为君之后。诸侯世子继体为君之前所作有铭铜器，并非伯喜父簋一例。中国社会科学院考古所的《殷周金文集成》第九册著录了一件春秋早期的有铭铜器，编号为4499，铭文云："卫子叔旡父作旅簠。"杨树达曾指出，子叔旡父即《春秋·襄公元年》所记公孙剽，旡为簪之初文，《说文》训锐意，剽字《说文》训砭刺，旡、剽义相近，疑旡父即剽之字，鲁襄公十四年（公元前559），卫人立公孙剽为君，是为殇公，此簠之制盖在旡父即位为君之前。[3](p70) 据伯喜父簋与卫子叔旡父簠，可以推知世子即位为君以前制作有铭铜器并非孤立的现象。当然，天子、诸侯之子依士礼加冠虽是通行的礼制，若天子、诸侯早逝，嗣子年幼继位，则年十二依天子、诸侯之冠礼加冠，周成王及鲁襄公、邾隐公所行冠礼即是天子、诸侯之冠礼，见于《大戴礼记·公冠》、《左传·襄公九年》及《孔子家语·冠颂》等。

铭文言"伯喜父肇作倗母宝簋，用夙夜享孝于王宗"，器之用于祭祀不辨自明，伯喜父为倗母作器而王宗亦受其用，受器者与受用者不一致，反映了宝簋之作是为了祔新死者倗母于王宗，欲使倗母连属于王宗，郑玄注《仪礼·既夕礼》云"祔犹属也"，即是铭文蕴藏的深意，故铭文既言始为倗母作宝簋，又言用于享孝王宗。实际上，铭文是彼此各举一事，省文互见其义，言为倗母作器，不言用于享祭倗母，其实亦用于享祭倗母，言享祭王宗，不言为王宗作器，其实器亦是为王宗所作。祔祭之礼既见于铭文，可证此礼是西周以来各个阶层曾经奉行的礼典。然而传世文献不见诸侯庙中祔祭的仪式，仅有可资参证的记载。《仪礼·士虞礼》所附记文云："明日，以其班祔，沐浴，栉，搔翦。用专肤为折俎，取诸脰膉，其他如馈食。用嗣尸。曰：'孝子某，孝显相，夙兴夜处，小心畏忌，不惰其身，不宁。用尹祭、嘉荐、普淖、普荐、溲酒，适尔皇祖某甫，以隮祔尔孙某甫，尚飨！'"此是列士庙中祔祭的仪式，可据以推想诸侯庙中祔祭仪式的情形，差别不过因身份的高低贵贱不同，礼典的规模、礼器的华素、牲牢的多寡、仪节的繁简略有不同而已。所谓"明日"，指卒哭之明日，因周礼规定卒哭用刚日、祔祭用柔日，故以卒哭之明日行祔祭之礼。所谓"以其班祔"，取昭穆相当，孙祔于祖，无祖则祔于高祖，孙妇祔于祖姑，无祖姑则祔于高祖姑，妾祔于祖妾，无祖妾则易牲祔于女君，此即《礼记·丧服小记》所谓"亡则中一以上而祔，祔必以其昭穆"。祔祭新死者于祖庙时，须以物依神，据郑注、贾疏，大夫、士无木主，则在祖庙中以币依神，天子、诸侯有木主，则在祖庙中以木主依神，祔讫反木主于寝，

▲图1　伯喜父簋及铭文拓本（采自李伯谦《晋伯卣及其相关问题》）

其礼与《公羊传·文公二年》所言“大祫”之礼相似。《士虞礼》所附记文仅记载了孙祔于祖的祝辞，不见孙妇祔于祖姑的祝辞，参以记文所载祔前一日卒哭之祝辞曰“哀子某，来日某，隮祔尔于尔皇祖某甫，尚飨！女子，曰皇祖妣某氏。妇，曰孙妇于皇祖姑某氏。其他辞，一也”，套用孙祔于祖的祝辞，孙妇祔于祖姑的祝辞盖曰：“孝子某，孝显相，夙兴夜处，小心畏忌，不惰其身，不宁。用尹祭、嘉荐、普淖、普荐、溲酒，适尔皇祖姑某氏，以隮祔孙妇某氏，尚飨！”祔祭祖后，礼已由之前的丧奠、虞祭、卒哭之凶礼转为祭祀之吉礼。凡祭祀吉礼，皆因馈食进黍稷而陈设簠簋。《礼记·祭统》记天子宗庙祭祀时的陈设云“三牲之俎，八簋之实，美物备矣”；《礼运》记诸侯宗庙祭祀事尸时的陈设云“实其簠簋、笾豆、铏羹”；《仪礼》的《特牲》、《少牢》馈食之礼分别是诸侯之士、大夫祭宗庙之礼，记阴厌时的陈设，《特牲》云“主妇设两敦黍稷于俎南，西上”；《少牢》云“主妇自东房执一金敦黍，有盖，坐设于羊俎之南；妇赞者执敦稷以授主妇，主妇兴受，坐设于鱼俎南，又兴受赞者敦黍，坐设于稷南，又兴受赞者敦稷，坐设于黍南，敦皆南首”，簋或称敦，《特牲》记嗣子与长兄弟对馂云“佐食分簋铏”，即是明证。因此，自天子至于诸侯之士，馈食进黍稷皆陈设簠簋。前引《士虞礼》所附记文言祔祭时“用专肤为折俎，取诸脰膉，其他如馈食”，伯喜父簋铭文言“肇作倗母宝簋”，宝簋之作正为祔祭时馈食之用，可证器是伯喜父为祔祭倗母于祖庙所作礼器。

至于倗母与伯喜父的关系及其身世，考古发现提供了可据以论说的新材料。2004 年 12 月至 2005 年 7 月，山西省考古研究所、运城市文物工作站等单位在山西绛县横水西周墓地进行了抢救性发掘，其中 M1、M2 是与晋侯墓地周厉王前后的 M91、M92 相似的大型墓葬，各出土有铭铜器 8 件，M2 的 3 件铜器有倗伯自作礼器的铭文，M1 的 4 件铜器上有倗伯为毕姬作器的铭文，不仅可据以确定 M2 墓主人是倗伯，M1 墓主人是其夫人，此地是倗国的墓地，而且还证明在晋南曾有一个不见于记载的倗国。[4] 倗国虽然不见于传世文献，铜器铭文却有记载。1990 年 7 月，上海博物馆从香港购回一件有铭铜器，最早著录于《上海博物馆集刊》1993 年第 6 期，被命名为睘鼎，又被断为西周中期时器。铭文云：“唯七月初吉丙申，晋侯命睘追于倗，休有擒。”执此器铭与山西绛县横水西周墓地出土资料合观，铭中的“追于倗”之“倗”无疑就是文献失载的倗国。据睘鼎铭文推测，倗国与晋国相距不远。西周中期倗仲鼎铭文云：“倗仲作毕媿媵鼎，其万年宝用。”李伯谦在其讨论晋伯卣及其相关问题的论文中据以指出，倗为媿姓国。倗母是倗国之女，伯喜父是晋侯世子。伯喜父为倗母作器用于祔祭倗母于祖庙，表明倗母嫁于晋国而为伯喜父之妻。倗母之称，有意义可寻。母字前冠以国名以明同姓不婚，晋为姬姓，倗为媿姓，固可通婚。倗字后所缀母字，根据王国维的论述，是女子之美称，犹如甫或父是男子之美称一样。[5](p163-165) 若不从王国维之说，视母字表示生身之母，从而断倗母是伯喜父之母，则与其他器铭称呼生身之母往往在母字前后附加饰语与义称的通例不符，如在母字前冠以饰语则称文母（楷侯簋盖/西周早期）、皇母（诂簋/西周晚期），在母字前冠以饰语而在母字后缀以义称日名则称文母日庚（方鼎/西周中期），在母字前冠以饰语而在母字后缀以义称谥号、行第、姓等则称皇母懿龚孟姬（禾簋/春秋晚期），不见在国名后仅缀一母字表示生身之母的例证。因此，据铭文称呼生身之母的通例，似可推断倗母是伯喜父之妻而非其生身之母。或许倗母当释为倗女，因为甲骨、金文中的母字与女字往往通作无别，许多古文字学家皆有论述，[6](p731-738,p771-779) 不烦更举例证。若释为倗女，益可断定是伯喜父之妻。

晋侯墓地 M91 和 M92 是一对夫妻异穴并葬墓，发掘报告已断定 M91 的墓主人是晋侯喜父，至于 M92 的墓主人是否就是倗母，只能根据随葬品对墓葬的性质及墓主人作一推测。就 M92 出土的 8 件銅器中有晋侯对所作有铭铜鼎而言，M92 似乎是一座改葬墓。因为根据发掘报告对晋侯墓地各墓年代早晚的排序，晋侯对是继晋侯喜父为君的诸侯。如果 M92 不是一座改葬墓，晋侯对所作有铭铜鼎何以能埋藏在晋侯喜父夫人的墓中？据此推测，晋侯喜父为世子时，其妻死后已藏，且已祔于祖庙，后人依诸侯夫人的身份改葬其妻，就将晋侯喜父为其父所作宝盘及继体之君晋侯对所作铜鼎一并埋入改葬的墓中。若此推测不误，则 M92 的墓主人或许就是倗母。

铭中“王宗”一词，不见于其他器铭。若以为“宗”字之前所冠“王”字是针对周王而言，从而断伯喜父簋是伯喜父为周王所作用于祭祀的礼器，则器当置于周王的宗庙内而不当埋藏于器主人墓中。伯喜父簋既出土于器主人墓中，可以断定器铭所言王宗与周王无关。《礼记·祭法》记天子至于官师因尊卑不同立庙或多或少的制度，凡天子、诸侯、大夫、適士之祖庙，皆以王考庙称之，并不因地位悬殊而异其称号。孔疏云：“王考庙者，祖庙也。王，君也。君考者，言祖有君成之德也，祖尊于父，故加君名也。”实际上，因祖父本有王考之称，见于《尔雅·释亲》，祖庙固可称王考庙。祖庙既有王考庙之称，铭文言“享孝于王宗”，相互比附参证，则王宗当指王考之宗庙，省文则称王考庙或王宗。前文已论证伯喜父簋是伯喜父为祔祭倗母于王宗所作礼器，依周礼“祔必以其昭穆”的规定，倗母须祔于祖姑，因祖姑无庙，与祖父一体，故祔礼行于祖庙，亦可证王宗当指祖庙。铭中“王宗”之“宗”指宗庙，训诂亦有证据。《尚书·舜典》云：“汝作秩宗。”蔡沈《书经集传》云：“宗，祖庙也。”《周礼·春官·肆师》云：“凡师甸，用牲于社宗则为位。”杜子春云：“宗谓宗庙。”《诗经·大雅·凫鹥》云：“既燕于宗，福禄攸降。”朱熹的《诗集传》云：“‘于宗’之‘宗’，庙也。”无论是礼制还是训诂，皆可证铭中王宗指祖庙。伯喜父为倗母作器时尚为诸侯世子，其君见在，不得立庙，因倗母须祔于祖庙，又因世子与国君一体，国君之考庙即伯喜父之祖庙，故就其国君所立考庙行祔祭之礼。既在国君之考庙行祔祭之礼，则主其事者当为国君。《礼记·丧服小记》云：“妇之丧，虞、卒哭，其夫若子主之，祔则舅主之。”因虞祭、卒器俱在寝行礼，故夫或子主其事；祔祭行于祖庙，所祔者为舅之母，礼事既涉舅之母，故当由舅主其礼事。

综上所述，伯喜父簋是器主人伯喜父继体为君之前，依士冠礼加冠后，为祔祭亡妻倗母于祖庙所作礼器；铭中“倗母”之称，表明是倗国之女嫁于晋国而为伯喜父之妻；“王宗”一词，首见于伯喜父簋铭文，礼制与训诂皆可证王宗指祖庙而与宗法无关。

另外，需要补充说明的是，李伯谦在其文中还介绍了另外 6 件伯喜父所作有铭铜器，湖南博物馆收藏 2 件，铭文为“伯喜父作洹·簋，洹其万年永宝用”，另外 4 件 1961 年出土于陕西长安张家坡，器盖同铭，铭文为“伯喜作朕文考剌公尊簋，喜其万年子子孙孙永宝用”，同时还通过互勘诸器铭文进一步指出，张家坡所出有铭铜器器主人伯喜即晋侯墓地 M91 所出伯喜父簋铭中的伯喜父。晋靖侯所作有铭铜器因何流出晋室，后又出土于陕西张家坡墓地，则是一个值得深入探讨的问题。

参考文献：

[1] 北京大学考古系，山西省考古研究所 . 天马——曲村遗址北赵晋侯墓地第五次发掘 [J]. 文物 ,1995,（7）.

[2] 李伯谦 . 晋伯卣及其相关问题 . 见上海博物馆 , 香港中文大学文物馆 . 中国古代青铜器国际研讨会论文集 [C]. 上海 : 上海鹏程商务传播有限公司 ,2010.

[3] 杨树达 . 积微居金文说 [M]. 北京 : 中华书局 ,1997.

[4] 山西省考古研究所 , 运城市文物工作站 , 绛县文化局 . 山西绛县横水西周墓地 [J]. 考古 ,2006,（7）; 山西省考古研究所 , 运城市文物工作站 , 绛县文化局 . 山西绛县横水西周墓发掘简报 [J]. 文物 ,2006,（8）.

[5] 王国维 . 观堂集林（第 1 册）[M]. 北京 : 中华书局 ,1959.

[6] 古文字诂林编纂委员会 . 古文字诂林（第 9 册）[M]. 上海 : 上海教育出版社 ,2004.

作者简介：

贾海生（1963—　），男，山东省邹平县人，浙江大学古籍研究所教授、博士生导师。

忠孝既难全　生死两茫然
——《晋恭世子碑铭并序》述评

杨秋梅

摘要： 北宋熙宁八年（1075）立于今山西省曲沃县城关世子庙的《晋恭世子碑铭并序》，阐发了撰文人吴勉之的道德价值观，虽然他对晋世子申生的悲惨命运给予了极大的同情，但对申生愚忠愚孝的道德观念和懦弱仁慈的性格特征也给予了婉转的批判，其价值判断视角比较独特，耐人寻味。

关键词： 吴勉之；恭世子；申生；孝

《晋恭世子碑铭并序》[1](卷二零二)，北宋熙宁八年（1075）九月十五日立，碑身高 165 厘米，宽 86 厘米，吴勉之撰，张杰书。原立于山西省由沃县城关世子庙，庙已毁，现与其他零散碑刻由曲沃县文物部门集中收管。

撰文人吴勉之，曲沃人，宋嘉祐间进士。[2]（卷二十八）书丹人张杰，曾任孟州王屋县尉，生平事迹不详。

曲沃县，位于山西省南部，辖属临汾市。“曲沃”一名约出现于西周时期。晋昭侯元年（公元前 745），昭侯将其叔父成师（桓叔）封于此，历桓叔、庄伯、武公三世；公元前 678 年，武公灭晋自代，定都于此。晋献公十六年（公元前 661），献公为世子申生筑城，亦名太子；后“称绛邑县；北魏太和十一年（487）改置曲沃县”[3](p.173)，自此迄今县名不改。

世子，即申生，晋献公的太子，其母为齐姜，早逝，同母姊为秦穆夫人。骊姬之乱，申生被祸自杀，因“世子经于新城，邑人祀之”，遂建“恭世子庙在城下西门内”[2]（卷十一）。申生之死，褒贬不一。

一

申生之死，缘由骊姬。晋献公五年（公元前 672），献公伐骊戎，克之，灭骊子，获骊姬以归，立以为夫人，生奚齐，其娣生卓子。骊姬天生丽质，年轻貌美，深得献公的宠爱。随着奚齐年龄的增长，骊姬要废掉申生而立己子奚齐为太子的欲望越加强烈。骊姬虽是一戎女，但有着非凡的政治头脑，又精明强干，善于交际。她深知要废掉太子的难度，只有徐图缓行。在她的策划下，一场废嫡立庶的阴谋活动紧锣密鼓地展开。

骊姬要达到目的，不仅要废掉太子申生，同时还要打击公子重耳和夷吾。在选择首要打击对象时，她征询于献公之优，其名叫施。优施曰："必于申生。其为人也，小心精洁，而大志重，又不忍人。精洁易辱，重偾可疾，不忍人，必自忍也。"[4]（p268）申生柔弱仁爱，忠孝正直，又不肯施恶于人，这些优良的品质反倒成为被对手利用的弱点。

为实施其计划，骊姬收买了献公的宠臣梁五和东关五，假手"二五"先设法将群公子调出绛都。"二五"借口"曲沃，君之宗也；蒲与二屈，君之疆也，不可以无主"说服献公[5]（p240），使申生居曲沃，重耳居蒲（今山西永济），夷吾居屈（今山西吉县）。群公子远离绛都，不仅可以疏远、淡漠父子之情，还可以削弱其参政议政的机会，更为骊姬阴谋的实施提供了方便。

献公十六年（公元前661），晋作二军，献公将上军，使申生将下军以伐耿、霍、魏等国。太子是嗣君，恭以俟嗣，而献公为其分之土而官之，其用意很明显。大夫士蔿断言："太子不得立矣，分之都城，而位以卿，先为之极，又焉得立？"并劝告申生："不如逃之，无使罪至。为吴太伯，不亦可乎？犹有令名，与其及也。"申生却说："为人子者，患不从，不患无名；为人臣者，患不勤，不患无禄。"[5]（p258）他对父亲忠贞不贰，拒绝采纳士蔿的建议。征战凯旋后，献公为太子修筑了曲沃新城，更进一步确定了太子的地位。

献公十七年（公元前660），骊姬以东山赤狄皋落氏（今山西垣曲）"朝夕苛我边鄙，使无日以牧田野"为由，策划怂恿献公派申生率兵伐赤狄皋落氏，妄图借此机会陷害申生。晋大夫皆看出骊姬的阴谋，里克谏曰："君行，太子居，以监国也；君行，太子从，以抚军也。今君居，太子行，未有此也。"因而要求"君其释申生"。献公不听忠告，一意孤行。太子将战，其御戎狐突以"国君好艾（外），大夫殆；好内，嫡子殆，社稷危"劝告申生[4]（p279），与其危身以速罪，不如孝而安民，逃奔他国。申生还是依然拒绝，遵父命出战。虽得胜而还，但"谗言益起"，更加证实了太子将要被废。

随着骊姬阴谋的一步步实现，她加快了行动的步伐，采取了更加毒辣的手段，要一举置申生于死地。献公二十一年（公元前664），骊姬趁献公出猎之际，谎称献公夜梦齐姜，命申生速祭齐姜于曲沃而归祭物于献公。“姬置诸宫六日，公至，毒而献之。公祭之地，地坟。与犬，犬毙。与小臣，小臣亦毙。”献公大怒，杀死了申生之傅杜原款，申生逃回新城。有人劝他向献公申辩，说明原委，他却说：“君非姬氏，居不安，食不饱。我辞，姬必有罪。君老矣，吾又不乐。”又劝他逃亡国外，他却说：“不可，君谓我欲弑君也，天下岂有无父之国哉？吾何行如之？”[5]（p297-298）申生在其忠孝思想以及懦弱性格的支配下，既不申辩，也不逃亡，那么等待他的只能是死亡。是年十二月戊申日，申生自缢于新城。

申生死后，公子重耳和夷吾在骊姬的逼迫下，不得不逃亡他国。这就是震惊春秋列国的“骊姬之乱”。

二

申生在这次事件中所持有的态度以及所作所为，吴勉之基本持不赞成态度，他在《晋恭世子碑铭并序》中阐发了自己的看法。

首先不赞同申生的做法。他把申生和吴太伯作了比较，认为太伯是周太王古公亶父的长子，“季历贤而有圣子昌，太王欲立季历以及昌，于是太伯、仲雍二人乃奔荆蛮，文身断发，示不可用，以避季历”[6]（p1445）。太伯逃亡他国，既成全了父亲的心愿，又保全了自己性命，还可以建国立业。而申生的死亡，既使自己丧失了生命，又陷父亲于不仁不义之地，两相比较，效果大相径庭。

再从结果来看，申生是自杀，但

▲图1 《晋恭世子碑铭并序》拓片

《春秋》却载“晋侯杀其世子申生”。吴勉之认为，“书晋侯，恶其用谗；名申生，斥其陷父”。书晋侯，是因其不辨是非，听信谗言，把太子申生一步一步地逼上了绝路。名申生，是因其不向父亲申辩清白，一味妥协忍让，自以为这样既可以成全父亲的心愿，又可以落个忠孝两全的美名，却不想竟陷父于不仁不义之地，落了个杀子的恶名。申生的本来愿望没有实现，却使骊姬的阴谋得逞。因此，碑铭对申生的做法亦有微词。

然而，在中国传统文化中儒家思想居于统治地位，儒家所宣扬的忠、孝，不仅影响着人们的思想观念，同时也成为支配人们行为的准则和评判士人德行的标准。元顺宗至元六年（1340）元廷加谥晋世子申生恭愍，至正七年（1347）奎章阁承制学士朝列大夫知经筵事靳荣撰文《晋世子申生辨》，明代大学士李东阳著诗《申生怨》，清乾隆间曲沃县县令张坊写有《曲沃歌》，他们均高度赞扬了申生的忠孝，“后世乱臣贼子，闻申生之风者，必有悚惧之心。是以有功于万世也”[1]（卷二一六）。

纵观申生的一生，他的文才武略，足以担当大统，为国家的发展作出更大贡献，但由于他忠孝的伦理观念和性格上的懦弱仁慈导致了人生悲剧的发生。从伦理观念上看，申生以孝作为一切道德的根本和个人行为的准则，因而，对父就是要绝对忠孝、顺从。“吾闻之羊舌大夫曰：‘事君以敬，事父以孝。’受命不迁为敬，敬顺所安为孝，弃命不敬，作令不孝，又何图焉？且夫间父之爱而嘉其贶，有不忠焉；废人以自成，有不贞焉。孝、敬、忠、贞，君父之所安也。弃安而图，远于孝矣，吾其止也。”[4]（p.265）申生伐东山皋落氏时，狐突劝他逃走，他说：“不可。君之使我，非欢也，抑欲测吾心也。是故赐我奇服，而告我权。又有甘言焉。言之大甘，其中必苦。谮在中矣，君故生心。虽蝎谮，焉避之？不若战也。不战而反，我罪滋厚；我战死，犹有令名焉。”[4]（p.281）当献公杀害了申生师傅杜原款后，有人劝申生逃亡，他却说：“不可。去而罪释，必归于君，是怨君也。章父之恶，取笑诸侯，吾谁乡而入？内困于父母，外困于诸侯，是重困也。弃君去罪，是逃死也。吾闻之：‘仁不怨君，智不重困，勇不逃死。’若罪不释，去而必重。去而罪重，不智。逃死而怨君，不仁。有罪不死，无勇。去而厚怨，恶不可重，死不可避，吾将伏以俟命。”[4]（p.291）

申生屡次不听诸大夫的劝告，并不是没有看出献公的用意，而是为了成全道德上的完美。其一，为人臣，要绝对服从君的旨意；为人子，要绝对服从父的意愿。即使君父有所过失，也要绝对地服从。其二，十分看重父亲的名声。他若逃走，就是把父亲不义的行为昭示于天下，怕引起诸侯的讥笑与讽刺。其三，要让父亲晚年生活幸福美满。他若向父申辩自己的清白，澄清事实真相，骊姬的阴谋就会败露，必然要受到惩罚。献公如果失去骊姬，就会食不甘，寝不安。父亲生活不愉快，自己也不心安。忠孝是他行为的宗旨，为了尊父命，了却父亲的心愿，只有委屈自己，杀身成仁。

“孝”是中华民族的优良传统和美德，值得提倡和遵循。《孝经·圣治》中说：“人之行，莫大于孝。”由此而规定了孝为百行之首的地位。但是儒家所提倡的孝，并不是一味地敬顺、遵从，相反，“谏诤”也是一种特殊的孝行。《孝经·谏诤》曰：“父有争子，则身不陷于不义。故当不义，则子不可以不争于父，臣不可以不争于君。故当不义，则争之。”这就是说，对君主、父母都不能无原则地迎奉，在他们有过失时，为避免陷于不义，谏诤是一项重要的手段，既使他们“匡救其恶”，维护了个人的形象和名誉，又维护了家国的整体利益。因而，在诸多孝行中，谏诤的位置还是非常重要的。

因此，执行孝道，也要遵从辩证的思维方式。申生对国君忠诚，对父母孝敬，这是无可非议的，他所犯的错误就是把孝绝对化，过于片面地追求了臣对君，子对父的忠顺、孝敬。这是一种唯父母、君主之命是从的愚忠愚孝。面对骊姬的阴谋陷害，应该采取积极的应对措施，澄清事实真相。献公作为晋国的始盛之君，他对是非曲直还是有一定的判断能力的。曲沃代翼后，献公把防范篡权的重点放在公族内部是正确的。但申生不一样，他是太子，法定的君位继承人，而且又忠孝正直，令名远扬。然而献公宠爱骊姬有加，又由于骊姬阴险诡诈，因此，献公极容易被骊姬所蒙骗。在这种情况下，急需有人来劝谏献公，向他揭发骊姬的阴谋，使他了解事实真相，有一个辨别是非的机会。“父子之道，天性也。岂献公慈爱于他人而不慈爱于其子乎？”而申生并没有采纳诸大夫的建议，没向父亲做过任何解释和劝谏。

申生愚忠愚孝，任由事情的发展，实际上是置国家的前途和利益于不顾，结果给国家造成了巨大的灾难。骊姬之乱的恶果在献公死后立即显现，直到晋文公回国即位后才结束了这种混乱状态。这个责任当然应该由献公来负，但作为太子的申生，也有不可推卸的责任。因此，申生愚忠愚孝引起后人的非议也是在情理之中。

附碑文：

晋恭世子碑铭并序

前进士吴勉之撰

前守孟州王屋县尉张杰书

夫鼷鼠甘口，啮噬肤革，洞贯而不知其痛；谗人甘言，离间骨肉，残杀而不知其伪。设斯道者，果何心哉？盖妒妇与小人图利而为之也。然不能移上智，抑足以惑中人。是则甘之为害在言益深，言之大甘（在人诚）〔甚〕可畏也。昔晋献公甘骊姬之谮，使申生自杀于新城。《春秋》曰：晋侯杀其世子申生。书晋侯，恶其用谗；名申生，斥其陷父。於戏！申生之死，不若逃之。虽恭为子之道，且失其显新之孝，谥之曰恭，亦有微旨。国人怜其无罪，屋而祭之，迄今千百年，民意不衰，祠宇愈葺者，亦所以龟鉴后人尔。或曰：父子之道，天性也。岂献公慈爱于他人，而不慈爱于其子邪？况夫夺慈忍爱，谗者之（不）〔有〕由也。初，骊姬欲谮申生，与优施、二五嬖图之，伺其隙而甘其言，仅十年而事乃就，固非一朝一夕，渐熏莸之臭也。始则誉申生之贤而指公之恶，次则验申生之得众而惧公以行强，终则置毒于胙而取信于公。苟非生而神灵，躬有明哲，其孰能辨之哉？且骊姬妒妇也，欲贵子而福已，优施、二五嬖，皆小人也。在济欲而贪赂，信夫图利而为之，此妒妇小人之常情耳。观乎今之谗，或有甚于此者。大率衣儒服读圣书，窃君子之名，齿士人之列，罔有攸赖，不顾其私，离间人君臣、父子、兄弟、亲戚、寮友、交朋，以至于诛杀、残虐、纷争、违戾、仇恶、弃绝者，固甚于妒妇之与小人图利而为之也。天乎，好谗之人，果造物者使之然耶？苟造物者使之然，曷不改造其形为虵蝛蜂虿之类，虽毒于人，人得而避之，明白之甚也。苟性使之然，曷不杜其闻以聩，窒其视以瞽，秘其言以喑，虽谗发于心中，而耳目不得伺人之隙，口不得甘其言，是使君臣、父子、兄弟、亲戚、寮友、交朋各尽其道而恭睦劝爱之，则天下无为而治矣。又何必祸淫以惧恶，降殃以谴邪乎？《释名》曰：“碑者，悲也。”申生谮死，孰不悲之？观今之谮，愈可悲矣。必正其道，谨作铭云：

周文将王，太伯走荆，避圣让位，丕基有成。

晋文将霸，申生自经，稔恶破党，雄图始亨。

太伯之奔，申生之死，一启姬昌，一开重耳。

全生者贤，杀生者鄙，优劣之间，差远千里。

虽云被谮，人谁不知，辞而可辨，去之可驄。

弗伤公意，奚释公疑，陷父灭性，徒使人悲。

呜呼！

人之为谗，天亦速绝，骊姬鞭亡，奚齐兵杀。

谋之不臧，旋见屠灭，敢告谗人，响应昭晰。

熙宁八年九月十五日　男将仕郎试将作监主簿世长立石

（阙文）

参考文献：

[1]（雍正）山西通志 [M]．北京：中华书局，2008.

[2]（乾隆）曲沃县志 [M]．南京：凤凰出版社，2005.

[3] 刘纬毅．山西历史地名通检 [M]．太原：山西教育出版社，1990.

[4] 国语 [M]．上海：上海古籍出版社，1978.

[5] 杨伯峻 . 春秋左传注 [M]．北京：中华书局，1981.

[6]（西汉）司马迁 . 史记 [M]．北京：中华书局，1959.

作者简介：

杨秋梅（1954—　），女，山西运城人，山西师范大学历史与旅游文化学院教授。

朔州崇福寺北魏千佛石塔

光梅红

摘要：北魏千佛石塔的命运浓缩着一段中国近代史，诉说着中华民族的悲欢离合。千佛塔是北魏时期的仿木楼阁式建筑，对研究中国早期佛教、北朝建筑、北魏历史等极具研究价值。

关键词：千佛石塔；北魏；建筑

一、身首分离的稀世国宝

1979 年 9 月，奥地利格拉茨大学教授海因里希·格哈德·弗兰茨应文化部邀请到中国访问。在参观中国历史博物馆时，弗兰茨看到了 20 世纪 20 年代末拍摄于山西朔州崇福寺的北魏千佛塔，激动不已。临别时，弗兰茨把近年所著《中国塔及窣堵婆》（*Pafodn Turmtempel Syupa*）和《从犍陀罗到蒲甘》（*Von Gandhara Bis Pagan*）二书赠送给时任中国历史博物馆研究员、有“鉴定国宝的‘国宝’”之称、我国“四大文物鉴定专家”之一的史树青。其间，二人就北魏千佛塔进行了交流。原来，弗兰茨是在去台湾参观时，见到这座珍贵无比的塔，并得到用以研究的塔的照片和题记拓本的。直至此时，史树青才知道，他曾在昭和初年（昭和元年是 1926 年）日本出版的《世界美术全集》卷七中看到的北魏千佛塔，在日本战败后已被运往中国台湾。1980 年，史树青在《文物》杂志上发表了《北魏曹天度造千佛石塔》一文，介绍了千佛石塔被发现的历程。此后，有关石塔的消息传闻开来，一些秘史两相印证，始获公开。

在朔州当地，民间流传着一段劫塔和藏匿塔刹的故事。1937 年 9 月 28 日朔县沦陷，日军屠城三日，杀害无辜居民 4800 人。一说此阶段前后，日本派专人前来大同及周边鉴别搜集历史文物和艺术品等信息资料，择机抢掠。

崇福寺所藏北魏曹天度石塔就是他们的目标之一。[1](p22) 一说日军中的“本愿寺”从军僧发现了这座石塔，经京都大学林田治郎、水野清一、奈良小川晴阳等人考察，确认为北魏时期所造，次年又强行劫走石塔，便将其掠往日本东京。[2](p35) 这两种说法均有可能。抗日战争爆发后，侵华日军师团一级一般专门配备“文物搜集员”，这些人大多受过专门训练，具有一定的文物专业知识。[3](p63) 日本派的“专人”就应该是指侵入大同东条师团的“文物搜集员”。同时，日本净土真宗本愿寺是最积极追随军国主义政府的佛教派别之一，他们在抗日战争时期还向前线军队派遣随军僧。侵入朔县的日军独立混成第一旅团中有随军僧也是非常有可能的。

日军在装箱强行运走佛塔时，一位工人丁克成出于爱国热忱将塔刹藏了起来。20 世纪 50 年代朔州崇福寺文管所成立后，丁克成主动献出塔刹。人名确凿，事迹昭昭，却不见任何详细记载。记者冯迪走遍整个朔州[4]，寻访到以下三个版本。

版本一：丁克成，绰号“丁八面”，无业游民，吸过大烟。可能是给日本人干活时趁机悄悄藏起塔刹，冒死护宝。

版本二：丁家是由原平迁来朔州的大户人家。丁克成能识文断字，颇有文化。别人不敢的他敢，别人不做的他做，是城里有名的“灰人”（方言，混混之意）。落迫潦倒后，他曾仿过名人画作出售，也曾卖过莜面。也许因为是个闲人，容易被抓去干活。

版本三：日寇掠了塔，却出于某种佛教因素，将塔刹拆下并未带走，它被有识之士、文化世家之后丁克成有心收起来，直到山河重整，1953 年崇福寺成立了文管所，有了专职管理人员，丁克成才从家里拿出收藏了近 20 年的塔刹，无偿献出。

版本二、三都强调丁克成的文化素养比较高，能识千佛塔的文物价值。版本一、二又强调丁克成是混混，这或许是因为丁家祖上生活富裕，他未学到生存之道，家道败落后，他只能成为无业游民。朔县沦陷后，他目睹了日军连续三天的屠城暴行，内心深处充满了对日军的仇恨。当内在的文化素养和民族大义碰撞时，被抓去当差的丁克成就成为保卫佛塔的仁人志士了。从此丁克成的身份也发生了转换，不再是无业游民而是工人，他的英雄事迹也就传唱不息了。

1945 年日本战败投降后，国民政府组织清理战时文物损失委员会向日本寻

▲ 图 1 北魏曹天度千佛石塔塔刹

查和追偿战时被日本劫掠的文物。北魏千佛塔因昭和十四年（1939）10 月 25 日的《朝日新闻》曾详细报道过此塔，而《朝日新闻》是日本创刊较早、影响很大的一种日文报纸。在日本发动侵华战争期间，曾刊登了日军侵略中国的大量报道，竭力为侵华战争壮胆助威。因此，日军劫掠千佛塔的事迹昭然若揭。也正因为如此，在盟军总部提出几近苛刻的条件下，千佛塔仍能回到祖国，随后又辗转到台湾地区。1956 年，北魏千佛塔以登录号 7032 号编入台湾历史博物馆，陈列展出。1995 年台湾庆祝历史博物馆 40 周年时，要从 5 万件馆藏文物中选出 40 件宝中之宝，进行展出。“北魏曹天度石塔”被公认为首屈一指的国宝入选展出。

1995 年至今，大陆、台湾就千佛塔的复制事宜多次进行协商。1995 年，台北历史博物馆典藏组主任黄永川致函朔州崇福寺文管所：“……现阶段虽未能璧合，但该塔之价值并不会因顶身分离而逊色。”他希望崇福寺文管所能向他提供有关塔刹的资料、照片以供研究，并就复制石塔等事宜进行商讨。1999 年，中国历史博物馆馆长、中国考古学会副理事长俞伟超赴台湾参观。他对台北历史博物馆提议两岸互做塔身和塔刹复制品、相互交流。但“因一些客观因素”，未果。2007 年，朔州市对台办人员就石塔合璧事宜赴台和黄永川交流，此时黄永川已任台北历史博物馆馆长。洽谈的结果是：复制塔身目前有着客观技术条件的制约，一是所需的砂质岩材料难找，二是工匠难找。2008 年 6 月 10 日，台北市山西省同乡会参访团一行 15 人在崇福寺参观，在了解到千佛石塔身首分离半个世纪时，都表达了希望团圆的心愿。2010 年 8 月，朔州三晋文化研究会会长李尧到台湾进行为期 10 天的文化交流。李尧自台回晋后，心牵塔事，给台北历史博物馆馆长室秘书苏启明发去电子邮件，协商复制互展事宜。对方很快回复："……因九层石塔已被列为国宝级文物，依法不能擅自决定或从事有关的复制与交流事宜。"

北魏千佛塔一波三折的命运，浓缩着一段近代中国历史，诉说着中华民族的悲欢离合。日军对它的抢掠，海外石塔专家对它的研究，大陆、台湾学者为复制石塔的多次接触都显示着其国宝的价值。

二、北魏千佛塔的造型

海内外学者对北魏千佛石塔的造型均有介绍，根据这些介绍，概述如下。

北魏千佛塔为细砂岩质，方形，通高 3 米左右，由塔座、塔身、塔刹三部分组成。

石塔的底座为正方形，高 24.5 厘米，长、宽为 63 厘米。正面浮雕 2 个供养比丘，奉献摩尼宝珠，宝珠置于莲花盘中，两侧有莲花吼狮，狮子象征护法振威。底座左右有浮雕男女供养人像各 10 人，其中小人在后，似是家属幼辈，底座背面刻有题记，题记两侧各有 1 供养人像。

塔身共二节 9 层，1—7 层为一节，8、9 层为一节，每层均浮雕有小佛座像。其中，最下一层为 4 排，第二、三层各为 3 排，其余各层为 2 排。浮雕佛像，第一层 264 尊，第二层 196 尊，第三层 169 尊，第四至六层各 120 尊，第七、八层各 116 尊，第九层 120 尊。此外，最下层每侧各有一中型佛龛，龛内有较大的佛像。塔身四角有柱，皆有浮雕小佛坐像。

塔刹残高 49.5 厘米，宽、纵各约 15 厘米，上有相轮九重，下为覆钵，承以雉堞状的山花蕉叶。四边山花中间，各有一小坐佛像，山花下面各辟一龛，龛内各有两座佛像。上覆瓦状顶，四角各有立柱（三柱残缺），似雕一人像。龛下各以宝装莲花为结。整个塔顶雕工精细，造型优美，挺拔秀丽、端庄大方。

以上全塔共浮雕有小佛像 1344 尊，大佛 10 尊，共计佛像 1354 尊，故又有"北魏曹天度千佛塔"之称。

其中，塔座 19 行 126 字的铭文体现了该塔的价值。字体以北魏书体阴刻而成。书法朴拙，典雅秀美。可惜的是剥落严重，字迹漫漶，多难辨识。史树青对拓片缺字，推断补入，尝试加标点，释译今语。这对我们了解和研究石塔提供了很大方便。

原题记补入缺字后的全文如下：

夫至宗凝寂，弘之由人。圣不自运，畅由来感。是以仰慕者悲叹不如，功务者因莫不果。乃感竭家珍，造兹石塔，饰仪丽晖，从[释]永或。愿圣主契齐乾坤，[德隆]运表。皇太后、皇太子[延祚]无穷。群辽百辟，存亡宗亲，延沈楚炭。有形未[亥]，菩提是获。天安元年，岁次鹑[火]，侣登蕤宾，五日辛[卯]，内小曹天度为亡[父]颖宁、亡息玄明于兹平城造。

题记今语全文如下：

佛教的精义本是凝静安寂的，但是需要人宣扬佛法。圣教不主动运行，但因感人而畅通。仰慕佛教的人，都恐怕自己能力太小，而修行功德的人，自然会有好的果报。所以我用全部家财，造此石塔，把塔装饰得光辉美丽，供奉起来，以解除众生的疑虑。祝愿当今皇帝寿与天地相齐，德业运化八方，皇太后、皇太子永享福祚，我的同僚和已故、现存的宗族亲属，免于涂炭，大人婴儿都能得到佛果。天安元年岁次丙午五月五日辛卯，宫内小臣曹天度为亡夫颖宁、亡子玄明在平城（今大同）造。[5]

三、北魏千佛塔的价值

北魏千佛石塔不仅雕造精美，更重要的是它在中国早期佛教、佛塔和北魏历史等诸多领域极具研究价值。

（一）纪年翔实，是中国现存最早、保存最完美的九层单级石塔

北魏千佛石塔塔座上的铭文有明确的雕造日期，即天安元年。天安是北魏显祖献文帝拓跋弘的年号，即公元466年。奥地利格拉茨大学教授弗兰茨在其《中国塔窣堵婆》一书指出："此塔的重要意义，在于它是公元5世纪的唯一石塔，因在中国内地尚未见公元6世纪以前的佛塔建筑，它对我们研究中国早期佛教和造塔史，具有不可估量的价值。"[5]

（二）反映了北魏的世俗生活

北魏一代宗教艺术的创作过程直接来源于当时社会物质生活这一历史现

实。北魏千佛石塔造像内容和铭文反映出了北魏的社会百态，主要表现在以下几个方面。

首先，供养人像的雕造反映了北魏佛教盛行的情况，供养人服饰是研究鲜卑族衣冠服饰习俗的珍贵资料。从供养人像安排的次序来看，比丘安排在塔座的正面，左右两侧的男女供养人趋向比丘，双手合十，身体前躬，作朝拜状，极富动感，再现了当时礼佛的盛况及对僧人的敬仰。这种排列形式与北魏遵从佛教的浓厚气氛有关。因为佛教的教义规定，凡信奉佛教都要皈依“三宝”，即佛宝、法宝和僧宝。其中僧宝是指受具足戒的比丘和比丘尼。从供养人的着装来看，曹天度及其家人是汉人，却均着鲜卑服。男供养人头戴垂裙帽，上身穿窄袖紧袍，左衽，腰间紧束带子，下身穿褶裤，即所谓的裤褶装，脚穿高筒长靴；女供养人头戴垂裙帽，帽顶中间下凹，上身穿夹领窄袖紧身上衣，下身穿曳地长裙。这种服饰的主要特点是防风御寒，便于劳作和骑射，实用性强。这为我们提供了了解北魏当时衣冠服饰习俗的形象资料。

同时，我们又注意到千佛塔塔座铭文的记录采用的是汉字。这一“胡”一“汉”的结合似乎在表现，“他们在民族和阶层等社会制约当中利用佛教造像的正当性来显示坚强生存的形象，是他们向国家和社会传递信念的一座纪念碑”[6]。从这个角度看，千佛塔的价值更高。

其次，体现了北魏时期中国人佛教信仰的功利主义和实用主义。佛教教义的基本思想可以用“诸行无常，诸法无我，涅槃寂静”来概括。佛教传入中国后，经过与中国传统思想和宗教的冲突和融合，以及理论上形式上的自我调整，对中国社会产生了广泛的影响。众所周知，北朝时期是佛教中国化的关键时期，这一时期佛教呈现出民间化的倾向。顾伟康便依照信徒的文化层次，将中国佛教区分为经典佛教和民俗佛教两种。前者以对经典教义的深刻理解和掌握为主，后者则是以偶像崇拜和求福求运为中心。[7] 北朝各政权多为胡族所建立，在相当长的一段时间内与汉文化存在隔膜和对立。系统高深的宗教义理难以为其理解和接受，因此北朝佛教多与建塔立寺、写经造像、吃斋念佛、布施行善相联系，祈求幸福和安宁，希冀远离灾难和祸患。千佛塔的发愿文就是例证。愿文中写道：“祝愿当今皇帝寿与天地相齐，德业运化八方，皇太后、皇太子永享福祚，我的同僚和已故、现存的宗族亲属，免于涂炭，大人婴儿都能得到佛果。”正是从这个意义上讲，千佛塔的铭文体现了佛教信仰的功利主义和实用主义。

最后，二佛并坐像是对北魏政治的反映。千佛石塔塔刹的刹座由须弥山和佛龛两部分组成，佛龛内雕刻着释迦、多宝佛的二佛并坐像。二佛并坐像是依据《妙法莲花经·见宝塔品》的故事塑造的，同时也与北魏皇家的现实政治需要相吻合。北魏是由鲜卑族建立的王朝，它为了加强对汉族和鲜卑族以外胡族的统治，将佛教和国家紧密地结合起来。侍奉北魏第一代皇帝道武帝的僧人法果说：“皇帝即是当今如来”，这种神化统治者的佛教体制就是北魏国家的统治体制。千佛石塔塔身第一层正面佛龛雕造释迦、多宝佛二佛并坐像，佛龛的两边和上部也按三、四排的方式雕刻了许多二佛并坐像。第二层至第九层的四面，按三、四层排列着密集的二佛并坐像。这主要是因为天安元年（466），献文帝刚登基，年仅 12 岁，朝政由皇太后冯氏独揽。二佛并坐就是对这种政治形势的反映。

（三）北朝建筑的绝好标本

北魏千佛塔属楼阁式塔，是中国木构重楼与印度的“窣堵坡”相结合的产物。窣堵坡是藏置佛舍利和遗物的实心“坟墓”建筑，由台座、覆钵、宝匣和相轮组成。到 2 世纪左右，犍陀罗的窣堵坡已将台座演变为三四层的塔身。窣堵坡经犍陀罗传入中国后，受中国木构重楼建筑思想的影响，将覆钵、宝匣、相轮大大缩小作为标志性的塔刹，形成中国式的塔。北魏时期的木结构楼阁式塔以洛阳永宁寺塔为代表，然此塔建成后 18 年就毁于雷火。一直到唐代，也没有一座木塔能流传下来。北魏千佛石塔塔身四面九层，雕琢精细，角柱、瓦檐和斗拱的关系清晰传神，是当时流行的木结构方塔的真实反映，成为研究北朝建筑形象的绝好标本，且比永宁寺塔早 50 年。

（四）中国石雕黄金时代的印证

北魏是中国石雕的黄金时代，北魏千佛石塔就是这个时代的印证。从雕刻时间看，千佛塔雕造于天安元年（466），而云冈昙曜五窟于兴元二年（453）开始开凿，时间上比较接近；从使用的石材来看，均为细砂岩；从造像的题材来看，二佛并坐图像成为独特的题材。

从雕造技巧看，均采用浅浮雕，法像庄严，线条流畅，反映出中亚造像特色。

综上所述，北魏千佛石塔彰显着其作为国宝的独特魅力。在两岸关系顺利发展的今天，我们希望“相逢一笑泯恩仇”，像《富春山居图》一样早日实现“千里共婵娟”的美景。

参考文献:

[1] 葛钢，葛世民 . 北魏曹天度石塔考 [J]. 文物世界 ,2008,(4).

[2] 曹振武，武喜荣 . 北魏千佛石塔是怎样身首异处的？ [J]. 党史文汇 ,2000,(6).

[3] 孟国祥 . 大劫难：日本侵华对文化的破坏 [M]. 北京 : 中国社会科学出版社 ,2005.

[4] 冯迪 . 绝世国宝——曹天度九层千佛塔档案 [N]. 三晋都市报 ,2011-11-09.

[5] 史树青 . 北魏曹天度造千佛石塔 [J]. 文物 ,1980,(1).

[6] [日] 石松日奈子 . 中国佛教造像中的供养人像——佛教美术史研究的新视点 [J]. 中原文物 ,2009,(5).

[7] 顾伟康 . 论中国民俗佛教 [J]. 上海社会科学院学术季刊 ,1993,(3).

作者简介:

光梅红（1975—　），女，山西昔阳人，山西师范大学历史与旅游文化学院讲师，博士。

有大功于释氏，犹孔门之孟子
——浅谈调和佛教与名教的高僧慧远

李淑芳

摘要：东晋慧远为佛教的生存和发展作出了极大贡献。他交流名士，与权贵往来，使得庐山僧团得以在乱世安身，建立调和儒、佛的佛教体系，使佛教在整个社会意识形态中成为一个有独立品格的存在。

关键词：慧远；名教；沙门不敬王者

高僧慧远，东晋成帝咸和九年（334）出生，俗姓贾，雁门郡娄烦人。据任继愈主编的《中国佛教史》称是“今山西宁武附近”[1](p600)人。白寿彝主编的《中国通史》也称娄烦是今山西宁武[2](p877)。

一

《高僧传》称慧远大师三十几年不出庐山，似乎摒弃人事，但其实并非如此。一方面，士族出身的慧远，自幼儒玄兼修。信徒张野所做的《远法师铭》称其“世为冠族”。他游学许昌时，既学习儒家经典，也精通当时非常流行的《老子》、《庄子》。另外，慧远与当时的名士常有往来。早年，慧远与名家之子卢嘏“同为书生”，按《晋书》卢嘏的祖父即是西晋司空从事中郎卢谌。

▲ 图 1　宋张激《白莲社》局部

不仅在入庐山之前，慧远早和士人频繁来往。之后，慧远也并没有断绝和名士的往来。善谈老庄的荆州刺史殷仲堪就曾专程过山拜望慧远，他们相谈甚欢：“与（慧）远共临北涧论易体。移景不倦。”殷仲堪称赞慧远“识信深明，实难为庶”[3]（以下未注明的引文均出自《高僧传》）。司徒王谧、护军王默等也都曾修书与慧远。王谧说自己“年始四十而衰同耳顺”，慧远答道：“檀越既履顺而游性，乘佛理以御心，因此而推，复何羡于遐龄。”能随顺本性，又能笃信佛理，又何必羡慕长生。以文章称名于江东的陈郡谢灵运“负才傲俗，少所推崇”，但“及一相见，肃然心服”，为慧远著《佛影铭》，在慧远死后，还为之造碑文以“铭其遗德”。 而在慧远的学生中，16 岁师事慧远的僧彻和道温也都出身士人家庭。

除了交流名士，慧远也并没有隔断和政治的关系。慧远入驻的东林寺就是江州刺史桓伊建立起来的。桓伊之后，继任江州刺史的是王羲之之子王凝之，王凝之尽管信仰天师道，但也曾经帮助慧远翻译佛经。如果说和后秦文帝姚兴的往来主要还是为了讨论佛理、弘扬佛法，那他和桓玄、刘裕、卢循等人的接触就更多地体现着政治含义。无论慧远主观意愿如何，生于乱世，即使是方外之人也是难以真正躲避世俗的。隆安二年（398），桓玄被任命为江州刺史，次年，桓玄攻灭殷仲堪，途经庐山，邀慧远出虎溪相见，慧远称疾不出，但桓玄入山相见，问以“征讨之意”，慧远答以“愿檀越安隐，使彼亦无他”。这种折中的态度，体现了慧远的智慧。之后桓玄致书劝慧远出仕。“远答辞坚正，确乎不拔，志逾丹石，终莫能回。”接下来桓玄沙汰众僧，却唯独只有庐山僧不在搜检之列。后桓玄兵败，晋安帝从江陵回京师建康，辅国何无忌劝慧远下山入觐安帝，但慧远仍是称疾不行。安帝派使者慰问，慧远答谢，从中可见慧远身份之高和众人对他的崇敬。

除了和王公贵族交往，慧远和卢循这种统治阶级眼中的“叛贼”也有交往。卢循驻军江州城后，入庐山拜见慧远，慧远“及见循欢然道旧，因朝夕音问”。僧众中有人提醒慧远，卢循是“国寇”，但慧远答道：“我佛法中情无取舍，岂不为识者所察？此不足惧。”而后来刘裕追讨卢循时，果然有人指出慧远和卢循感情很好，但刘裕却说：“远公世表之人，必无彼此。”反而“遣使赍书致敬，并遗钱米”。

可见，隐居庐山、三十几年不出山门的慧远并没有能够远离政治，而是和方方面面的政治势力或多或少都有一定的联系。这种“无为”的、看似平等的政治态度，正是慧远领导的庐山僧团在乱世中超然于政治漩涡之外，获得独立发展的重要手段。慧远以其渊博的学识、绝尘独立的品格、圆融的智慧在乱世为佛教的发展争取了一席之地。

二

慧远始终没有中断和世俗世界的联系，这是出自他弘扬佛法的目的。慧远以他固有的学术素养建立起调和儒、佛的佛教体系，使佛教在整个社会意识形态中成为一个有独立品格的存在。正如《佛教征服中国》一书所说：“清醒地意识到佛教与中国传统思想之间的差异，致力于使佛学契合于有教养的中国人的根器，这在道安最具天资的学生慧远身上表现得更为明显。”[4]（p336）

桓玄入山曾问慧远“不敢毁伤，何以剪削？”远答云：“立身行道。”慧远回答桓玄僧家的“剪削”，也是为了“立身”，正是出自《孝经》。慧远回答桓玄的《明报应论》中“尊贤容众，恕己施安”[5]的概念也正是采自儒家。“尊贤”和“恕”都是典型的儒家概念，反映出了慧远以佛为主，会通儒、释的态度。镇南将军何无忌曾向慧远问及沙门为何袒服的问题，“沙门袒服，出自佛教，是礼与？”慧远撰《沙门袒服论》谓：“佛出于世，因而为教，明所行不左，故应右袒。何者？将辨贵贱，必存乎位；位以进德，则尚贤之心生。是故沙门越名分以背时，不退已而求先。”[5]其中辨贵贱、尚贤、名分等概念的运用，都可以看出慧远从儒家名器礼制的角度向反对者来解释佛教行为习惯的思想。他在《沙门不敬王者论》中更是说道：“常以为道法之与名教，如来之与尧孔，发致虽殊，潜相影响；出处诚异，终期则同。”[5]正如《中国佛教史》所说：“慧远宣布了‘内外之道可合’的原则，确定了佛教与儒家‘出处诚异，终期则同’的基本立场，实际上成了以后中国佛教主流所遵循的思想纲领。此后所谓孔释的‘殊途同归’，所谓儒释道的‘三教一源’，都可以追溯到慧远的这些说法上。”[1](p639–640)

当然对于慧远来说，融合儒、释，协调名教和佛教关系的目的在于维护佛教的独立地位、突出僧人独立的僧格、争取教权。但是教权与王权的关系一定要处理好，处理不好，也极有可能引起政府的干预，而在慧远所处的南朝也的确发生了著名的沙门应否礼敬王者的大辩论。

辩论源于晋成帝时的庾冰。当时晋成帝年幼，国舅庾冰是实际上的统治者，庾冰以为沙门应敬王者，但遭到尚书令何充等人的反对。东晋时期，桓玄又发动了关于这个问题的讨论，认为一代大事，要讨论明白。对此，慧远写了著名的《沙门不敬王者论》，揭示出佛法和世俗名教只是理论形式和实践方法的不同，根本宗旨是相通的，最终目的是一致的。在《沙门不敬王者论》中，慧远把佛教徒分成在家奉佛和出家修行两大类。他认为在家信奉佛法的佛教徒即是顺化之民，就应该遵循礼法名教，敬君奉亲。而出家修行的沙门则应高尚其事，不以世法为准则，才能“拯溺俗于沈流”，化导世俗。慧远在阐述沙门不应礼敬王者时体现出了其强烈的弘教的责任感。“袈裟非朝宗之服，钵盂非廊庙之器，沙门尘外之人，不应致敬王者。”既已出家，就不再是世俗中人，自然也不必尊敬世俗中的王者。其实对于佛教当时存在的问题，慧远也是看得很清楚的，他说：“佛教凌迟，秽杂日久，每一寻至慨愤盈怀。常恐运出非意，沦滑将及。”一些僧徒不遵守戒律，寺庙兴建也很奢华，所以对于整顿佛教，慧远是支持的。慧远主张“泾以渭分，则清浊殊势；枉以直正，则不仁自远”，通过“广立条制”，约束僧众的行为，分清曲直。而对于桓玄质问的佛教徒受世俗供养的问题，慧远也进行了辩驳。桓玄曾在《与八座书》中说：“沙门之所以生生资存，亦日用于理命，岂有受其德而遗其礼，沾其惠而废其敬哉。”[5] 僧人需要世俗的供养，但为什么却不礼敬世俗王权？而慧远认为佛教恰恰是“重资生、助王化于治道”的，如令一夫全德，即出一个大德高僧，就能“道洽六亲，泽流天下。虽不处王侯之位，亦已协契皇极，在宥生民矣！是故内乖天属之重，而不违其孝；外阙奉主之恭，而不失其敬”[5]。也就是说，佛教对于世俗教化是很有用的，正是来助王化的，所以不存在白受世俗恩惠的问题。

桓玄和慧远的这场辩论暴露出了佛教传入中国后与中国传统文化的深刻矛盾。慧远在这场辩论中既在一定程度上调和儒、释矛盾，又要以弘教者的身份极力维护佛教的特殊地位，经过这样一番讨论，“自是沙门得全方外之迹矣”。慧远的努力取得了一定的成果。方立天在《慧远及其佛学》中也这样讲道：“慧远竭力调和因果报应说与儒家经典、纲常名教的矛盾性，强调它们的一致性。这就给儒家思想和封建道德以神学的装饰，也使得佛教得到封建统治思想的支持。"[6](p100) 慧远通过和各种势力的周旋，争取了教权。"（慧）远内通佛理，外善群书，夫预学徒，莫不依拟。"由于慧远精通释、儒、道三教，学识渊博，"性度弘博，风览朗拔"，以其自身杰出的才华和卓越成就推动了佛教在中国的传播。

三

《高僧传》称慧远："卜居庐阜三十余年，影不出山，迹不入俗。每送客游履，常以虎溪为界焉。"到唐代时衍生出了"虎溪三笑"的故事：一日隐士陶潜、道士陆修静同访慧远，三人相谈甚欢，慧远送客时不觉就越过了虎溪。这时虎发出号鸣，似在提醒慧远已越界，三人相视大笑。尽管据考证，三笑之事只是讹传，因为陆修静和二人不是同一时代的人，但历史上以三笑为创作题材的作品却很多。从五代宋初石恪绘《虎溪三笑图》和宋代李公麟作《三笑图》，到明宪宗所作《一团和气图》，再到现代傅抱石作《虎溪三笑图》，都反映了唐以来三教融合之说的流行。

▲ 图 2　虎溪三笑图

慧远以其深厚的中国传统学术造诣，精研佛学，为佛教的中国化初步奠定了基础，终成为一代宗师。

参考文献:

[1] 任继愈 . 中国佛教史 [M]. 北京 : 中国社会科学出版社 ,1985.

[2] 白寿彝 . 中国通史 (第五卷)[M]. 上海 : 上海人民出版社 ,1989.

[3] (梁) 释慧皎撰，汤用彤校注 . 高僧传 [M]. 北京 : 中华书局 ,1992.

[4] [荷兰] 许里和著 , 李四龙 . 裴勇等译 . 佛教征服中国 [M]. 南京 : 江苏人民出版社 ,1998

[5] (梁) 僧祐撰 . 弘明集 . 大正藏 [Z]. 第 52 册 , 台北 : 新文丰出版社 ,1973.

[6] 方立天 . 慧远及其佛学 [M]. 北京 : 中国人民大学出版社 ,1984.

作者简介:

李淑芳（1976—　），女，山西祁县人，山西师范大学历史与旅游文化学院讲师，硕士。

隋汾阳宫考

霍　斌

摘要：汾阳宫是隋炀帝所建行宫之一，一般认为是在大业四年（608）四月下诏开始营造，本文认为下诏时间是在大业三年（607）八月之后不久，而大业四年（608）四月则是汾阳宫建成的时间。同时从文献角度进一步印证了汾阳宫环天池而建的说法是成立的。修建汾阳宫的原因，除了隋炀帝追求住宅新奇感之外，自北朝以来天池被视为神圣之地也是主要原因，同时还受到当时太原西北有“天子气”谣谶的影响。汾阳宫最终结局很有可能是在唐初被废弃。

关键词：汾阳宫；隋炀帝；天池

汾阳宫是隋炀帝所建行宫之一。把汾阳宫作为专门研究对象者，仅见赵曙光先生的《隋汾阳宫初考》[1](p123–139)一文，文中运用大量的考古材料和丰富的文献史料，解决了诸多疑团，但仍有一些问题尚未说透。笔者试图在赵先生研究的基础之上，做更为详细的考证，以期能够有所发覆。

一、隋汾阳宫建造之时间

关于隋汾阳宫建造之时间似乎已成定论：大业四年（608）四月。《隋书》卷三载：大业四年（608），“夏四月丙午以离石之汾源、临泉，雁门之秀容为楼烦郡。起汾阳宫。”[2](p71)《资治通鉴》云：“（大业四年）夏，四月，诏于汾州之北汾水之源，营汾阳宫。”[3](p5639)这是两条权威史料的记载，但是与其他材料相对比分析时却出现了问题。

疑问一，《隋书》卷七一载：“大业三年，炀帝避暑汾阳宫。”[2](p1643)也就是说，在大业三年（607）汾阳宫已经建成，而且炀帝还避暑于此。为了说明此问题，我们有必要交代一下大业三年（607）炀帝的出巡轨迹。

大业三年（607）四月丙申（十八日），炀帝车驾从长安出发，开始第一次北巡。己亥（二十一日），到达赤岸泽（今陕西大荔县西南）。六月辛巳（初四），游猎于连谷（今陕西神木北），六月戊子（十一日）到达榆林郡。八月壬午（初六），车驾发榆林出塞，八月癸巳（十七日）入楼烦关（今山西宁武北），壬寅（二十六日）抵达太原。之后“上太行，开直道九十里”。九月至济源，幸张衡宅，留宴三天，己巳（二十三日）回到东都。[4](p124–127)

返回时入楼烦关，然后经此达太原，此途即严耕望所谓之“太原西北汾水出楼烦关道”[5](p1358–1366)，经汾阳宫无疑。但是笔者认为，此时汾阳宫并未建成，杨广也未曾驻跸。原因有二：第一，从楼烦关到太原首尾只用了 9 天的时间。我们根据《元和郡县图志》所记：汾阳宫在静乐县北一百二十里，静乐县在岚州东四十五里，岚州距太原三百三十里。[6](p395–397) 再结合严耕望在《唐代交通图考》中所描绘之地图，排除绕道的可能。如此算来，太原距静乐县 285 里，距汾阳宫 415 里。《唐律疏议》卷三“流配人在道会赦”条引唐《公式令》，载：“马日七十里，步及驴五十里，车三十里。”从汾阳宫到太原，最快也需要 6 天的时间。而楼烦关距汾阳宫仅 30 里，又不费一天工夫。按此来算炀帝即使逗留在汾阳宫，最长时间也不过一两日。可是这又和上文“避暑”之说而矛盾，如果称为“避暑”，当是有目的有计划之行程，而不是这样匆匆路过，而且八月也不是避暑之时。第二，假设此时汾阳宫已经建成，当是完工不久。从此后不久登太行山，幸张衡宅来看，未见当时有危急大事发生。由此看来，《隋书》“大业三年”之说不能成立。“三”或为“四”之讹误。

疑问二，《隋书》卷一八云：“（大业）四年，驾幸汾阳宫。”[2](p461)《隋书》卷五六载：“大业三年，帝幸榆林郡，还至太原。……明年，帝幸汾阳宫，宴从官，特赐绢五百匹。”[2](p1392)《隋书》卷七七谓：“大业四年（608），（崔赜）从驾汾阳宫。……从驾登太行山。”[2](p1757) 此三条材料均表明，大业四年（608）隋炀帝幸汾阳宫。如果这样，那么大业四年（608）四月才开始营建之汾阳宫怎能赶上炀帝避暑呢？因此，有必要从炀帝大业四年（608）的出巡轨迹来分析。

▲ 图 1　汾阳宫遗址

《隋书》记载：大业四年（608）三月，“车驾幸五原，因出巡长城。……八月辛酉，亲祠恒岳，河北诸道郡守毕集”[2](p71)。《资治通鉴》记载与此一致，未见有幸汾阳宫的记载。如此就与上引《隋书》三条记载相矛盾。岑仲勉先生已经发现此问题，并认为“五原”乃“太原”之误[7](p103)，《册府元龟》中记作大业四年（608）三月“幸太原”。这样解释则《隋书》三处所记大业四年（608）隋炀帝幸汾阳宫为确实，时间在大业四年（608）三月到八月之间，这段时间内除去由东都赴太原所费之时日，存在避暑的可能性。

如此一来，大业四年（608）四月始建汾阳宫之说就有了问题。如果四月才建，怎么可能有隋炀帝在几乎同时间幸汾阳宫之举呢？笔者认为，史书中此处记载，不能理解为才开始修建，应该是大业四年（608）四月汾阳宫落成。大业三年（607）八月，隋炀帝路过此地之时或之后不久，可能是下诏建汾阳宫之始。大业三年（607）七月，隋炀帝下诏“发丁男百余万人筑长城，西拒榆林，东至紫河。……筑之二旬而毕”[3](p5632)。次年出巡视察这段新修长城为主要目的，另外幸汾阳宫或为此行之又一目的，或隋炀帝本已打算于次年视察长城，故而修建汾阳宫为巡行驻跸方便。

这样就带来一个问题，汾阳宫能在短短数月之内就拔地而起，从无到有，且规模宏大吗？袁刚先生认为大业四年（608）所建之汾阳宫是在北齐汾阳宫基础上的扩建。[8](p279)北齐皇帝多次赴天池狩猎（详见下文），当有驻跸之地，休憩之所，虽然史书中没有明确的记载，但北齐在天池建造宫殿的可能性是很大的。

二、隋汾阳宫与天池

赵曙光先生通过考古勘察和文献分析，对汾阳宫的地点提出了四说：天池说、东寨说、宁化说、林溪镇说，同时认为宁化说可否定，天池说当存疑，东寨说和林溪镇说存在可能性。有幸承蒙太原师范学院王杰瑜副教授告知，在天池周围已经发现隋宫室遗址及隋代瓦片。由于尚无文献记载天池存有其他隋代宫室，可知此处当是隋汾阳宫遗址，那么赵先生所列四说中的东寨说和林溪镇说也可以排除了。

考诸文献，认为最早提出汾阳宫环天池而建的说法是在北宋时期。《资治通鉴》中胡三省注曰：“按炀帝起汾阳宫环天池。”[3](p5639)明白地说，汾阳宫是环天池而建，视天池和汾阳宫为一体。紧接着胡注说“详见后注。五台注”。“五台注”是唐武宗会昌五年（845）“五台僧多亡奔幽州”句中对“五台”所做专门注文，即“《灵记》云：‘五台山有四埵，去台各一百二十里。……西嶜山，有宫池古庙；隋炀帝避暑于此而居，因天池造立宫室，龙楼凤阁，遍满池边，号为西埵’”[3](p8018)。《灵记》已不能详考。北宋仁宗时五台山僧人延一撰《广清凉传》上卷《五台西埵古圣行迹五》中亦引《灵记》，内容与胡三省所引内容几乎完全相同。那么《灵记》至少应该成书于宋仁宗之前。因此环天池而建汾阳宫的说法，至晚在北宋前期已经存在。

史书记载的天池与汾阳宫在地理方位上也几乎重合。《太平寰宇记》载：“汾阳宫，大业四年置，末年废，在县（岚州静乐县）北三十里。……天池，俗名祁连汭，在县（岚州静乐县）东北一百四十里。”[9](p875) 在校勘记中述《太平寰宇记》万廷兰本记为“在县北百二十里”，当是万本“参核厘正”之结果。所核正之依据乃《元和郡县图志》，“隋汾阳故宫，在县北一百二十里”[6](p397)。另外，敦煌藏经洞发现的《诸道山河地名要略残卷》亦记载：“汾阳宫，随（隋）汾阳故宫在静乐县北一百二十里。”[10](p179) 显然，汾阳宫在静乐县北 30 里处之说为谬误。汾阳宫当在静乐县北一百二三十里，天池在县东北 140 里。

三、隋修建汾阳宫之原因再探

修建汾阳宫的原因，一直以来皆谓是炀帝追求住宅新奇感，在风景美丽之处兴建宫殿。此观点固然不错，但还有更深层次的文化内涵即天池之地自北朝以来一直被视为神圣之地，而且谣谶之影响亦是主要原因。

《魏书》卷七四记载：“秀容界有池三所，在高山之上，清深不测，相传曰祁连池，魏言天池也。”尔朱荣与其父尔朱新兴曾游于天池之上，“忽闻箫鼓之音，新兴谓荣曰：‘古老相传，凡闻此声皆至公辅。吾今年已衰暮，当为汝耳。汝其勉之’”[11](p1644)。北人谓天为“祁连”，故而天池又称祁连池，谓之为“天”就蕴含一定的神圣意味。而且在天池之上闻箫鼓声可至公辅，为古老相传之事，又增加了天池的一层神秘性。《水经注》亦曾记载刘曜隐避于管涔山，“夜中忽有二童子入，跪曰：‘管涔王使小臣奉谒赵皇帝。’献剑一口，置钱，再拜而去。……后曜遂为胡王矣”。天池便位于管涔山之上。再次加深了天池的神秘色彩。正因为如此，北齐的皇帝频频巡幸天池。东魏天平四年（537），高欢游幸汾阳之天池。[12](p561) 天保六年（555）和九年（558），北齐文宣帝高洋至祁连池（即天池）。[12](p60, 65) 武平七年（576），后主高纬狩猎于祁连池。[12](p109) 综上可见，天池在北朝一直是重要的神圣之地。

这种传统会自然而然地流传到隋代。《资治通鉴》云："帝（炀帝）无日不治宫室，两京及江都，苑囿亭殿虽多，久而益厌，每游幸，左右顾瞩，无可意者，不知所适。乃备责天下山川之图，躬自历览，以求胜地可置宫苑者。夏，四月，诏于汾州之北汾水之源，营汾阳宫。"[3](p5639) 隋炀帝熟稔于国家地理，[《隋书》卷七七记载："大业四年，从驾汾阳宫。……从驾登太行山，诏问（崔）赜曰：'何处有羊肠坂？'赜对曰：'臣按《汉书·地理志》，上党壶关县有羊肠坂。'帝曰：'不是。'又答曰：'臣按皇甫士安撰《地书》云，太原北九十里有羊肠坂。'帝曰：'是也。'"[2](p1757) 此乃明证。] 或对此处早有耳闻。同时我们不能忽视原北齐之臣民对隋代的影响，陈寅恪先生在《隋唐制度渊源略论稿》中已有详细说明。而在北齐臣民之心目中天池乃神圣之地，或会荐于炀帝。

此外，北朝以来盛行的谣谶信仰也影响了汾阳宫的修建。《大唐创业起居注》载："大业初，帝为楼烦郡守，时有望气者云：'西北乾门有天子气连太原，甚盛。'故隋主于楼烦置宫，行幸以厌之云。"[13](p5)《册府元龟》亦有类似记载："大业十三年，望气者云：'龙门有天子气连太原，甚盛。'故炀帝置离宫，数游汾阳宫以厌之。"[14](p211) 此处"龙门"当是"乾门"之误。乾门代表西北方向。"天子气"从西北方连接到太原，汾阳宫就在太原西北方向，与所述符合。谣谶之说盛行于魏晋南北朝之际，隋唐之际亦不能

▲图2 天池

免其波及。隋炀帝身处此时代，自不能摆脱当时社会之信仰。据姜望来的研究，越逢乱世谣谶之说越盛并且影响到政治发展走向。[15](p224) 我们不能一概谓谣谶为迷信，因为它的预言常常准确。在此处“天子气”的影响之下，诞生了四位君主：刘武周、杨侑（即代王）、唐高祖、唐太宗，此气真可谓之“甚盛”。

如果大业四年（608）第二次北巡“五原”为“太原”之误的话，那么隋炀帝三次北巡都经过楼烦，“太原西北汾水出楼烦关道”就应该是龙山风俗道。隋炀帝厌此天子气的目的很明显，因此不能单纯解释为巧合。且帝王出巡厌天子气者，非自炀帝始。《史记》卷八《高祖本纪》云：“秦始皇帝常曰：‘东南有天子气’，于是因东游以厌之。”南朝宋废帝刘子业亦有此举。由于秦始皇有出巡厌天子气之举，又因其对后世帝王影响巨大，故而此举为后世效仿并不足为奇。

四、隋汾阳宫的最终结局

关于隋汾阳宫的最终命运，史书中并未有明确记载，根据已有史料，在唐初被废弃的可能性较大。《资治通鉴》记武德元年（618）七月，“庚申，诏隋氏离宫游幸之所并废之”[3](p5804)。《册府元龟》亦记：武德元年（618），唐高祖下诏“离宫、别管、游憩之所并废”[14](p143)。

此外，史书中还见唐高宗时期依然有汾阳宫，高宗还欲巡幸于此。但是笔者认为这种说法并不正确。《旧唐书》卷八十九载：“高宗将幸汾阳宫，以仁杰为知顿使。并州长史李冲玄以道出妒女祠，俗云盛服过者必致风雷之灾，乃发数万人别开御道。仁杰曰：‘天子之行，千乘万骑，风伯清尘，雨师洒道，何妒女之害耶？’遽令罢之。”[16](p2887)《新唐书》记载与此相同。刘全波认为“汾阳宫”是“晋阳宫”之讹误。[17](p130) 笔者赞同刘先生的观点，另献数疑，以为佐证。

第一，唐高宗幸并州只有显德五年（660）一次，也正如刘全波所云，高宗此次巡幸并未离开并州，而且四月就返回东都。一般而言，赴汾阳宫多为避暑，四月并非避暑之时，如果高宗仅仅是图一时之快而欲游览名胜，为何史书略无记载？

第二，杜文玉先生曾作《狄仁杰大事系年》，显庆元年（656）至上元元年（674），在此期间狄仁杰明经及第，任汴州判佐，之后升任并州都督府法曹参军。[18](p328) 显庆五年（660），狄仁杰年仅 31 岁，从其仕宦经历来看，难以做到知顿使之位。

第三，杜文玉先生根据狄仁杰任官经过，认为狄仁杰任度支郎中、知顿使，是在永隆元年（680）以后，但永隆元年（680）以后唐高宗身体已极度衰弱，怎么能长途跋涉到并州，更远赴 400 里之外的汾阳宫呢?

第四，《唐会要》卷二十七《行幸》记载此事为："调露元年九月七日，幸并州，以度支郎中狄仁杰为知顿使。"两《唐书》、《资治通鉴》均未载是年（679）唐高宗赴并州之事，可见史书记载并不一致。

由此可见，《旧唐书·狄仁杰传》中所记汾阳宫之事，疑点重重，此事虽亦见于《唐语林》和《封氏闻见记》，但二书均无明确时间，而且叙事与狄仁杰毁淫祠相并列，颇其乃后人将他人之事附会于狄仁杰身上。如果据此就认为隋汾阳宫还留存至唐高宗之时，恐不确。

同时，仍不能排除有刘武周兵败之后焚烧汾阳宫的可能，但如果穷究其动机似乎并不清晰，而且也未见史书记载。今日对汾阳宫的考古发掘仍未全面展开，因此只能期待于此，如能否发现被火烧的痕迹，如此则刘武周焚毁的可能性就大大增加了。但就今日所见之文字，唐初被废弃的可能性最大。

参考文献:

[1] 赵曙光 . 隋汾阳宫初考 . 山西博物院 . 春华集 : 纪念山西博物院九十周年学术文集 [C]. 太原 : 山西人民出版社 ,2009.
[2] (唐) 魏徵等 . 隋书 [M]. 北京 : 中华书局 ,1973.
[3] (宋) 司马光 . 资治通鉴 [M]. 北京 : 中华书局 ,1956.
[4] 胡戟 . 隋炀帝的真相 [M]. 北京 : 北京大学出版社 ,2011.
[5] 严耕望 . 唐代交通图考・河东河北地区 [M]. 上海 : 上海古籍出版社 ,2007.
[6] (唐) 李吉甫 . 元和郡县图志 [M]. 北京 : 中华书局 ,1983.
[7] 岑仲勉 . 隋书求是 [M]. 北京 : 商务印书馆 ,1958.
[8] 袁刚 . 隋炀帝传 [M]. 北京 : 人民出版社 ,2001.
[9] (宋) 乐史 . 太平寰宇记 [M]. 北京 : 中华书局 ,2007.
[10] 郑炳林 . 敦煌地理文书汇辑校注 [M]. 兰州 : 甘肃教育出版社 ,1989.
[11] (北齐) 魏收 . 魏书 [M]. 北京 : 中华书局 ,1974.
[12] (唐) 李百药 . 北齐书 [M]. 北京 : 中华书局 ,1972.
[13] (唐) 温大雅 . 大唐创业起居注 [M]. 上海 : 上海古籍出版社 ,1983.
[14] (宋) 王钦若等 . 册府元龟 [M]. 南京 : 凤凰出版社 ,2006.
[15] 姜望来 . 谣谶与北朝政治研究 [M]. 天津 : 天津古籍出版社 ,2011.
[16] (后晋) 刘昫等 . 旧唐书 [M]. 北京 : 中华书局 ,1973.
[17] 刘全波 . 唐高宗幸汾阳宫献疑 [J]. 中国典籍与文化 .2010,(4).
[18] 杜文玉 . 狄仁杰评传 [M]. 西安 : 三秦出版社 ,2000.

作者简介:

霍　斌（1987—　），男，山西太原人，山西师范大学历史与旅游文化学院讲师，博士。

武则天与佛教

崔正森

摘要：武则天受家庭影响而信仰佛教，其日用生活、政治捭阖均援引佛教助势，另外，佛教亦在武则天的积极支持下，发展至鼎盛局面，特别是佛教中国化得到进一步深入发展。

关键词：武则天；佛教；中国化

武则天是中国历史上的一位杰出帝王，但也被封建社会无形的男尊女卑、夫为妇纲等纲常礼教逼倒在佛菩萨面前。武则天独揽大权的光宅元年（684）到长安四年（704）这20年中，改元17次，反映了她力不从心，借助佛教以巩固统治。

一、家庭信佛　社会崇佛

武则天（624—705），名“曌”，并州文水人，武德七年（624）生于长安。父名武士彟，大业十二年（616）为晋阳宫留守司铠参军，后参加晋阳起兵。母亲杨氏为武士彟继室，笃信佛教，对武则天的信仰有重要影响。

唐朝是我国佛教发展的鼎盛时期，佛教中国化的特质、宗派及其律仪规制逐渐形成。这与唐代文化的雄厚积淀，以及其崇佛弘道政策息息相关。唐高祖李渊崇佛敬僧。武德元年（618），他刚一登基便为太祖以下造旃檀等身佛3躯，永久供养。又以沙门景辉曾预言他“当承天命”，与建胜业寺；以沙门昙献于隋末设粥救济饥民，为立慈悲寺；以义师起于太原，立太原寺；又诏并州建立义兴寺。武德三年（620），诏建会昌寺、证果寺等。但到武德末年时，由于佛教发展过快，丛林遍及全国，僧尼倍增，加之太史令傅奕上疏，请除佛教。高祖遂于武德八年（625）下诏：“老教孔教，此土元基。释教后兴，宜从客礼。今可老先次孔末后释。”[1]（卷三）但此诏也未平息佛道二教争论，高祖遂令儒释道三教的陆德明、释惠乘、刘进喜辩论，但三次论义不分胜负。武德九年（626）五月，高祖下沙汰佛道二教诏。高祖对于佛教，初则“崇敬弥笃”，末欲“崇道抑佛”，所谓“抑佛”亦有平衡二教性质。六月就发生了“玄武门之变”。太宗刚一登基，便下诏停止沙汰佛道二教。佛教的元气不但没有受到损伤，而且在“佛心天子”之唐太宗的护持下得到了长足发展。

太宗之于佛教，不仅光扬了高祖立像、造寺、建斋、禁杀之举，而且对于唐高祖的“老先次孔末后释”还有一段说明。宋代志磐《佛祖统纪》载：

上幸弘福寺，为穆太后追福，自制疏称：“皇帝菩萨戒弟子”，谓寺主道懿曰：“朕顷以老子是朕先宗，故令居释氏先。卿等能无憾乎？”对曰：“陛下尊祖宗降成式，讵敢有怨？”上曰：“佛老尊卑，通人自鉴。岂一时在上即以为胜？朕宗自柱下，故先老子。凡有功德佥向释门。往日所在战场，皆立佛寺。太原旧第，亦以奉佛。初未尝创立道观，存心若此，卿等应知。”[2]（卷三十九）

他对三教的政策是“先老次孔末后释，凡有功德佥向释门”，对佛教也积极支持。

（1）立寺、造像、度人、建斋。贞观元年（627）正月，以皇家旧宅通义宫为兴圣寺；贞观五年（631），以庆善宫为穆太后建慈德寺；为皇太子承乾建普光寺，并令法常法师居之；贞观八年（634），又为穆太后建弘福寺，车驾亲临，自开佛眼。贞观三年（629），于交兵之处都建寺刹，树立福田，并撰碑渤名。贞观四年（630）还敕上宫绣释迦丈六像，奉安于胜光寺，设千僧斋。贞观五年（631）正月敕普光寺法常法师为太子承乾受菩萨戒；贞观八年（634），又令其为皇后受戒。总之，贞观年间于京师和诸州郡度僧 17 000 人，天下有寺 3700 余所。

（2）规定永为定式的行道法会。贞观二年（628）五月，敕于先朝忌辰在章敬寺设斋行香；同年七月，又敕京城诸郡僧道于每年正月七日始转经行道七日七夜，为民祈福；贞观三年（629）正月，又敕京城沙门每月二十七日转《仁王经》，为国祈福。

（3）尊奉高僧，制序弘法。太宗尊奉的高僧主要有大兴善寺的智光法师，普光寺的法常法师，化度寺的僧邕禅师、杜顺法师，延兴寺的玄琬法师和玄奘法师等。其中，玄奘于贞观十五年（641）正月从印度取经回到长安弘福寺后，太宗于二月召至洛阳谈论西域事迹，令撰《西域记》12卷。次年，玄奘译出菩萨藏经《显扬盛教论》等5部，请太宗制序。贞观二十二年（648），当太宗至玉华宫时，玄奘奉上新译《瑜伽师地论》，帝宣论亲览。“因敕有司写新译经论”，颁赐九道总管，御制《大唐三藏圣教序》以冠其首，诏皇太子撰菩萨藏经后序。

总之，太宗在贞观年间，崇佛敬僧，铸像建刹；试经度人，问道听法；译经制序，大弘佛教。

贞观十一年（637）武则天14岁时，被太宗召入宫，立为才人。及太宗崩，遂入感业寺为尼。高宗即位，复召入宫，拜昭仪。元代念常《佛祖历代通载》载：贞观二十一年（647），“是岁，帝得秘谶云：‘唐三世而后，女主武王代有天下，遂密告太师令李淳风访其事。’对曰：‘臣据术推之，其兆已成。今在陛下宫中矣。逾三十年当有天下，诛唐子孙殆尽。’帝曰：‘疑似者杀之，何如？’对曰：‘天命不可易，且真王者不死。徒使疑似之戮，淫及无辜。今既在宫，已是陛下眷属。更三十年又当衰老，老则心慈。虽受终易姓，于陛下子孙或不甚损。今若戮之，即当复生，少庄严毒，况又立仇，则陛下子孙必当无遗类。’帝善其言而止”[3]（卷十一）。此书作于元代至正四年（1344），距武则天逝世的唐神龙元年（705）已经639年了，所以说这一记载未必可信。

永徽六年（655），高宗废王皇后而立武氏为皇后。高宗称天皇，武后称天后。“后素多智计，兼涉文史。帝自显庆之后，多苦风疾，百司表奏，皆委天后详决。”[4]（卷六）其间，永徽三年（652），武则天生长子李弘，次年，生次子李贤。永徽六年（655）三月，武则天作《内训》一篇，显示自己有做皇后的能力。次年正月，立皇子李弘为太子，改元显庆。十一月五日，生李显。自显庆后，高宗便委托天后批阅奏章，处理国事，时称“二圣”。这大大提高了武后处理军国大事的能力，同时也激起了她强烈的权势欲。

二、玄奘法师度天子　武则天迎舍利

高宗之于佛教，基本上执行的是高祖、太宗制定的“先老次孔末后释，凡有功德佥向释”的政策。贞观二十二年（648），李治遵照父皇之诏，也写了一篇《述三藏圣教序》。他认为佛法宏远，奥旨幽玄，非智无以广其文，非贤莫能定其旨。文中还赞扬了玄奘博学求真的精神。显庆元年（656）五月，玄奘染疾，高宗特遣御医蒋孝璋疗之，以示关怀尊敬。麟德元年（664）二月玄奘圆寂，高宗恸哭，废朝五日。还对左右曰：“国宝永失，可为痛心，敕用佛故事金棺银椁。”“五诏褒恤，葬于浐水之东，会葬者百万人。”[2]（卷三十九）高宗不仅尊奉玄奘，凡是得道高僧大德他都崇奉。如显庆二年（657），高宗敕建西明寺，诏道宣律师为上座，神泰法师为寺主，怀素为维那。可见，高宗对佛教之重视。

贞观二十二年（648）十二月，高宗为文德皇后建成大慈恩寺，玄奘为其上座。永徽三年（652），他又为文德皇后于此寺建成雄伟壮观的大雁塔，南面立碑，上刻《三藏圣教序》，字为尚书右仆射褚遂良书。

高宗对其子女也爱惜深厚，《开元释教录》载，显庆元年（656）正月，立武后所生之子代王李弘为皇太子，并于慈恩寺设僧斋庆祝，请佛保佑。更为有意思的是，同年十一月，武后分娩时，信佛的高宗为了保佑母子平安，还命高僧玄奘入宫，祈佛护佑。“法师启曰：‘圣体必安和无苦’……皇后分难已讫，端正奇特，神光满院，自庭烛天。朕欢喜无已，内外舞跃。必不违所许，愿法师护念，遂号为佛光王。”[5]（卷八）佛光王就是唐中宗李显。因此说他是梁武帝之后，唐宣宗和明太祖之前的一位既是法王又是帝王的天子。

佛教是一种外来宗教，主张沙门不敬王者，不拜父母，这就与儒教主张的忠君孝亲产生了矛盾。高宗于龙朔二年（662）四月十五日下“令沙门等致拜君亲”诏，略曰：“今欲令道士女官（冠）僧尼于君皇后及皇太子其父母所致拜。”[6]（卷二十五）这一诏书的核心是要僧尼跪拜君王，把“方外之宾”置于“王侯”之下。这样才符合中国传统文化的忠孝之道，但它与佛教的“沙门不敬王者”相抵牾，又引起了强烈的社会反响。主张“拜”者有阎立本等，主张“不拜”者多为僧尼护法，如其代表有威秀、道宣等。威秀是京师大庄严寺的高僧，“博达多能，讲宣是务，志存负荷，勇而有仪。其于笔语揬张，特推明敏。……秀嗟教道之中微，叹君出之慢法”[7]（卷十七），集众上《表》，批鳞抗争，与道宣律师谋议，共投启状于诸达官贵戚，争取同情。威秀等在《表》中征引经论曰：“出家不存家人之礼，出俗无沾处俗之仪，其道显然百代不易之令典也。”[7]（卷十七）高宗即下诏千官集中台都堂详议。

就在此际，南山律宗初祖、西明寺座主道宣律师拜托他早已熟悉的崇佛敬僧的大护法，武则天之母荣国夫人杨氏送交天后代呈高宗《论沙门不合拜俗启》。可能武则天在此发挥了重要作用，龙朔二年（662）六月八日，高宗宣布了《今上停沙门拜君诏》，其略曰：

前欲令道士女冠僧尼等致拜，将恐振骇恒心，爰俾详定。有司咸引典据，兼陈情理，沿革二涂，纷纶相半。朕商榷群议，沈研幽赜。然箕颍之风，高尚其事。遐想前载，故亦有之。今于君处，勿须致拜。其父母所，慈育弥深。祇伏斯旷，更将安设。自今已后，即宜跪拜。主者施行。[6]（卷二十五）

这一诏书阐明了高宗先后下诏的理由，并规定了沙门跪拜父母，不拜君王的礼仪。这一规定是显庆二年（657）“敕僧道无得受父母尊长拜”[2]（卷三十九）的继续，是佛教中国化的产物。这一规定既否定了印度佛教僧道受父母君亲之拜的戒规，又加进了僧道跪拜父母的孝道，使僧俗都能接受，而且给了皇帝一个下台的台阶，还赢得了僧俗之心，又落得了一个豁达大度的美名。可见，武则天对佛教的用心良苦，崇佛之至。

佛儒斗争的焦点是孝悌问题，佛道斗争的焦点之一是名位问题。唐高祖李渊认为，唐朝是李家的天下，道教的祖师是老子，是自己的祖宗。道教、儒教是本土之基，出于对祖宗的尊敬和对本土宗教的维护，便把道教列在首位，儒教列在次位。佛教是外来宗教，列于末位。唐太宗时，对儒佛道名位问题，基本上继承了高祖的政策。唐高宗虽倾向于继承祖制，但态度则明显暧昧含混，有不得已而搪塞之嫌。如《佛祖统纪》载，显庆元年（656）五月，玄奘法师病时，高宗曾着御医蒋孝璋前去视疾。玄奘曾请蒋御医代向高宗奏请二事：“一者，贞观以老子名位在佛先，曾面呈先帝，许从改正。二者，永徽初，敕僧道有过情难知者，可同俗法推勘。边远官司动行枷杖，亏辱法门。”高宗复曰：“佛道名位事在先朝，尚须平章。若僧用俗法，即遣停罢。”[2]（卷三十九）关于佛道二教的名位，高宗的答复是“尚须平章”，即还须辨别章明。可惜，高宗至死也未答复，而武则天在大周天授二年（691）夏四月给予了答复：“令释教在道法之上，僧尼处道士女冠之前。”[4]（卷六）

唐代皇帝迎奉佛指舍利于大内供养，大大促进了佛教的弘扬与发展，与武则天亦关系密切。《佛祖统纪》载：显庆五年（660），“诏迎岐州法门寺护国真身释迦佛指骨至洛阳大内供养，皇后施金函九重，命宣律师送还法门寺”[2]（卷三十九）。据送还法门寺佛指舍利的道宣律师所作《集神州三宝感通录》说，这是唐代开启法门寺塔佛指舍利供人瞻仰的第二次。其第一次是《感通录》、《周岐州岐山南塔缘》中所讲，贞观五年（631），信仰佛教的岐州刺史张亮至法门寺礼拜。他见法门寺塔的古基裸露在外，遂上奏太宗请予修复。张亮听古老传云："此塔一闭经三十年，一示人令生善。"[8]（卷一）所以，他又上表请出舍利以示人。太宗有敕并许，遂予开发。可惜舍利的长短、大小都未说明，而且也没有迎入大内供养。

第二次开启舍利示人是在显庆五年（660）三月。据《感通录》，舍利形状如小指，初骨长可2寸，内孔正方，外棱亦尔，下平上渐，内外光净，以指内孔恰得受指，便得戴着以示大众。至于光相变现，不可常准。于是，京邑内外道俗连接，争相瞻礼。至显庆五年（660）春三月，才下敕请舍利往东都入内供养。后于龙朔二年（662）送还法门寺，至二月十五日时，有僧智琮、弘静、道宣、京师诸僧与法门寺僧及官人数千，共藏舍利于塔内石室。这次开启舍利长达二年，观者不可计数，且说明了舍利的形状、大不、色泽。自显庆五年（660）十月之后，以高宗患有风眩病，故委托武则天处理各种奏表，参与朝政。故第二次迎送佛骨，多是武则天负责，还上了相当布施，表现了她的崇佛信佛。更主要的是这次开启舍利示人，开了唐代迎送佛骨的先河。

第三次开启舍利示人，据《唐大荐福寺故寺主翻经大德法藏和尚传》载："长安四年冬杪于内道场，因对扬言及岐州舍利是阿育王灵迹，即魏册所载扶风塔是。则天特命凤阁侍郎博陵崔玄炜与藏偕往法门寺迎之。"[9]（卷一）后于神龙二年（706），奉中宗之命法藏等又送还舍利于法门寺。这次迎奉佛指舍利于洛阳明堂示人。

三、祯符郁乎"大云"　灵应开于"宝雨"

高宗驾崩后，武则天为登上皇位，开始利用佛教思想制造舆论。武则天受母亲杨氏的影响，自幼就归心佛教。所以，在她临朝称制之初，就将"二亲之所蓄用，两京之所旧居"，布施了佛教；还集京城大德十余人翻译佛教经论；垂拱元年（685）十一月，作《方广大庄严经序》。

《旧唐书》载，载初元年（689），"有沙门十人伪撰《大云经》，表上之，盛言神皇受命之事。制颁于天下，令诸州各置大云寺，总度僧千人"[4]（卷六）。《新唐书》、《资治通鉴》、《佛祖统纪》、《佛祖历代通载》均载述其事。《大云经》全名《大方等大云无想经》，亦名《大方等无想经》、《方等大云经》。据道宣《大唐内典录》，此经有二译，一是前秦竺佛念于长安译出，二是北凉昙无谶于凉都内苑寺译出。《大云经》前后两译，第一译现存1卷为卷九，第二译6卷，现在全存。其《大方等无想经》卷四《大云初分如来涅槃揵度第三十六》曰：

尔时，众中有一天女，名曰净光。复以香华、幡盖、伎乐供养于佛。合掌恭敬白佛言："世尊，如是二贤成就甚深微妙智慧，能开如来秘密之藏。从何处来？唯愿演说。"佛言："善哉！善哉！天女，汝为众生，故问是义……汝于彼佛暂得一闻《大涅槃经》以是因缘今得天身，值我出世复闻深义，舍是天形，即以女身当王国土，得转轮王所统领处四分之一。"[10]（卷四）

又《大方等无想经》卷第六《大云初分增长揵度第三十七之余》曰：

是（净光）天女者，当于无量阿僧祇劫，为众生故，现受女身……尔时，诸臣即奉此女以继王嗣。女既承正，威伏天下。阎浮提中所有国土，悉来承奉，无拒违者。女王自在，摧伏邪见。[10]（卷六）

这两段经文为武则天夺取皇位做了舆论准备。《大云经疏》则进一步把净光天女和武则天联系起来了。敦煌残卷S.2685《大云经神皇授记义疏》即《大云经疏》曰：

《经》曰："即以女身，当王国土"……者，今神皇王南阎浮提一天下也。

《经》曰："女既承正，威伏天下，所有国土，悉来承奉，无违拒者"，此明当今大臣及百姓等，尽忠赤者，即得子孙昌炽……皆悉安乐。……如有背叛作逆者，纵使国家不诛，上天降罚并自灭！[11]

经过薛怀义等十人对这两段经文的疏释，武则天就成了净光天女。载初元年（689）七月七日，东魏国寺僧人法明等上《大云经疏》："盛言神皇受命之事。制颁于天下，令诸州各置大云寺，总度僧千人。"[4]（卷六）九月三日，侍御史傅游艺率关中百姓900人上表，请改国号为周，赐皇帝姓武氏，武则天不许，但却破格提拔傅游艺为给事中。于是百官宗室、远近百姓、四夷酋长、沙门道士60 000人都上表如傅游艺所请。睿宗皇帝也上表自请赐姓武氏。七日，武则天准皇帝及群臣所请。九月九日，太后御则天门楼，降睿宗皇帝为皇嗣，赐姓武氏，改元天授。次年四月，武则天发布了《释教在道法上制》："自今已后释教宜在道法之上，缁服处黄冠之前。"[12]（卷九十五）把佛教置于了道教之前，作为她对佛教的一次报恩。

武则天利用"天授圣图"特别是《大云经疏》改唐为周，建立了武周王朝。为了维护武周王朝的统治，她继续利用佛教。长寿二年（693），南天竺高僧达摩流支至长安，武则天敕住洛阳佛授记寺，译出《佛说宝雨经》10卷。《宝雨经》又名《显授不退转菩萨记》，与其同本异译的有南朝梁曼陀罗仙译的《宝云经》7卷、曼陀罗仙与僧伽婆罗共译的《大乘宝云经》7卷、法护译的《除盖障菩萨所问经》20卷等。它是梁译本之后的第三译本。经文提到，佛陀授记月光天子，将以不退转菩萨的身份，变现女身，为摩诃支那国自在主，即大中国的女皇帝，并以正法治化国家，教育人民，这样就会国泰民安，丰衣足食。月光天子授记后当往诣兜率天宫，奉侍弥勒菩萨，乃至弥勒下生成佛时，复予她授记，亦当成正等正觉。

该经比《大云经》语意更加明确，指出武则天当女皇，不仅是天意，而且也是佛意。前面说过《宝雨经》前有二译，后有一译。但是《宝雨经》中的"汝于此赡部洲东北方摩诃支那国，位居阿鞞跋致，实是菩萨，故现女身"[13]（卷一）云云，在其同本异译的三译中全无，显然，它是达摩流支等伪造的经文。武则天心领神会，给达摩流支（法希）赐名为菩提流志（觉爱），礼遇有加。长寿三年（694）五月，又加"越古金轮圣神皇帝"之号。证圣元年（695）正月初一，又加"慈氏越古金轮圣神皇帝"号，表明了她对弥勒菩萨的坚定信仰。武则天改唐为周起于"天授宝图"，得力于《大云经》、《宝雨经》及其制疏。

四、光我绍隆之基　更峻住持之业

武则天还亲自为《华严经》作序，即"大周新译大方广佛华严经序"。《大方广佛华严经》简称《华严经》，是佛成道后第二个七日于菩提场等处，借普贤、文殊诸大菩萨显示佛自内证境界的大乘经典，也是五台山为文殊道场的开山之典。唐之前有晋义熙十四年（418）译《六十华严》，武则天认为其不甚完备，故遂遣使于阗国，求索梵本，并迎三藏实叉难陀，即学喜法师于证圣元年（695）至东都洛阳。后于三月十四日在大内大遍空寺翻译。武皇亲临译场，御制"序文"，首题名品，并令南印度沙门菩提流志和义净三藏同宣梵本，于圣历二年（699）十月八日将45 000偈的梵文译成《华严经》80卷，故名《八十华严》，或谓唐译《华严》。它由七处九会三十九品构成，比晋译《华严》多出一会（普光法堂会）、五品（《如来现相品》、《普贤三昧品》、《世界成就品》、《华藏世界品》、《十定品》）、9000 偈 20 卷。

处者，说法场所；会者，说法次数；品者，文章的篇、章。七处，就是七个说法场所。其中，菩提场、普光明殿和给孤独园等三处是在“人间”。其余忉利天宫、夜摩天宫、兜率天宫和他化天宫等四处是在“天上”。它反映了“人间”即“天上”，“天上”即“人间”的圆融无碍思想，沟通了“世”与“出世”的鸿沟。九会，就是讲了 9 次法，第一会讲的是佛的依正因果及其果报境界，故第一品谓《世主妙严品》。那么，为什么他要把晋译《六十华严》的第一品《世界净眼品》改变为如此呢？华严四祖清凉国师在其《华严经疏》卷一中说：“佛及诸王，并称世主；法门依正，俱曰妙严。分义类以彰品名，冠群篇而称第一。”[14]（卷一）世主，就是世间主，它包括佛及诸王。佛及诸王，就是佛同诸王，诸王同佛；显然，意在说明佛是对诸王的神化；诸王是佛的本质。王身是正报，王土是依报，王身和王土都是妙好庄严的。若把这些“佛语”和武皇菩萨的现实相结合，那就是武皇即佛，武周帝国即“妙严佛国”。又，在其《世主妙严品》第一之四中颂言：“汝应观法王，法王法如是。色相无有边，普现于世间。”[15]（卷十九）法王即武皇，法王法即武皇的统治。色相即武皇的统治及其国土，色相无边，就是说武皇统治的国土无边无际，普现于人世间。显然，这是用“以古喻今”的手法，借“佛的金口玉言”来佛化武皇及其统治的大周帝国。

第二会至第七会，即中间的三十六品，是讲十信、十住、十行、十回向、十地和等觉法门等义理和修行过程。而第八会是“离世间品”。到哪里呢？第九会入法界去。要把人们从现实世界引入彼岸世界，即《华严经》所追求的佛国净土——莲华藏世界。这就是武则天在“序文”中说的“后五百岁，忽奉金口之言；娑婆界中，俄启珠函之秘”，“一窥宝偈，庆溢心灵。三复幽宗，喜盈身意”[16]（卷一）。这也许正是武则天极力翻译《八十华严》的动机和聆听法藏转演新译《华严经》的原因，也是法藏为武皇菩萨所尊所重所爱的缘由吧！

参考文献:

[1]（唐）道宣 . 集古今佛道论衡 . 大正藏 [Z]. 第 52 册 , 台北 : 新文丰出版社 ,1973.

[2]（宋）志槃 . 佛祖统纪 . 大正藏 [Z]. 第 49 册 , 台北 : 新文丰出版社 ,1973.

[3]（元）念常 . 佛祖历代通载 . 大正藏 [Z]. 第 49 册 , 台北 : 新文丰出版社 ,1973.

[4]（后晋）刘昫等撰 . 旧唐书 [M]. 北京 : 中华书局 ,1987.

[5]（唐）智升 . 开元释教录 . 大正藏 [Z]. 第 55 册 , 台北 : 新文丰出版社 ,1973.

[6]（唐）道宣 . 广弘明集 . 大正藏 [Z]. 第 52 册 , 台北 : 新文丰出版社 ,1973.

[7]（宋）赞宁 . 宋高僧传 . 大正藏 [Z]. 第 50 册 , 台北 : 新文丰出版社 ,1973.

[8]（唐）道宣 . 集神州三宝感通录 . 大正藏 [Z]. 第 52 册 , 台北 : 新文丰出版社 ,1973.

[9]（新罗）崔致远 . 唐大荐福寺故寺主翻经大德法藏和尚传 . 大正藏 [Z]. 第 50 册 , 台北 : 新文丰出版社 ,1973.

[10]（北凉）昙无谶 . 大方等无想经 . 大正藏 [Z]. 第 12 册 , 台北 : 新文丰出版社 ,1973.

[11] 中国敦煌吐鲁番学会敦煌古文献编辑委员会等编 . 英藏敦煌文献 [M]. 成都 : 四川人民出版社 ,1995.

[12]（清）董诰等编 . 全唐文 [M]. 北京 : 中华书局 ,2003.

[13]（唐）达摩流志 . 佛说宝雨经 . 大正藏 [Z]. 第 16 册 , 台北 : 新文丰出版社 ,1973.

[14]（唐）澄观撰 . 大方广佛华严经疏 . 大正藏 [Z]. 第 35 册 , 台北 : 新文丰出版社 ,1973.

[15]（唐）澄观述 . 大方广佛华严经随疏演义钞 . 大正藏 [Z]. 第 36 册 , 台北 : 新文丰出版社 ,1973.

[16]（唐）武则天 . 大周新译大方广佛华严经序 . 大正藏 [Z]. 第 10 册 , 台北 : 新文丰出版社 ,1973.

作者简介:

崔正森（1942—　），男，山西忻州人，山西省社会科学院五台山研究中心研究员。

唐代佛顶尊胜陀罗尼经幢在山西的流布

赵改萍

摘要：在唐代佛顶尊胜陀罗尼信仰非常盛行的背景下，《佛顶尊胜陀罗尼经》及经幢流行于全国各地。因此，山西亦出现数量可观的佛顶尊胜经幢。这些经幢的产生不仅是当时社会现实的反照，且与《佛顶尊胜陀罗尼经》中宣扬的宗教功能有着密切的关系。

关键词：唐代；山西；佛顶尊胜陀罗尼经幢

山西在中国佛教发展史上占有重要的地位，至今留存有众多的佛教文化遗迹。唐代的佛顶尊胜陀罗尼经幢便是其中的一部分。本文在对唐代山西佛顶尊胜经幢的分布进行统计的基础上，重点分析了佛顶尊胜陀罗尼经幢在山西流布的原因，不当之处，敬请方家指正。

一、唐代山西佛顶尊胜陀罗尼经幢的流布

幢这一佛教圣物与密教的联系最为密切。大唐中印三藏善无畏译《苏悉地羯啰供养法》曰："次运心供养者，以心运想，水陆诸花，无主所摄，遍满虚空尽十方界，及与人天妙涂香云。烧香灯明幢幡伞盖，种种鼓乐歌舞妓唱，真珠罗网悬诸宝铃，花鬘白拂微妙磬铎，矜羯尼网如意宝树，衣服之云。"[1]可见，"幢"是佛教中供养物之一，用来庄严圣地。大唐中天竺三藏输波迦罗译《苏悉地羯啰经·成就诸物相品第二十七》曰："复次我今说成就物。依是三部真言悉地。所谓真陀摩尼、宝瓶、雨宝、伏藏、轮、雌黄、刀，此等七物。……言七物者……若欲成就贤瓶法者，庄严其瓶，如受真言品中说，唯不着水置于幢台，次作瓶样，样准印法……。"[2]可见，幢是佛教修行中的必备物品之一。

在藏传佛教里，胜尊幢是解脱烦恼、得到觉悟的象征。藏传佛教更认为幢是

戒、定、慧、解脱、大悲、缘起和脱离偏见之象征，所谓有11种烦恼只有胜尊幢才能降伏。不难看出，胜利和清净是汉藏佛教有关“幢”的共同主题。

《佛顶尊胜陀罗尼经》译出后，因经中要求书写此陀罗尼，并“安高幢上，或安高山或安楼上，乃至安置窣堵波中”，故而唐人采取将此经镌在石幢上的方式，而创作了石经幢。

唐代，佛顶尊胜陀罗尼经幢在山西的流布范围很广，几乎遍及全省。在此，笔者根据《山右石刻丛编》、《山西通志》、《三晋石刻大全》、《石刻资料新编》以及山西各地地方志、碑刻和近年来的考古发掘等资料，对山西各地的陀罗尼经幢进行粗略的统计，列表如下（表1）

表1

名称	时间	形制、结构	出处
为□敬造佛顶陀罗尼幢合村供养	永淳元年（682）	经幢为沙石质，通体为八棱石柱，近六尺。上部阳面首题“为□敬造佛顶陀罗尼幢合村供养”，下部八面为幢文，各面九行，满行五十五字	《三晋石刻大全·临汾市安泽县卷》
尊胜陀罗尼经幢	永淳二年（683）	山阴县西北二十五里礼凤村上清观，高可二尺许，每面三行，行二十五字	《石刻资料新编》第2辑《河朔访古新录》
寿阳县平舒村崇福寺经幢	神功元年（697）	幢八面，高二尺八寸，每面广六寸，九行，行五十五字至六十三字不等	《山右石刻丛编》卷5
介休雨水村吉祥寺经幢	开元二十年（732）	幢八面，高四尺二寸，每面广六寸二分，八行，漫漶过甚，字数难稽，正书	《山右石刻丛编》卷6
陀罗尼经幢	开元二十年（732）	山阴县北三里梧桐堂佛殿前，高可九尺，额篆书九字，“佛顶尊及尼宝幢”六字可辨	《石刻资料新编》第2辑《河朔访古新录》
周元汉陀罗尼经幢	开元二十八年（740）	山阴县西北三十二里临泉村结义庙，八面刻，无额，末面附题记	《石刻资料新编》第2辑《河朔访古新录》
临猗唐开元经幢	开元年间（712—741）	幢身一面镌刻题额及愿文，其余七面镌刻《佛说尊胜陀罗尼咒》及其序，并多处以小字标注和提示了经咒的音调。经咒以汉字楷书竖行镌刻，每面四行，每行约十七字，字体精劲秀丽，清晰可观	中国玉器收藏网（http://www.artcn.cc/article.asp?id=5113）
唐凤台县石幢	天宝元年（742）	幢身镌刻《佛说尊胜陀罗尼经》及序	《石刻资料新编》第3辑《凤台县金石录》
潞城原起寺经幢	天宝六年（747）	幢座由两层组成，底层方形，上层为八角形，上下两层均雕伎乐人，风姿飘逸，造型生动；幢身为八棱形，上刻《佛顶尊胜陀罗尼经》；幢顶为仿木结构的攒尖顶	中华五千年网（http://www.zh5000.com/ZHJD/zmjc/2006/zmcj-0050.htm）

续表

名称	时间	形制、结构	出处
凤台县杨口仙造陀罗尼经幢	天宝十二年（753）	幢高二尺五寸，广四尺六寸，八面刻。先经后记，六行，行字不一，字径六分，正书	《山右石刻丛编》卷 6
尊胜幢	天宝十二年（753）	山阴县西三十四里崔沟村，行六字，多不可辨	《石刻资料新编》第 2 辑《河朔访古新录》
闻喜县王守忠经幢	永泰元年（765）	幢高一尺三寸七分，七面，各面三寸八分。七行，行三十一字至二十九字不等，刻佛顶尊胜陀罗尼经	《闻喜县志》民国七年（1918）版，台北成文出版社
交城天宁寺经幢	贞元、元和年间（785—820）	现存经幢六座，有方形和六角形两种。其中一座设须弥座，上置仰莲座，幢身二层，下层正面雕方形门，门外刻拱形门楣，两侧各雕金刚一尊；二层塔身刻《佛顶尊胜陀罗尼经》，之上为幢顶，由云墩、仰莲、宝珠和宝顶组成	李彦、张映莹：《〈佛顶尊胜陀罗尼经〉及经幢》，《文物世界》2007 年第 5 期
佛顶尊胜陀罗尼经幢	太和五年（831）	山阴县西三十里衡涧村兴国寺，高九尺，三重规制。三面刻佛画，六面书经文，二面为幢赞问	《石刻资料新编》第 2 辑《河朔访古新录》
泽州刺史皇甫曙造金刚经幢	开成元年（836）	幢高五尺三寸，八面，面广六寸五分，行字不等，正书	《山右石刻丛编》卷 9
凤台县王刘赵珍等造陀罗尼经幢	开成四年（839）	幢高三尺四寸五分，八面，面广六寸五分，经七面，记一面。两截刻，七行，行字不一，正书	《山右石刻丛编》卷 9
平陆陀罗尼经幢	开成四年（839）	八棱柱体，顶已佚，高四尺一寸，底座长方形。正楷，上书陀罗尼经文。经幢稍微损伤	平陆县志编委会：《平陆县志》中国地图出版社，1992 年
佛顶尊胜陀罗尼经幢	会昌四年（844）	山阴县西七十里西窑村，高三尺，未甚损坏。一面题记	《石刻资料新编》第 2 辑《河朔访古新录》
五台山佛光寺经幢	大中十一年（857）	高九尺七寸，幢设八角形基座，仅有上枭和束腰，每面镌刻壸门，狮子卷伏其中。基座上是仰覆莲的狮子座，之上立八角形幢身，上刻《陀罗尼咒》。幢身上设八角形宝盖，每面悬璎珞一束。宝盖之上设八角矮柱，四正面各雕佛龛一尊，中置佛像，最上为莲瓣及宝珠	梁思成：《记五台山佛光寺的建筑》，《文物参考资料》1953 年第 5、6 期
佛顶尊胜陀罗尼经幢	大中十三年（859）	山阴县城内学乡贤祠，正书经文	《石刻资料新编》第 2 辑《河朔访古新录》
五台山佛光寺经幢	乾符四年（877）	高十四尺七寸，经幢设八角形须弥座，束腰部分每面设龛，内有伎乐。幢身平面亦为八角形，上刻《佛顶尊胜陀罗尼经》，幢身上为八角攒尖顶形的屋盖	梁思成：《记五台山佛光寺的建筑》，《文物参考资料》1953 年第 5、6 期
汾阳北廓村经幢	乾符四年（877）	高九尺六寸，经幢平面为八角形。幢座由八角形基座上托圆形束腰莲花须弥座构成，基座八角有石雕力士支撑。幢身为八棱直柱，幢顶由八角攒尖上嵌莲花宝刹构成。幢身上段八面各有线刻佛像一尊，下段为经幢主体，七面阴刻《佛顶尊胜陀罗尼经》经咒全文七十六句，一面为题记	山西省汾阳县志编纂委员会：《汾阳县志》，海潮出版社，1998 年

续表

名称	时间	形制、结构	出处
凤台县广福寺经幢	天复三年（903）	幢高四尺八寸，八面，面广五寸，记二行，行字不一，字径五分，正书，额题金刚般若波罗蜜经幢	《山右石刻丛编》卷九
闻喜县唐陀罗尼幢	具体时间不详	长方形，高近七寸，上开两佛龛，左龛内1尊释迦佛跏趺坐。右龛内1站立护法天尊。两龛之间楷书为“唐兴寺庄司马伯逵陀罗尼幢”，保存完整	山西省闻喜县志编纂委员会：《闻喜县志》，中国地图出版社，1993年
虞乡县石佛寺经幢	唐末，具体时间不详	幢高四尺，八面，每面广五寸。七行，行六十七字至八十七字不等，正书。刻有佛顶尊胜陀罗尼序和经文	《山右石刻丛编》卷六
洪洞县广济寺经幢	唐代，具体时间不详	它由青石砌成，平面呈八角形，四层十五级，高二十八尺二寸	祁英涛等：《两年来山西新发现的古建筑》，《文物参考资料》1954年第11期
晋城崇寿寺经幢	唐代，具体时间不详	寺内有唐代八角形石幢两座，通高十二尺米，须弥座上雕宝装莲瓣及石狮，幢身刻陀罗尼经，宝盖为缨珞花纹，镂刻精细	古代建筑整修所：《晋东南潞安、平顺、高平和晋城四县的古建筑（续）》，《文物参考资料》1958年第4期
五台山广济寺唐代经幢	唐代，具体时间不详	经幢呈八角形，通高四米，下施扁平的须弥座，并各面雕狮。幢身八面，俱有造像，刀法简洁古朴。经幢铭文已漫漶不清，书法近似唐体，遒劲有力。幢身之上覆以宝盖，周围浅雕几何形图案，且绕以缨络。宝盖以上施覆钵和宝珠，镌刻莲瓣	五台山广济寺
卫褚经幢	唐代，具体时间不详	高七尺米，最下为方形叠涩衬石，上承以仰覆莲座，束腰部分有八个兽首。莲座上又置八角形塔，每面刻有连续菱纹、回纹及三角纹。幢身为平面八面形，上刻《佛顶尊胜陀罗尼经》及立幢人姓名。幢身之上有一八角方墩，周围刻有花草图案，上面置第二层幢身，一面刻“佛说尊胜陀罗尼经咒”，其余三面刻人物画像	《三晋石刻大全·运城市盐湖区卷》
张董经幢	唐代，具体时间不详	通高2.11米。经幢两层，幢身棱形，上刻《佛顶尊胜陀罗尼经》及发愿人姓名	《三晋石刻大全·运城市盐湖区卷》
唐繁峙佛顶尊胜陀罗尼经幢	唐代，具体时间不详	经幢八面刻，上截字多漫灭。经咒之前有序，经文后字四行，刻有姓名	《石刻资料新编》第3辑《繁峙金石录》
忻州兴国寺唐代经幢	唐代，具体时间不详	八棱石柱形，高五尺四寸。幢上刻着《尊胜陀罗尼经》，笔体遒劲，因年代久远，刻幢年月与人名已漫漶不清。还有两个八角石盖，一个上下面的中间都有八角幢础部分，形状为楼亭的石檐造型，下面有精细的石雕，雕刻图案为飞天、金雕和牡丹，八个角上刻着悬挂风铃的双孔。另一个下面中间的八角幢础四周刻有覆莲瓣，侧面四周刻着帷幕的缨络	佛教导航网（http://www.fjdh.com/10/0802321742.html）

依据表1看，唐佛顶尊胜陀罗尼经幢在唐高宗、武则天、唐玄宗、唐代宗、唐德宗、唐文宗、唐宣宗、唐僖宗与唐昭宗各有所建，并主要集中在唐中晚期。其中，现存最早的陀罗尼经幢是唐永淳元年（682）“为□敬造佛顶陀罗尼幢合村供养经幢”，存于安泽县博物馆。

在地域上，晋南、晋北、晋中都不均匀地分布着陀罗尼经幢，但以晋南与晋北地区偏多。晋南地区的晋城、闻喜、永济均有分布，以晋城为最多，闻喜次之；晋北地区主要集中在五台山周围的地区。这样事实上在山西形成了两头多、中间少的分布特征。五台山自佛教传入以来，就得到历代皇帝的支持与扶植，唐代五台山又受到密教的推崇，陀罗尼经幢的建立便顺理成章。晋南一带靠近陕西，晋东南的泽州、沁州则靠近河南，受两地密教风气盛行之影响而使然。

就经幢内容而言，多刻《佛顶尊胜陀罗尼经》。其中以携带此经梵本来华的罽宾僧人佛陀波利之译本最为流行。此外，在上述经幢中还刻有《金刚般若波罗蜜多经》的内容。

就经幢高度来看，经幢的高度为0.23—9.4米，其中2米以下者占总数的58%，2—4米者占总数的33%，4米以上者占总数的9%。这与全国分布着的陀罗尼经幢的高度基本一致。不过，值得注意的是，在上述陀罗尼经幢中，1米以下者却占到了总数的25%。究其原因，除与经幢发展历程相关外，可能和山西特殊的地理环境、经济条件以及人们的生活习惯等因素有关。山西地处黄土高原，降雨量少，多山且交通不便，土地贫瘠，植被较差，自然灾害频繁，经济较为落后。在这样特殊的地理环境下，人们养成了节俭的生活习惯。正如史籍所载：“地瘠则民劳而贫，自三帝三王以来，勤俭之俗未尝改过”，“河东地瘠民贫，风俗勤俭。”[3]这种节俭的生活风俗，加之自身经济条件的限制，影响着人们建幢时对高度的选择。

二、唐代山西佛顶尊胜陀罗尼经幢流布的原因

密教传入中国后，僧人不断传译行持佛顶法，于是《佛顶尊胜陀罗尼经》以及陀罗尼经幢在全国各地流行。关于佛顶尊胜陀罗尼经幢在山西的流布，笔者认为有以下原因。

第一，佛顶尊胜陀罗尼经幢的兴建与《佛顶尊胜陀罗尼经》这部佛经具

有除灾和成佛等功能密切相关。该经宣扬可永离病苦、延年益寿。如地婆诃罗译《佛顶尊胜陀罗尼经》云："吾为汝等及诸众生，说彼修行陀罗尼法。若有命短求长寿者，或有病苦求除愈者、或有恶业应堕地狱饿鬼畜生诸不善趣如是等类。皆当以彼月十五日，洗浴清净著新洁衣。又当受持八戒斋法，然后诵此大陀罗尼满足千遍，当获安乐增其寿命，所有病苦皆得除愈，诸恶业报悉灭无余。"[4] 正因为如此，该经被现实中的人们所吸引和喜好。

该经又宣扬可免除因业障恶因所招致地狱、畜生、饿鬼等恶道的果报，尽此生后可往生诸佛国土。如佛陀波利译《佛顶尊胜陀罗尼经》云："天帝，若人能须臾读诵此陀罗尼者，此人所有一切地狱畜生阎王界饿鬼之苦，破坏消灭无有遗余。诸佛刹土及诸天宫，一切菩萨所住之门，无有障碍，随意趣入。……天帝，若人须臾得闻此陀罗尼，千劫已来积造恶业重障，应受种种流转生死，地狱、饿鬼、畜生、阎罗王界、阿修罗身，夜叉、罗刹鬼神、布单那羯吒、布单那阿波娑摩啰，蚊、虻、龟、狗、蟒蛇，一切诸鸟，及诸猛兽一切蠢动含灵，乃至蚁子之身，更不重受。"[5] 可见，该经特别强调"尊胜陀罗尼"的破地狱功能。由于此经的破地狱功能，"尊胜陀罗尼"自然大受欢迎。鉴于《佛顶尊胜陀罗尼经》中宣扬持诵"陀罗尼"之神力，因而，经幢的建立，更成为佛顶尊胜陀罗尼信仰的另一重要活动。

第二，佛顶尊胜陀罗尼经幢的兴建也得益于陀罗尼之法的简单方便。唐杜行顗译《佛顶尊胜陀罗尼经》曰："若有命短求长寿者，当于白月十五日澡浴清净，著净洁衣受八戒斋，诵此陀罗尼千遍。诸障便除病愈寿增获大安乐，地狱畜生诸恶趣苦咸悉解脱，乃至畜生诸恶趣类，耳得闻此陀罗尼者，便复不受恶趣之身。婴缠重病者病皆消散诸趣清净，命终之后生现乐界，莲华化生不受胎藏常知宿命。若诸众生罪业所牵，命终之后生于恶趣，应以此陀罗尼呪土二十一遍，散其骸骨之上随其所生若地狱若畜生，或阎摩卢迦或饿鬼趣，乃至阿鼻地狱禽兽蜫虫，咸谢苦身生天受乐。日日诵此陀罗尼二十一遍，罪灭福增众人爱敬，命终之后生极乐国。若常念持此陀罗尼，命终之后生诸净土，从一佛国至一佛国，一切佛刹作大光照。常与佛俱诸佛护育而与授记，乃至获证大涅槃乐。"[6] 此外，经文中还提及凡人接近或见到此陀罗尼，甚至只要书写着此陀罗尼的经幢的影子映到身上，乃至于幢上的灰尘偶然飘落人身上，则此人亦得以净除一切罪业恶道。很多经幢上的铭记都提及了这一点，如唐文宗开成四年（839），山西晋城凤台县王刘赵珍等所建立的陀罗尼石幢《佛顶尊胜陀罗尼经幢赞文并序》云："天帝传时教敷扬于沙界，层幢回声沾泽者销殃，石塔岧峣□尘者灭罪则有择□。"[7]这也是促使唐人建立经幢的主要原因之一。

第三，佛顶尊胜陀罗尼经幢的兴建与五台山文殊信仰有着直接的关系。五台山文殊信仰的形成除唐朝历代帝王对五台山佛教的扶持外，也与密宗对五台山文殊信仰的大加弘扬有着密切的关系。如《宋高僧传》载，不空于大历四年（769）"奏天下食堂中置文殊菩萨为上座，制许之"。第二年，又"有诏请空往五台山修功德"，后来不空又"进表请造文殊阁，敕允奏"[8]。佛陀波利的传奇正发生在五台山信仰的兴盛时期，成为五台山文殊信仰的灵迹之一，为《佛顶尊胜陀罗尼经》披上了神异的色彩。如在今山西永济虞乡的石佛寺经幢《佛顶尊胜陀罗尼经序》即云："佛顶尊胜陀罗尼经者，婆罗沙门僧佛陀波利，仪凤元年（676）从西国来，至此土到五台山。次遂五体投地地向山顶礼曰：'如来灭后，众圣灵唯有大士文殊师利于此中汲引苍生教诸菩萨。波利所恨生降人坚，不睹圣容，远陟流沙，故来敬谒。伏念大慈大悲普覆令建尊仪。'……回还西国取佛顶尊胜陀罗尼经，至永淳二年（683）回至西京，具以上事闻奏。大帝遂将其本入内，请日照三藏法师及敕司宾客令杜行顗共译此经。……此经救拔幽显，最不可思议。恐学者不知故，具录委曲以传未悟。"[7]于是，借着五台山的文殊信仰，《佛顶尊胜陀罗尼经》以及陀罗尼经幢得以广泛传播流行，反过来，它们对五台山文殊信仰的普及和兴盛也起到了积极的推动作用。

第四，佛顶尊胜陀罗尼经幢的兴建与山西独特的环境有着密切的关系。就地理位置而言，山西与陕西西安、河南洛阳的交通较为便利，这有利于佛教的交流与经幢文化的传播。山西蒲津关地当关内、河东、河南之交会处，地理位置极为重要，据日僧圆仁《入唐求法巡礼行记》载，他在大和二年（828）由五台入长安，"（八月）十三日……从北舜西门出，侧有蒲津关，到关得勘入，便渡黄河"[9]。可见，通过蒲津关可沟通山西与西安、洛阳的文化交流。另外，关于河东与长安之交通，严耕望《唐代交通图考》第一卷《长安太原驿道》、第五卷《晋绛与潞泽间之乌岭道》，王文楚《唐代太原至长安驿路考》、《唐代太原至长安驿路再考》已作详密之证，可作参考。这样，交通便利受到周边的影响，对陀罗尼经幢在山西的流行起到了推助作用。

就唐代山西的人文环境看，当时佛教之风盛行。唐五代笔记小说中关于山西人信奉佛教的记载十分普遍，如《太平广记》卷111《报应十·观音经·王琦》载："唐王琦，太原人也，居荥阳，自童孺不茹荤血。大历初，为衢州司户，性好常持诵观音经。自少及长，数患重病，其于念诵，无不差愈。"[10]又《太平广记》卷105《报应四·金刚经·杜思讷》载："唐潞州铜缇县人杜思讷，以持金刚经力，疾病得愈。每至持经之日，必睹神光。"类似这样的故事很多，这里不一一列举，它们反映出了唐代山西的佛教氛围非常浓厚。这就在一定程度上为《佛顶尊胜陀罗尼经》及经幢的流行营造了良好的土壤和根基。

就唐代山西社会的现实来看，灾害频繁、赋役深重，使得百姓生活困苦，这为尊胜陀罗尼信仰及经幢的建立提供了基础。据《新唐书》记载，唐太宗二十三年（649），"八月癸酉朔，河东地震，晋州（今山西临汾）尤甚，压杀五十余人，乙亥，又震，十一月乙丑，又震"，景云三年（712），"正月甲戌，并、汾、绛三州地震，坏庐舍，压死百余人"，贞元九年（793），"四月辛酉，又震，有声如雷，河中、关辅尤甚，坏城壁庐舍，地裂水涌"[11]。这种自然灾害频繁发生，加之赋役深重，致民不聊生，使人们很容易受到《佛顶尊胜陀罗尼经》拔除地狱等功能的吸引，有些甚至着手建立经幢。我们从造幢者的愿望看，这些经幢都反映了当时的社会现实。如介休雨水村的《吉祥寺经幢》载："皇帝皇后州牧县宰七代□□师僧□□□□有情六道众生同出苦门，离苦解脱幢主佛弟子□□□□、南元佛陀□□□□□□□□□□□□□□□□□□□□□□□□□，当读十二部经一遍□等敬造。"再如，凤台县《广福寺经幢》曰："以往社稷□□，官僚禄位转迁，星神合度，农稼丰饶，当处灵神□□□，地广富者，男女孝养，伏愿诸佛诸家眷安享，百患不侵。"

第五，佛顶尊胜陀罗尼经幢的兴建也是统治者推动的产物。唐代宗大历十一年（776）下令"天下僧尼每日须诵尊胜陀罗尼二十一遍"[5]。以皇帝下令举国唱诵陀罗尼的事情，在历史上是少见的，这也使该经超越了宗派的区分，在整个社会中流行开来，致使中唐以后建造陀罗尼经幢之风大兴。在统治者的推动下，山西便兴起了建尊胜经幢的热潮。

唐代山西建立的诸多佛顶尊胜陀罗尼经幢，是在诸多因素的促成下产生的，直接反映了当时的社会现实。它们成为我国经幢文化和佛教艺术的重要组成部分，为我们今天研究唐代山西的社会生活提供了参考。

参考文献：

[1]（唐）善无畏译．苏悉地羯啰供养法．卷 3. 大正新修大藏经 [Z]. 第 18 册，台北：新文丰出版社，1973.
[2]（唐）输波迦罗译．苏悉地羯啰经．卷 2. 大正新修大藏经 [Z]. 第 18 册，台北：新文丰出版社，1973.
[3]（清）曾国荃．山西通志 [M]. 卷 99, 光绪十八年（1892）刻本．
[4]（唐）地婆诃罗译．佛顶尊胜陀罗尼经．大正新修大藏经 [Z]. 第 19 册，台北：新文丰出版社，1973.
[5]（唐）佛陀波利译．佛顶尊胜陀罗尼经．大正新修大藏经 [Z]. 第 19 册，台北：新文丰出版社，1973.
[6]（唐）杜行顗译．佛顶尊胜陀罗尼经．大正新修大藏经 [Z]. 第 19 册，台北：新文丰出版社，1973.
[7]（清）胡聘之．山右石刻丛编 [M]. 光绪二十七年（1901）刻本．
[8]（宋）赞宁．宋高僧传 [M]. 卷 1. 北京：中华书局，1987.
[9] [日] 圆仁．入唐求法巡礼行记 [M]. 卷 3. 上海：上海古籍出版社，1986.
[10]（宋）李昉．太平广记 [M]. 卷 105. 北京：中华书局，1961.
[11]（宋）欧阳修，宋祁．新唐书 [M]. 卷 35. 北京：中华书局，1975.

作者简介：

赵改萍（1976— ），女，山西寿阳人，山西师范大学马克思主义学院副教授，博士。

北宋山西地区的农业发展状况

孙金玲

摘要：北宋时期，山西地区成为一个边防重地，对农业的发展有一定的影响。随着北宋统治的稳定与人口的增加，优惠的农业政策及农田水利的兴修，山西地区的农业得到恢复和发展。受自然条件和政府政策的影响，各地区之间农业发展不平衡，并且具有差异性。

关键词：北宋；山西地区；农田水利；农业发展

山西是黄河流域农业文明的发祥地之一，但是经过唐末五代的长期战乱，山西的经济遭到了严重破坏。北宋时，山西成为一个边防重地，对农业的发展有一定的影响。但山西人历来“勤农织之事业……善治生，多藏蓄”[1](p2139)。随着社会环境渐趋安定，山西的农业又得到了恢复和发展。本文所论述的山西地区，主要是指宋代的河东路，治所在太原（今太原市），辖恒山以南，除涞水河流域以外的今山西全省和陕西省府谷、神木、佳县地。

一、北宋山西地区的农业发展环境

（一）自然条件

山西省位于黄河中游华北大平原西侧，介于太行山与黄河中游峡谷之间。境内属于大陆性季风气候，气温普遍较低，地貌类型复杂多样，以山地和丘陵面积最广，地表水资源不足。据文献记载，“河东地多山瘠”、“地高气寒……陵阜多而川泽少”。[2](p22) 多山少水、气温低的自然因素，在很大程度上限制了农业的发展。但是，山西境内也有平原和盆地，境内有河流1000多条，河流面积大于100平方公里的有240余条，这些地区有较好的水利灌溉条件，并且南部气候温暖，为农业的发展提供了较好的自然条件。文献记载汾州“地高气爽，土厚水深，其民淳且重。桑麻之沃，秔稏之富，流衍四境，汾之盛也”[3]。绛州“古晋之高壤，风物充饶，氓庶繁益”[3]。晋州如赵城县“前有并河、汾阳之固……沃野百里”[2](p23)。

（二）社会环境

宋初，山西农业经济发展的社会环境较差。由于中部地区长期被北汉占据，宋太祖三次派兵攻打，皆受挫而返，直到979年宋太宗灭北汉完成统一。这期间，宋政府多次大规模迁徙河东居民，估计太祖、太宗两朝外迁的北汉移民有二三十万人。[4](p40) 此外，为了防止河东重新割据，宋太宗又下令摧毁了河东经济中心晋阳城，甚至在边防地带建立了无人区，使得忻、代州、宁化、火山军（今山西忻州、代县、静乐北，陕西府谷北）一带二三万顷农田荒废。[5](p4317) 同时，山西的西北边地也是北宋的御敌前哨，这一切都使山西的农业生产发展受到了限制。河东统一后，为了促进河东经济的发展，宋政府下令减轻当地税赋，“河东既下，减其租赋”[1](p4242)。再者，北宋政府制定了一系列鼓励农业发展的政策。宋太祖在立国之初就强调，“农桑之业，是为衣食之源”,“农为政本，食乃民天，必务穑”[6](p4809)。宋太宗鼓励督促改进生产技术，注意培养农业技术人才，并且“置农师”，指导农民种田。宋真宗时，国家印刷《四时纂要》和《齐民要术》两部农书，还编撰了《授时要录》，均分发全国指导农业生产。神宗熙宁新法把发展农田水利列为变法理财的重要内容之一。这些政策的实行，对宋代农业生产的发展起到了重要作用，同样也为山西农业的恢复和发展提供了良好的社会环境。

二、北宋山西地区的农田水利建设

（一）开发利用山泉水灌溉农田

绛州骨堆泉，“方数丈，可灌民田万亩左右，农家恃以为命”[7]。方数丈的泉水竟能发挥如此之大的作用，那么著名的晋祠泉水所起到的作用就更大了。嘉祐五年（1060），地方政府为扩大晋祠泉水的浇灌能力，组织人力，对晋水渠道进行了整治，“溲其源为十分，穴庙垣以出其七分……其溉田以稻数计之，得二百二十一夫余七十亩，合前为三百三十四夫五十九亩三分有奇……于是晋水之利无复有遗，倍加于昔矣”[8]。不仅扩大了溉田面积，并且将水源分为十分，确定了南北三七分水的原则。熙宁八年（1075）五月，太原府草泽史守一，“修晋祠水利，溉田六百余顷”[1](p2372)。对于晋祠水的灌溉作用，范仲淹歌之曰“皆如晋祠下，生民无旱田”[9](p53)。嘉祐年间（1056—1063），介休洪山泉也得到开发和利用，洪山泉水是汾河中游仅次于晋祠泉的第二大泉水灌溉工程，万历《介休县水利条规碑》记载：“自宋文潞公开为东西中三河，自南而北流出，可溉田一百五十二顷二十九亩八厘八毫。”[10]这说明宋代洪山泉水灌区已具相当规模。

（二）引水淤灌工程

山西淤田的自然条件较好，史载：“河东多土山高下，旁接川谷，每春夏大雨，众水合流，浊如黄河矾山水，俗谓之天河水，可以淤田。”嘉祐年间，程师孟利用这一优势组织民众淤田，“绛州正平县南董村旁有马壁谷水，劝诱民置地开渠，淤瘠田五百余顷。其余州县有天河水及泉源处，亦开渠筑堰，凡九州二十六县，新旧之田，皆为沃壤”[1](p2373)。这一时期共“兴修田四千二百余顷，并修复旧田五千八百余顷，计万八千余顷”[6](p4920)。可见利用水利灌溉不仅改良了土质，将盐碱地变成良田，扩大了农田面积，同时也提高了粮食产量。“闻南董村田亩旧直（值）三两千，收谷五七斗。自淤灌后，其直（值）三倍，所收至三两石。”并且程师孟还进行经验总结，绘制《水利图经》二卷，宣传淤田的方法。[1](p2373)熙宁年间，全国上下掀起了兴修水利的热潮，河东地区也不例外。郭咨在忻州“导汾水，兴水利，置屯田”[1](p10531)。熙宁五年（1072），洺州引漳河、洺河淤田“开河出美田三四百亩”[5](p5729)。熙宁九年（1076），政府又“遣都水监丞耿琬淤河东路田”[1](p2373)。总之，熙宁年间，河东共建水利工程 114 处，溉田面积达 471 981 亩。[11]对于旱地农业来说，水利工程兴修的意义重大，大大提高了这一地区的农业经济效益。

（三）治理汾河

北宋时，汾水常常暴涨，堤防欲溃，几至成灾，严重威胁到人们的生命财产安全，更不利于农业生产的发展。宋天圣三年（1025）陈尧佐担任并州知州，即以治理汾水为急务，史载：“陈尧佐为筑堤，植柳数万本。作柳溪，民赖其利。”[1](p9583)熙宁初年，汾河大溢，知太原府王素“亟命具舟楫，筑堤以捍之，一夕，水骤至，人赖以安”[1](p10404)，对汾河的治理，提高了抗旱减灾的能力，改善了汾河流域的生态环境，促进了汾河两岸农业的发展。

三、北宋山西地区农业发展的表现

（一）人口增加，垦田面积扩大，粮食丰足

北宋初年，河东的人口数量急剧下降，导致大量农田抛荒，农业生产凋敝。为了恢复农业生产，北宋政府逐渐改变削减河东人口的政策。对于当年逃匿山林的北汉官吏军民，则“愿仕者量材甄叙，不愿者俾之归农”[12]；如果因战乱和灾荒而流移的“流民有复业者”，则“发仓粟赈之”[6](p5799)。到元丰年间，河东的户数已经从宋初的 261 053 户增加到 576 198 户，崇宁元年（1102），则达到了 613 532 户。[2](p55) 人口的增加，不仅为河东农业的恢复和发展提供了劳动力，而且使抛荒的田地重新耕种，垦田面积扩大。同时，沿边的禁地也开始得到开垦。宋太宗时曾在河东沿边推行禁地政策，“令民内徙，空塞下不耕”[5](p4317)，沿边大面积良田被荒废。仁宗时期，开始在边地屯垦，“以岢岚军北草城川禁地募人拒敌界十里外占耕”[1](p4312)。至和二年（1055），代州、宁化军一带的禁地亦被开垦。[1](p4713) 熙宁八年（1075）又一次下诏开垦岢岚、火山军等处耕种土地。[6](p6823) 这一时期，河东山区的山田也得到普遍开发，“高山峻坂并为人户耕种”[13](p930)。沿边禁地和山田的开垦，无疑使河东的垦田面积进一步扩大。

随着人口数量的增加和垦田面积的扩大，河东的农业生产重新发展起来。就粮食而言，到大中祥符元年（1008），“有司言其（指河东）：地沃民勤，颇多积谷”[1](p4242)。在天禧年间，河东不仅上贡朝廷钱 30 万贯、粮 120 万石。[5](p2144) 政府还曾连续两年从绛州一地调出粮食 30 万石。[5](p2056) 滑州黄河决口时，还曾计划从河东晋、绛州发粮储三【十】（千）万赴滑州，可见当地储粮之多。另外，官方还在河东籴粮运往别地。庆历元年（1041），河东曾“额定和籴粮草五百万石”[2](p218)。熙宁七年（1074），又以封桩钱 10 万贯于河东买军粮，运往陕西延州，“比本路（指鄜延）来价甚有余息”[5](p2342)。加上运费，河东粮价仍比鄜延低贱。从元丰七年（1084）开始，河东每年向陕西提供粮食 5 万石。[5](p3210) 从这些情况可看出，河东的粮食丰足。

（二）种植业品种多样

种植业可以分为粮食作物和经济作物。北宋时期，山西地区粮食作物品种多样，主要以北方的传统粮食作物粟、黍、麦、豆为主。欧阳修到河东看到“泽、潞两州二麦大熟，晋、绛、并、汾、石、隰等处，系种麦地分，并只熟及三五分”[13](p913)。可见小麦在此已经是大面积种植，并且已经扩展的北部边界的石州。水稻则在水资源丰富的汾水流域州县广泛种植，如汾州“秔稻之富，流衍四境”[3]。晋祠附近则是一派稻乡的景象，范仲淹作诗曰：“千家溉禾苗。满目江乡田。”[9](p53)欧阳修在《晋祠》中说道：“晋水今入并州里，稻化漠漠浇平田。”[13](p11)

经济作物主要是桑麻业，梅尧臣曾言：“并州自古近边地，桑麻故已知风俗。”[2](p121)《元丰九域志》记载保德军、宁化军、岢岚军、平定军、威胜军均以丝织品作为土贡之物，可见其蚕桑业相当发达。至和二年（1055）以前，“河东户役惟课桑以定物力之差”[5](p1649)，能够将桑作为税收的来源，说明桑的发展已有一定的规模，是当地人经营的主要产业之一。那么与桑相比，河东苎麻业则更加发达。《宋史·地理志》言其为“寡桑柘而富麻苎”。汾州、晋州、绛州、石州、泽州、代州、忻州、岚州、慈州、丰州、隰州等州都有麻织业分布。熙宁年间，河东仅向政府缴纳的布匹赋税就多达151 000多匹[6](p6100)，在全国居于首位，足见河东路麻织业之繁盛。

（三）畜牧业发达

由于气候、地理环境的影响，山西的畜牧业比较发达，尤其是民间牧驼业、养羊业最为兴盛。宋神宗时，知太原府韩绛言当地“驼与羊，土产也，家家资以为利”[5](p6836)，说明养骆驼和羊已经成为民户家庭收入的一个重要来源。有些家庭饲养的骆驼达数十头，日本僧人成寻前往五台山的途中，在河东境内的官道上每天都可看到30—40头骆驼。[14](p385)而石州则是宋政府骆驼的放牧地之一，“在京见骆驼无多，即目在石州放牧未回”[6](p5552)。在泽州境内太行山上，成寻看到3处羊群，“或五千，或三千，或一千云云”[14](p371)。河东还是国家重要的活羊供应地，绛州、忻州每年要向国家上供一定数量的羊，由此可见河东路牧驼业与养羊业的兴旺。

四、北宋山西各地农业发展的不平衡及其差异

由于自然条件和政府相关政策的影响，河东各地区之间的农业发展极其不平衡，而且具有地区差异性。正如当时人张景宪所说：“本道地肥硗相杂，州县贫富亦异。”[1](p10623)

（一）不平衡性

纵观北宋一代在河东地区所兴修的农田水利设施，无论新旧工程，大多数都集中于汾河流域，又加之汾河谷地土地肥沃，自然条件优越，因而农业发展水平较高，成为河东粮食的主要供应地。西北部山区，地高气寒，山田较多，土地贫瘠，农业发展艰难，“坡峻七顽难力耕，牛羸人困强驱行”[14](p400)。东部山区，到仁宗庆历年间，辽州“地里、人户不及一中下小县”，“潞州八县内，屯留、黎城、壶关三县，地居僻远，户口调零”，而“威胜以东及辽州平定军，见其不耕之多”[13](p908)。可见，这里的农业发展水平也不高。如欧阳修所言“岚、宪等州，岢岚、宁化等军，并系僻小凋残之处”，“并、晋、绛、潞、汾、泽等六州，在河东物力比他州富实”[13](p931)。因此，从整体来讲，河东地区汾河流域的农业发展要高于其他山区；就汾河流域内部而言，汾河谷地沿线的绛州、晋州、汾州、太原府的农业发展水平较高。

（二）差异性

在自然条件较好的汾河谷地，主要以农业发展为主，农作物种类多样，有水稻、小麦、豆、黍、粟、桑、麻等，并且粮食作物的亩产量较高，如绛州等地的亩产则达到了2石左右。而东部、西北地区农牧混杂，农业发展落后，可种植的农作物种类不多，适合畜牧业发展。欧阳修认为，河东“岚、石之间，山荒甚多，汾河之侧，草地亦广，其间水草最宜牧养，此唐楼烦监地。迹此推之，则楼烦、元池、天池三监旧地，尚冀可得。臣往年出使，尝行威胜以东及辽州、平定军其地率多闲旷。河东一路，水草甚佳，地势高寒，必宜马性”[1](p4937)。北宋时期这一地区的官牧马数量减少，而民间畜牧业发达。

五、结　语

北宋山西的农业共获得了16次丰收，是当时除河北之外各路丰收次数最多的地区，且丰收次数多于灾荒次数（7次）。[2](p113) 另外，从二税见催额来看，元丰年间，河东的田地全国排名第十三、户数排名第十四，交出的二税却排名第九，户均排名第六。[2](p107) 二税是农业税，二税税额的多少，一定程度上反映了各地区的农业发展状况。由此可见，山西的农业得到了恢复和发展，在整个国家占有重要的地位。但是，到了北宋末年，一方面随着土地兼并的加剧，农民的土地逐渐丧失；另一方面，徽宗、钦宗时，金人入侵，人们纷纷南徙，十室九空，农业发展趋于衰落。

参考文献：

[1]（元）脱脱 . 宋史 [M]. 北京 : 中华书局 ,1977.

[2] 程民生 . 宋代地域经济 [M]. 开封 : 河南大学出版社 ,1992.

[3]（清）胡聘之 . 山右石刻丛编 [M]. 太原 : 山西人民出版社 ,1988 .

[4] 吴松弟 . 中国移民史（第四卷）[M]. 福州 : 福建人民出版社 ,1997.

[5]（宋）李焘 . 续资治通鉴长编 [M]. 北京 : 中华书局 ,1995.

[6]（清）徐松 . 宋会要辑稿 [M]. 北京 : 中华书局 ,1957.

[7]（宋）洪迈 . 夷坚志 [M]. 北京 : 中华书局 ,1983.

[8]（嘉靖）太原县志 [M]. 上海 : 上海古籍书店 ,1981.

[9]（宋）范仲淹. 范仲淹全集 [M]. 成都 : 四川大学出版社 ,2002.

[10] 张荷 . 古代山西引泉灌溉初探 [J] 晋阳学刊 ,1995,（5）.

[11] 梁方仲 . 中国历代户口、田地、田赋统计 [M]. 上海 : 上海人民出版社 ,1985.

[12] 司义祖 . 宋大诏令集 [M]. 北京 : 中华书局 ,1962.

[13]（宋）欧阳修 . 欧阳修全集 [M]. 北京 : 中国书店 ,1986.

[14][日] 成寻著，王丽萍校点 . 新校参天台五台山记 [M]. 上海 : 上海古籍出版社 ,2009.

作者简介：

孙金玲（1976— ），女，河南虞城人，新乡学院社会科学部，讲师。

从法兴寺圆觉殿塑像看佛教诸宗思想融合

刘宝峰

摘要： 华严宗信仰在宋代社会非常普遍，长子法兴寺亦深受影响，因而，圆觉殿内出现了华严三圣之像。同时，受密教思想影响，主尊头顶宝冠。由此可见华严宗与密教相互影响、融合的事实。圆觉殿的塑像成为佛教诸宗思想融合的实证。

关键词： 华严三圣；卢舍那；毘卢遮那

一

法兴寺原建于山西长子县城东南17公里的慈林山上，东连紫山，南顾三川，北望汾浍，西截平原，“浮屠塄嶒入霄，为邑盛概”[1](卷五)。该寺坐北朝南，建有山门、舍利塔、小石塔、燃灯塔、圆觉殿、阿弥陀佛殿及廊庑配殿。圆觉殿位于寺中心，南面为舍利塔，北面为毘卢殿，东西各有一配殿。圆觉殿即法兴寺的前殿，寺内最大建筑。飞檐高啄之下，柱头铺作斗拱，粗大简练，面阔三间，六椽进深，近似呈方形，单檐式青灰布瓦屋面，具有典型的宋代建筑风格。在殿内正面佛台上，主佛结跏趺端坐于须弥座上，头顶宝冠，身披通肩袈裟，袒胸，宝相庄严，双耳垂肩，面目慈善而具威严，通体金身，左手置于左膝之上，右臂屈伸，手掌心向上向外微倾，各指弯曲不等，主佛左边是弟子迦叶、胁侍菩萨、护法善神；右边是弟子阿难、胁侍菩萨、护法善神。两护法善神，横眉竖目，紧咬双唇，身披甲胄，表情夸张，左侧护法尤甚，圆目怒睁，紧攥力拳，怒气逼人；12位菩萨分列两侧，列坐于莲花须弥座。

关于法兴寺最早的记载，《郑惠王石记》（“石”字下疑缺“塔”字）曰：“王讳元懿……王即太武皇帝之第十三子也。往任潞州日，于此山奉为先圣敬造石舍利塔一所，下并有勒赐舍利骨叁柒粒，造藏经三千卷……而乃洗心觉路，虔诚妙门。慈林山中雕砻宝塔，智乘寺所装饰真容。藻绘具周，庆赞将毕……咸亨四年（673）十月八日。”[2](卷十六) 据此碑，唐郑王李元懿任潞州刺史时，建舍利塔，法兴寺当时名为“智乘寺”。关于其始建年代，宋元丰四年（1081）《法兴寺新修佛殿记》又载：“佛寺经始于后魏之神鼎，易新于唐之咸亨。” 然后魏并无“神鼎”年号，“神鼎”实为后凉末代皇帝吕隆之年号，北魏灭后凉才统一中国北方，法兴寺当始建于后凉神鼎元年(401)。据元至正十年（1341）立，宋衜撰文《潞州长子县法兴寺记》载：“此寺肇迹于元魏（北魏）神鼎元年，历齐周隋钟鱼不废，唐咸亨四年，高祖第十三子郑惠王元懿为潞州刺史，于寺中造石塔，藏所赐佛舍利三七粒，及写《大藏经》为卷者三千，以报罔极之恩……上元元年（674），改广德……宋治平（1064—1067）中，改法兴。”自郑王扩建以来，历代修缮扩建，《法兴寺新修佛殿记》载：“逮皇朝建隆(960—961)之初，有僧曰凝诲，缔构复完……天圣中，释法信与麻衣从深又辟其基，敞三门于其前……今继主其事者曰绍荣，以佛殿始作于晋开运二年(945)，距今一百三十余载，垣穿墄夷，榱桷倾圮。……其为殿三楹，周以廊腰，砻珉以为柱，伐石以为扉，高广庄严，可以为他屋冠。”宋政和元年（1111）六月十五日所立《新修圣像之记》载：“长子县慈林山法兴寺大殿閎深，虽极壮丽，而释迦圣像尚未成功，纠首范俊、檀那王立等发洪誓，愿各舍净财，爰命良工，倍加藻饰，相好之容、无为之体咸具焉，及文殊、普贤、阿难、迦叶、童子、善神，左右承事……。”以范俊为首，又修佛像及其胁侍诸像，然今法兴寺大殿即圆觉殿，并未见童子之像。明嘉靖十年（1531）所立《重修慈林寺记》载：“至宋咸平二年（999），□加修饰，但岁月滋□，不无倾圮剥落，乃今有佛家者流，生僧性□，□徒孙湛钺，宿夜严恭，募缘于乡，□耆德申瑀等签捐己资，塑诸天十四尊、并重修圆觉

▲ 图 1　法兴寺“华严三圣”

▲ 图 2　法兴寺圆觉殿菩萨像

殿、诸天殿、十佛殿、天王殿，或直仍乎旧制，或创始乎新功，可谓盛矣。”经过前代修缮，法兴寺格局已定，以至于民国时期重修，“复踵前法庶斯寺”，可知法兴寺今貌系宋时之作。

综上，法兴寺肇始于后凉神鼎元年（401），后历经魏、齐、周、隋，唐贞观十年（636）至永徽四年（653）间易新，名为“智乘寺”，上元元年（760）改名“广德寺”，北宋治平年间始称“法兴寺”[3](p13，p223)，宋咸平、元丰、政和年间均有修葺，元、明、清历代屡有修葺，但基本保留了宋代的特色和面貌。

二

最早的《法兴寺新修佛殿记》只提到主殿为佛殿，宋政和元年（1111）重修则明确提到在大殿中塑释迦，普贤、文殊胁侍菩萨，二弟子及童子、善神，奠定了之后佛殿塑像的基本格局，宋政和二年（1112）所立的造十二大菩萨功德碑，明确记载十二菩萨为“等觉菩萨”、“妙觉菩萨”及其十地菩萨，与现留存的塑像格局基本一致。到嘉靖十年（1531）才有“圆觉殿”之名称，与今名相同。现存圆觉殿塑像风格比较一致的看法是宋代作品，加之有宋政和元年（1111）六月十五日所立《新修圣像之记》为证，但究竟大殿塑像题材是什么呢？因《新修圣像之记》语焉不详，明以后大殿又被称为圆觉殿，主佛形象被模糊化。在此，笔者就主佛塑像题材作一分析。

圆觉殿内主尊头戴宝冠，与密教毘卢遮那佛非常接近，但从主尊与胁侍菩萨的整体配合及其形象判断，应当为华严三圣主尊卢舍那佛，“八十华严”亦译作毘卢遮那佛。卢舍那佛与毘卢遮那佛属同名异译，为法身佛。一般情况华严三圣中多称其为卢舍那佛，而密教称其为毘卢遮那佛。《尊胜佛顶修瑜伽法轨仪》云：“毘卢遮那如来，头戴五佛冠，种种宝华光，于七师子座上结跏趺坐，手结法界印。”[4](卷一)密教最高教主为大日如来，梵文音译称毘卢遮那佛，头戴宝冠是其标志性形象，圆觉殿华严三圣的特别之处是形象上受到密教影响而戴冠。比如，杭州飞来峰青林洞卢舍那佛像，顶戴宝冠，身披袈裟，该佛像被认为是北宋中期的典型，此类造像在龙门石窟、敦煌石窟亦有发现。主佛台主尊塑像尽显华严宗与密教相互关照之情景。

圆觉殿内布局当是描绘卢舍那佛说法场面。释迦成佛后，于七地说法会八场，“尔时，佛在舍卫城，祇树给孤独园，大庄严重阁讲堂，与五百菩萨摩诃萨俱，普贤菩萨、文殊师利菩萨而为上首；……如是等五百菩萨”[5](卷四十四)。祇园重阁会（亦名逝多园重阁会）即是其一，释迦于舍卫国祇园重阁宣讲入法界，以文殊、普贤为上首，众修行菩萨到场，希冀求得各层次修正法门，此处出自“八十华严”最后一品。文殊、普贤齐出场，作为《华严经》之总结，内容最为丰富，其中宣讲的佛法深意在佛教发展史上影响最为深远。《法兴寺新修佛殿记》载主佛的胁侍菩萨是文殊、普贤，而宋代以文殊、普贤为胁侍，最普遍的题材就是华严三圣。

华严三圣的形成，有其深刻的思想渊源。李通玄对华严经的疏释和阐发，对华严思想的传承和发展起到了极其重要的作用。“三人体一，寄安五位，用接凡迷……文殊是佛法身，普贤是佛行身，无作之智果是佛报身。常以文殊法身无相妙慧，以为先导。说时先后，证则三身一时，法合如是，废一不可……若废文殊存普贤，所有行门属有漏，若废普贤存文殊所证寂定是二乘，若废佛存文殊普贤，佛是觉义，无觉者故。以是义故，三人不可废一，若废一，三不成故，是故三乘权教中，无此三人，始终不相去离，以教门未实，总是化身，权逐小根，且略权施，待其熟故，方迁就实。”[6](卷五)文殊、普贤、佛三者为一，缺一不可，“若废文殊存普贤”，所修之行必不全面，不能究竟；“若废普贤存文殊”，其所证不过是二乘（小乘）之法，并不能修得圆满；“若废佛存文殊普贤”，其修行不过是无的之矢，难有成就，是以，三者圆融，不可废一。李长者的圆融思想，将文殊、普贤与佛提升到同一高度，首次提出“华严三圣”之说。华严四祖澄观继承李长者之说，直接提出“华严三圣”体系，即毘卢遮那佛、文殊以及普贤菩萨，三圣中，文殊、普贤是修成佛果之因，毘卢遮那佛为修行之目标，合普贤之“能”与文殊之“所”为毘卢遮那佛，如此构成了“华严三圣”体系，即“文殊表解，普贤表行，行解同体，即是毘罗遮那，是为三圣”[7](卷一)。

华严三圣的广为流布，还有其深刻的时代背景。赵宋结束唐末以的来动荡局面，为遏制地方分裂势力，抵抗外部敌对威胁，加强中央集权，必然要求强化思想控制。除宣扬传统儒家观念外，三教兼顾，为佛教诸宗思想交流、融合提供了宽松的环境。宋代国内外局势始终不容乐观，加之宦海沉浮，士大夫多有宗教信仰倾向。“此经所明，该万法则以门户为谕，用喜舍则以回向为先，悦归往则以严侈为容，亘杳莽则以广大为目，此大方广之本也。至若圣仙非一，神变迭兴，十地同归，趣成法界，大方广之迹也。”[8]（卷二十二）士大夫多是向往莲华藏世界海的华丽与广大，而非“十地同归，趣成法界”的修行之道。以护法丞相著称的张商英，对华严宗的发展亦有推动，据罗凌考证，其生于庆历三年（1043），卒于宣和三年（1121）十一月，历神宗、哲宗、徽宗三朝，大观四年（1110）代蔡京为相，笃信佛教，喜好禅宗。曾游五台山，见灵瑞异象，一一记录，传有《续清凉传》、《护法论》等。《护法论》调和三教，以释道阐发儒学，将儒家的仁义之说比附于释家识心见性，觉悟佛性如儒生登龙折桂，商英理论佛教诸宗，多有言辞，在理学兴起的大环境下，积极奔走言说，对佛教在宋代的发展起到了促进作用。张商英对李通玄极为推崇，特地前往寿阳方山土龛瞻仰遗迹，受华严“三圣圆融”思想的影响，其主张直接体现在儒、释、道三家为一，企图合三家之言为一家，以维护儒家的独尊地位。

三

直到嘉靖十年(1531)才有“圆觉殿”之名称,先前一直称其为“大殿”、“佛殿”，而且，据宋政和二年（1112）所立的造“十二大菩萨功德碑”，明确记载十二菩萨为“等觉菩萨”、“妙觉菩萨”及其十地菩萨，并非“十二圆觉”。由此可以断定，圆觉殿名称并非源于政和元年（1111）所立《新修圣像之记》之碑末偈言，而是明代以后的称呼。似乎明代非常流行在佛寺中塑十二圆觉像，如《辽州重修福圣寺记》载：“弘治十八年（1505），本寺住持果顺偕在城善士郝能同结善缘，于前殿内塑十二圆觉，共十八罗汉一堂，塑妆圆满，金碧辉煌。”[9](p48)《鼎建千佛岩闾洞记》亦载：“平虏城北山东南向阳之岗，旧有石岩洞，时有衲僧悟明卓锡，观此堪建佛像，作于嘉靖十二年（1533）正月二十四日。募缘十方贵官长者，善信人众协力，各捐己资，筮日内塑千佛，圆觉、罗汉一堂，绘餙整齐。”[10](p30)长治当地亦是，“天顺年间，发心起盖正殿一所，塑庄一佛二菩萨，故址不足以容众，□礎构造南殿一座，内塑十二圆觉，十六罗汉，东西廊庑，云堂香积，无不全美”[11](p75)。此风延及大同、朔州、忻州、晋中、长治等地，可见，当时以圆觉像为题材塑像，十分盛行，法兴寺大殿被以“圆觉殿”命名，与时风不无关系。

列于主佛台两侧的十二菩萨，并非十二圆觉菩萨，而是反映了等觉、妙觉菩萨统领的十地菩萨。在殿内，宋代记录功德的名册上，记有某村“说主菩萨妙觉”，某村“请主菩萨等觉”。《大乘本生心地观经浅注》曰：“一切菩萨皆为佛子，独等觉位，极邻大觉，故称大法王子，……一切三贤十地，皆是等觉所统，推为尊上。”[12]大乘阶位五十二级中第五十一位为等觉，第五十二位为妙觉，即佛果，此二菩萨并非实名，而是菩萨修行的境界。文殊菩萨以慧行，地位崇高，统领诸菩萨，为佛祖之子，称“法王子”，可宣如来旨意，普贤菩萨修行境界最高，唯文殊、普贤得以相称，三贤十地皆归其统领。《华严经》曰：“何等是诸菩萨摩诃萨智地？菩萨摩诃萨智地有十，过去、未来、现在诸佛已说、今说、当说，为是地故，我如是说。何等为十？一曰欢喜，二曰离垢，三曰明，四曰焰，五曰难胜，六曰现前，七曰远行，八曰不动，九曰善慧，十曰法云。是十地者，三世诸佛已说、今说、当说，我不见有诸佛国土不说是十地者。何以故？此十地是菩萨最上妙道，最上明净法门。”[5](卷二十三)按《华严经》之说，十地即十境界，为佛法根本，修此十行得十波罗蜜，而达到大菩提、大涅槃之境界。可见，圆觉殿之布局，确为卢舍那佛讲法场面。十地为菩萨修行阶次，而在圆觉殿，阶次被塑以十个形象具体的菩萨，且神态各异，雕二精妙，十地菩萨形象被具体化，正是佛教传入中国后，日益民族化的显照。

总之，华严宗信仰在宋代社会十分普遍，统治阶层非常推崇，普通民众更加信奉，法兴寺圆觉殿便是实证，殿内出现华严三圣也是自然之事。自密教创立以来，影响不断扩大、深化，华严卢舍那佛造型打上了密教毘卢遮那佛形象之印记，成为必然。由此可见，华严宗与密教相互影响、融合的事实，法兴寺圆觉殿内的塑像成为这一融合的实物见证。

参考文献:

[1]（康熙）长子县志・备考志 [M]. 太原 : 山西古籍出版社 ,2007.

[2]（嘉庆）长子县志・艺文志二 [M]. 太原 : 山西古籍出版社 ,2007. 以下未标注出处之碑刻均现存于法兴寺内，感谢长子县法兴寺文管所张宇飞所长提供拓片 .

[3]（弘治）长子县志 [M]. 太原 : 山西古籍出版社 ,2007.

[4]（唐）善无畏译 . 尊胜佛顶修瑜伽法轨仪 . 大正藏 [Z]. 第 19 册 , 台北 : 新文丰出版社 ,1973.

[5]（东晋）佛陀跋陀罗译 . 大方广佛华严经 . 大正藏 [Z]. 第 9 册 , 台北 : 新文丰出版社 ,1973.

[6]（唐）李通玄撰 . 新华经论 . 大正藏 [Z]. 第 50 册 , 台北 : 新文丰出版社 ,1973.

[7]（唐）宗密述 . 圆觉经大疏 . 卍续藏 [Z]. 第 9 册 , 上海 : 商务印书馆 ,1923.

[8][高丽] 义天集 . 圆宗文类 . 卍续藏 [Z]. 第 58 册 , 上海 : 商务印书馆 ,1923.

[9] 王兵 . 三晋石刻大全・晋中市左权县卷 [Z]. 太原 : 三晋出版社 ,2010.

[10] 周亮 . 三晋石刻大全・朔州市平鲁区卷 [Z]. 太原 : 三晋出版社 ,2012.

[11] 王苏陵 . 三晋石刻大全・长治市黎城县卷 [Z]. 太原 : 三晋出版社 ,2012.

[12]（明）来舟集 . 大乘本生心地观经浅注 . 卍续藏 [Z]. 第 20 册 , 台北 : 新文丰出版社 ,1973.

作者简介:

刘宝峰（1986—　），男，山西阳高人，山西师范大学历史与旅游文化学院硕士研究生。

宋金元时期应润庙雩祭习俗及其演剧活动考述

雷桂萍

摘要：应润庙位于山西平遥境内超山，是宋金元时期重要的雩祭场所。遗存碑刻文献较多，虽载于志书，但历来较少为人关注研究。本文以现存碑文史料为基本依据，结合现场考察调研，较为详细地考述了宋金元时期应润庙的兴废沿革、雩祭习俗和演剧活动的情况，揭示了雩祭活动对于推动戏曲发展的作用，也为后人了解元代汾州地区的雩祭习俗和戏曲活动提供了相关史料。

关键词：宋金元；应润庙；演剧活动

应润庙位于平遥县城东南20公里的超山。金大定二十八年（1188）《大金重建超山应润庙记》碑载：

《图经》云：超山在县东南四十里，高三百三十六丈，峻越余山。《城冢记》云：平陶东南有过山是也，唐天宝六年（747）改名超山也。山之谷越谷也，谷行十余里，中有佛舍百福寺也，寺东有古神祠应润庙也。[1](p217)

现存宋金元时期有关应润庙碑刻文献10篇，其中9篇收录于康熙四十六年（1707）王绶修、康乃心纂的《平遥县志》，即北宋宣和元年（1119）周炜撰《超山神祝文》、余彦和撰《敕赐应润庙记》，宣和二年（1120）张标撰《周太守超山祝文跋》；金大定二十八年（1188）郭明济撰《大金重建超山应润庙记》；元至元二十六年（1289）张翼撰《梁公祈雨灵应记》，至元二十九年（1292）杨天泽撰《梁公祈雨灵应记跋》、伶思贤撰《应润祠碑跋》，大德六年（1302）武亮撰《应润庙祈雨灵应记》，大德六年（1302）温仁甫撰《元遗山先生超山题名跋》等。这其中的部分碑文又被光绪八年（1882）恩端修，武达材、王舒萼纂的《平遥县志》和清胡聘之的《山右石刻丛编》收录。另一篇《尚书省牒汾州平遥县应润庙》收录于《山右石刻丛编》。这些碑刻文献资料真实地反映了应润庙作为重要的祈雨场所，在宋金元时期近200年间雩祭祀神活动的历史概貌。特别是《梁公祈雨灵应记》碑文所透露的元代祀神演剧信息，对于戏曲史研究尤为珍贵。笔者近期到现场考察，应润庙碑刻实物遗失损毁严重。现仅有北宋《尚书省牒汾州平遥县应润庙》碑存放于废弃的车库内，且已断为三截。元大德六年（1302）《应润庙祈雨灵应记》碑的残余部分被随意弃置于大门内侧的高坡上。幸好有文字实录，否则应润庙及其承载的历史文化信息将湮没无闻，永归沉寂。

一、应润庙兴废沿革

应润庙创建何时，已无从稽考。北宋宣和元年（1119）《敕赐应润庙记》碑载：

> 山之岩有泉出焉，源虽微挹，尝其味，清凉而滑甘。耆老相传，岁遇旱，祷于兹，未尝不应。彦和试吏兹邑，连二岁春夏旱，率三祷皆应如。响泉之旁，虽旧有祠而圮坏不修，榛莽不除，因喻所居之民完而葺之。[1](p216)

这是现今见到的关于该庙的最早记载，在北宋或更早，这里已是祈雨之所，且已建有祠庙。北宋时，平遥县令余彦和因祈雨“三祷皆应”而重修庙宇，并报请于朝，徽宗皇帝乃赐以“应润”名庙，取《易》之系辞“雨以润之”之义。[1](p217)《梁公祈雨灵应记》碑曰：“宋宣和初，天子以‘应润’赐额，由是名益著闻。”[1](p219)从此，原无名神祠有了御赐名号，载在祀典，声名大振。清代史志称主神为“应润侯”，称该庙为“应润侯庙”或“应润侯祠”。

金代应润庙有一次大规模修葺。大定二十八年（1188）《大金重建超山应润庙》记载县丞寇居庆祈雨灵应，践行诺言，以清俸充修庙之费，“其营建制度，烂然可观”，“前后正殿，东西两庑，龟亭、拜厅、挟堂、楼门，绘塑一新”[1](p218)。建筑格局为两院，庙制规范，规模较大。

元中统壬戌年（1262），邑令梁天翔于超山祈雨灵应，为报神功，“庙悉易而新之”。后于至元乙酉（1285）之秋，梁公外任秩满以归，又捐余俸对庙宇进行增修扩建，“先建东西两廊，后葺閟宫，前立献殿”，并“复以丹青润色于神像”[1](p220)。由此推测，前代庙宇损毁严重，两院已变为一院，金代曾有的主要建筑仅留閟宫正殿。本次进行了整修扩建，又重建了东西两廊和献殿，并加以丹青润色，应润庙恢复了往日的宏伟壮丽。从现存碑文看，应润庙建设与雩祭活动应在这一阶段进入鼎盛期。

明清两代，有关应润庙的史料遗存较少，应润庙历经的变迁也被尘封。

康熙四十六年（1707）《平遥县志》中简略记之：

应润侯庙，在超山。宋宣和元年敕封，有碑。神及灵威，祷雨立应。又一庙在南门外，一庙在西坡村，一庙在东泉村。[1](p118)

雍正十二年（1734）《山西通志》也记载了同样的信息。光绪八年（1882）《平遥县志》卷之五《典礼志》沿用康熙四十六年（1707）载录，并另记：“应润侯祠乾隆三十五年（1770）邑宰德公重修。同治九年（1870）敕加灵佑封号。”[2](p10) 但这两个朝代均无碑刻记录应润庙的具体情况。光绪辛丑年（1901）胡聘之编撰《山右石刻丛编》收录相关碑文，可见此时应润庙尚存。

应润庙宇现已塌毁无存，仅留有一段残垣断壁。有人在原址上用砖石垒砌了一眼简陋的窑洞，既无神像也无名称，只留有极其简单的拜祭痕迹。

由此可以看出，应润庙是宋金元时期平遥重要的雩祭场所，它的兴废与其雩祭活动的兴衰有直接的关联。期间三次大的修葺，都与雩祭有关。一是因祷雨灵应，为报神功而整修庙宇。如金大定二十八年（1188），县丞寇居庆祷雨祝词言：“如获甘雨，愿输俸钱修完祠宇。”[1](p218) 二是若旱情严重，地方官吏整修庙宇以自咎。如《梁公祈雨灵应记》碑所言：“且念比年以来，水旱之变意，其咎或在是。因其故，庙悉易而新之。”[1](p219) 旱灾是频发的自然灾害之一，在对灾害根源缺少科学认知和防范治理措施的古代社会，希望依靠神灵和方术、巫术的途径加以控制和解决。因此，要求官吏每遇灾害辄行祷祭，每有灵应辄以报答。这是官吏的重要职责，也是对他们政绩考核的内容。如果祈雨灵应，是不敢贪为己功，如果灵贶不答，则引为自咎。正是因为古人对大旱雩祭赋予了政治的意义和人治的因素，引起帝王和各级地方官员的高度重视，才使得官府的祈雨迎神和谢雨酬神比一般的民间祭祀更为隆重热烈，也使得官吏对庙宇的整修重建更为重视和慷慨大方。

二、应润庙雩祭习俗

雩祭，是上古先民祈雨的仪式。在土地瘠薄，以耕织为主的平遥，旱情的频发是直接影响民生的大事，因而祈雨也就成为重要的民俗活动。而超山应润庙作为平遥雩祭活动的重要场所，且能有较多的记载留存，这对于后人了解和研究民间雩祭习俗是难得的史料。应润庙碑文中先后记载或述及的有 6 次之多，一是北宋宣和元年（1119）《敕赐应润庙记》碑中提到的就有两次，即“岁遇旱，祷于兹，未尝不应”。及当年平遥县令余彦和因“连二岁春夏旱，率三祷皆应如”[1](p216)。二是金大定二十八年（1188）《大金重建超山应润庙记》先后提到“金大定十二年，县令兰嗣吉亦祈雨即应，创构喜雨亭于县署，以明应润之征也”。金大定二十八年（1188）“知丞权县寇公大夫以民为忧，步至超山应润庙，取水祈雨”灵应，“县人以纸干数千，送水至东河上，其焚纸灰皆东南飞去，实神飨之验耳”[1](p218)。寇公大夫即寇居庆，字伯祥，代郡崞县（今山西原平）人，自大定乙巳（1185）任平遥县主簿，代理县衙政务。三是元至元二十六年（1289）《梁公祈雨灵应记》碑追忆记载了当年祈雨灵应的盛况：

朝列公当中统壬戌之春初，仕为平遥令，夏暨秋旱甚，公历祷县界灵祠，卒无所获。有以应润为言者，乃率父老诣焉。币祝甫登，雷礮电明，香火未收，甘雨洪注，均浃县境。于是和气充盈，抃蹈布野，贺者辐辏。[1](p219)

梁公即梁天翔（1238—1293），字飞卿，世为汾州平遥县人。其父梁瑛，为国虎臣，功勋卓著。梁公出生于官宦世家，生而卓异，家素武弁，而其独以文阶起。时侍御史、行云南诸路御史台事梁朝列，因而碑文称“朝列公”，曾于元中统壬戌年（1262）任平遥县令。梁公祈雨灵应历时 30 年后仍为百姓念念不忘，终刊刻勒石。四是元大德六年（1302）《应润庙祈雨灵应记》记载元大德四年（1300）知县达鲁花赤完颜大帖木儿出任平遥县令祈雨灵验之事：

听事之际，以岁旱为闵，于是修雩祀，作土龙，遍谒县内神祠祷之，则辄无一应。遂询诸耆老，有以超山应润侯言者，公是日斋戒，躬诣灵山，谒神宇，严香火，极诚敬，暴身致祷，不旋踵而玄云四合，洪雨河注。越五日，公以牲醪用答神贶，辄又雨，均浃县境。[1](p221)

以上记载虽然概括多详述少，但也可大致梳理应润庙雩祭习俗的几个要素：一是有记载雩祭的时间，主要是在发生较大旱情时的祈祷，以示其重要和急迫。二是要由地方官吏亲自主持祈雨，以示规格之高。就有记载的 6 次祈雨灵应事，其主持祈雨者余彦和、兰嗣吉、寇居庆、梁天翔、完颜大帖木儿皆为邑令。在以农耕为主的古代农业社会，天旱而雩祭是地方官吏的重要职责，既是官吏以民为本的表现，也是考察政绩的重要内容，其意义远大于百姓的自发活动。三是要发动群吏、乡老参加，“乃率父老诣焉”来显示其隆重和热闹。四是要取水祈雨。超山之岩有泉出，庙内有井池，即应润庙祷雨取水之处。现泉涸井枯，遗址也被掩埋。五是要作土龙、献币设香、供品丰盛，并致以祝文。所谓“币祝甫登”，以示虔敬。六是作为主祭者，要求祭前斋戒，步行至祠，暴身跣足，以示诚意恭敬。就处于偏远的山谷深处的应润庙来说，能这样做，的确是要有足够的诚意才能做到。七是祈雨灵应后，要以牺牲酒醪谢雨，焚纸送水于河，甚至重修庙宇或修造纪念性建筑物，以答神贶。特别需要提及的第八点是雩必乐舞，以示对神的真诚祈求和隆重酬谢。

烦琐的祈雨仪式肇自北宋，有李邕祈雨法、画龙祈雨法等。《宋史·礼志五》中记载：

（宋真宗）咸平二年（999）旱，诏有司祠雷师、雨师。内出李邕祈雨法：以甲乙日择东方地作坛，取土造青龙，长吏斋三日，诣龙所，汲流水，设香案、茗果、糍饵，率群吏、乡老日再至祝酹，不得用音乐、巫觋。雨足，送龙水中。余四方皆如之，饰以方色。大凡日干及建坛取土之里数，器之大小及龙之修广，皆以五行成数焉。诏颁诸路。[3](p2500)

应润庙祈雨仪式与李邕祈雨法有不少共同之处，但也体现了明显的地方特色。最大的不同就是，应润庙雩祭并非“不得用音乐、巫觋”，而是有隆重的乐舞表演活动。在戏曲繁荣鼎盛的金元时期，雩祭乐舞有可能就为戏曲表演活动所取代。应润庙的雩祭活动和春祈秋报，一定融合着演剧的繁荣，共同呈现出香火的兴盛。

三、应润庙演剧活动

宋金时期应润庙有多次隆重的祈雨活动记载，伴随雩祭或相关祭祀的演剧活动应不会缺少。元至元二十六年（1289）《梁公祈雨灵应记》碑，回顾记述了梁公祈雨灵应一事，并明确记述了金末元初这一阶段乡人于应润庙祈福祀神的隆重热烈场面。碑载：

今也化金碧于惊泉怪石之墟，以为乡人祈福之所，每遇嘉辰令节，时和岁丰，有丝竹管弦之声。游赏于其下，则山川之胜，风物之美，登高作赋，吊古抒怀，宜其览者。自得之余，惟春秋书法，喜雨闵雨，皆曰有志于民者也。[1](p219)

碑中对表演活动没有更详细的描述，仅一句“丝竹管弦之声”就给后人传递了一个很新鲜重要的信息，那就是祀神表演。应润庙庙宇功能从宋代有祷辄应的雩祭灵祠，到元代已远远扩大为包括祈雨在内的乡人祈福之所。由此应润庙的祀神活动就特别频繁，不再限于祈雨，而是每遇“嘉辰令节”、“时和年丰”都会有祀神活动，因而“丝竹管弦之声”就成为一大频频出演的盛事，一定程度上促进了祀神演剧的不断发展。香火的兴旺，表演的热烈，又会吸引更多的人来参与。一是要大量地吸引乡民。如在梁公祈雨灵应之后，有一次隆重的谢雨活动，碑文用“贺者辐辏”来形容当时的盛况。且秋天又再次庆贺，“既而秋乃大登，遂相与报，祀于神”。二是不断地吸引官吏和文人骚客登临游赏，观戏听乐，如金代文学家元遗山、元代文人伶思贤、明末清初学者傅山等都曾到访超山应润庙。

碑文在记述雩祭报赛活动时并不一定直接描写酬神演剧之事，而是用其他近义词汇代替。诚如冯俊杰所言：“戏曲在古代碑刻里往往被‘乐舞’、‘百戏’、‘弦歌’、‘歌舞’、‘优乐’、‘伎乐’等词语涵盖，作者的表述远不如我们想象的那么直接，而且愈是早期之碑愈是如此。”[4](p13) 原因主要是囿于当时的戏曲观念。元代戏曲发展到一个高峰，但作为俗乐的戏曲进入庙宇取代正统的乐舞还是有一个缓慢的认知和接受的过程。尤其是深受儒学影响的官吏或文人士大夫，在撰写碑文时有时还颇为隐晦含蓄。所以，一句“丝竹管弦之声”，完全可以推想，在时代洪流的裹挟下，应润庙内上演着一出出乡民喜闻乐见的歌舞百戏或院本杂剧，可以想见当时盛极一时的演剧活动。置身在绝胜的超山风景中，敬神之乐、赏戏之乐、游怡之乐融为一体，从娱神到娱人，最终皆为民之乐。这是应润庙的兴盛，更是歌舞戏曲表演的兴盛。

实际上，金元时期民间雩祭仪式上的歌舞戏剧演出，在旱灾频繁的山西已是重要的民俗活动之一。如金大定十二年（1172），盂县藏山寺的《神泉里藏山神庙碑记》描述撰碑人“承德郎同知蔡州防御使事飞骑尉赐绯鱼袋”智楫在别人的推荐下去藏山庙雩祭，“予始未孚，勉行之。于是同县僚暨邦人，斋戒沐浴，备祀事，洁之以牲，奠之以酒，往迎之。笙镛杂沓，旌旗闪烁，徜徉百舞”[4](p37)。元至正二十五年（1365），祁县团柏镇汤王庙《祁县□□镇重修汤王庙记》也载“毕功之日，设乐设币，以妥以侑”[4](p127) 语。这些碑记都可以印证金元时雩祭歌舞百戏杂剧演出的必然性。所以说，应润庙在金元时期的演剧活动，无论碑记有或无，详或略，既有如此隆重频繁的祈雨灵应之事、雩祭之礼，其演剧活动一定兴盛。

说到演剧，必须要有适宜的场所。文献中没有看到应润庙正式的乐楼记载，现场考察和访问也没有人提到乐楼的修建。那么应润庙的演剧活动在哪里呢？这就要从乐楼的发展过程分析了。宋金时期，是祭祀与演剧场所逐渐分离的过渡阶段。在剧场没有完全与祭祀分离之前，献殿多兼有摆放供品、举行礼仪、敬献歌舞戏剧的功能。冯俊杰说："献殿也叫拜殿、享殿、香亭、献亭、享亭等，献、拜是就祭祀主体而言的，享是从受祭的神灵角度说的。献、享些什么？献、享祭品、礼节、音乐、歌舞和戏剧。神庙常以献殿为中心，形成小型剧场。"[5](p16) 应润庙在金大定二十八年（1188）和至元乙酉年（1285）两次新建了拜厅和献殿，作为敬神祀礼的专门场所。可以推测始终未修建乐楼的应润庙，拜厅和献殿有可能就是祀神时乐舞戏曲表演的固定场所。相似的实例还有现仍保存完好的太原晋祠圣母庙金代献殿[5](p16)、窦大夫祠元代献殿[6](p48)，在戏台建立之前，都曾是祭祀演出场所。

就目前发现整理出的关于宋金元时期乐楼和演剧活动的资料来看，主要集中在晋南和晋东南地区。汾州居于太原和平阳两大杂剧活动中心之间，发现的史料还不多，还需要进一步的资料发掘和田野调查，来弥补这一薄弱点。因此，宋金元时期应润庙雩祭活动的相关史料，特别是《梁公祈雨灵应记》一碑关于演剧活动的记述，对于了解元代汾州戏曲活动弥足珍贵，也为元代山西戏曲的繁荣提供了又一例证。

参考文献：

[1]（清）王绶，康乃心．平遥县志 [M]. 太原：山西经济出版社，2008.

[2]（清）恩端，武达材，王舒萼．平遥县志 [M]. 清光绪八年（1882）十二卷本．

[3]（元）脱脱．《宋史》[M]. 北京：中华书局，1974.

[4] 冯俊杰．山西戏曲碑刻辑考 [M]. 北京：中华书局，2002.

[5] 冯俊杰．山西神庙剧场考 [M]. 北京：中华书局，2006.

[6] 雷桂萍．山西太原窦大夫祠剧场考论 [J]. 中华戏曲，第 45 辑，2012.

作者简介：

雷桂萍（1967— ），女，山西平遥人，山西财贸职业技术学院副教授，硕士。

宋元时期长子崔府君信仰的嬗变

宋燕鹏　王　晨

摘要：长子崔府君是晋东南的地域神灵之一，自宋代起开始向外传播，在金元两代不断借用磁州崔府君之封号，并糅合二者的传说内容，从而成功将自己置于“崔府君”的大旗之下顺利发展。长子崔府君信仰对磁州崔府君信仰内容偷梁换柱的成功，代表了晋东南祠神信仰兴起的另一种独特类型。

关键词：长子；崔府君；嬗变

自唐宋始，一些地方(local)神灵逐渐兴起，并向外传播成为地域(district)神灵，表现出非常明显的信仰传播现象。有关宋元祠神信仰的研究多集中于江南与华南地区，对华北的关注明显要小，这与传世文献的多寡有较大的关系。事实上，通过分析华北尤其是山西现存数量众多的宋元碑刻，可以对原本被忽略的华北祠神信仰作出较为清晰的描述。其中，崔府君就是宋元华北地区兴起的著名民间祠神信仰之一。尽管现存的传说将崔府君信仰产生的时间上推到唐太宗时期，但文献记载上能见到他在民间的崇拜时间，却已经是北宋了。由清官而成为神灵，崔府君信仰代表了华北祠神信仰的一种类型。学者多关注于文学化的、政治化的崔府君，对作为民间祠神信仰的崔府君着墨不多。尤其是对崔府君信仰主要来源之一的长子崔府君，并无特别关注。故笔者略作梳理长子县崔府君信仰变化的轨迹，以求教于方家。

一、北宋长子崔府君信仰的出现

崔府君最先兴起是在北宋，该信仰最早出现在史料记载中是在北宋前期。《宋会要辑稿》礼二一之二五《护国显应公庙》：

庙在东京城北，即崔府君祠也。相传唐滏阳令殁为神，主幽冥事，庙在磁州。太宗淳化初，民有于此置庙。至道二年晋国公主石氏祈祷有应，以其事闻，诏遣内侍修庙、赐名并送衣物供具。真宗景德元年重修，春秋二祀。

磁州庙，咸平元年重修，五年赐额曰“崔府君庙”。朝廷常遣官主庙事。仁宗景祐二年七月封护国显应公，仍令开封府、磁州遣官祭告，具上公礼服。

一在西京庆州。神宗熙宁八年十二月诏府君庙特加封号。

结合这三条材料，有一些认识可以梳理：第一，北宋官方祭祀的崔府君庙有三，一在磁州，是本庙；二在东京城北，是行祠，淳化（990—992）初建；三在庆州，熙宁才加封号。朝廷祀典所祀与长子县无关。第二，据传说崔府君为唐朝滏阳县令，死后为神，主幽冥事。大致可以推测其庙建立时间在唐代无误。第三，崔府君庙进入朝廷视野，是至道二年（996）晋国公主石氏祈祷有应，以事上闻，宋太宗方“遣内侍修庙、赐名并送衣物供具”，并且在宋真宗景德元年（1004）重修，进入祀典，春秋二祀。第四，磁州的崔府君庙咸平元年（998）重修，但这次重修的主力是朝廷，还是地方官，抑或是地方民众，已不可知。但磁州崔府君庙在咸平五年（1002）时顺利得到赐额却是事实。“朝廷常遣官主庙事”，祭祀规格很高。在仁宗景祐二年（1035）封护国显应公，这次封爵是面向东京开封府和磁州两座崔府君庙的，二者共享了这一殊荣。庆州（治所在今甘肃庆阳市）的崔府君庙直到宋神宗熙宁八年（1075）才得到封号。

在磁州崔府君信仰兴盛的同时，太行山西邻的长子县则另有一个崔府君信仰相对默默无闻。大观二年（1108）十一月，管蒙撰写崔公祠堂记，为我们了解晋东南的崔府君提供了线索：

古之县令，皆选贤能，欲有所用，必先试以临人。故铜章墨绶，出宰百里，悉能尽瘁，职是而由，汉以来号为循吏者不可胜数。长子县旧有唐县令崔君祠堂。君讳元靖，尝宰是邑，以异政称，而唐史不载。县之东北数里有碑，盖纪其事。又岁久磨灭，特故老相传云：山有虎害人，君祈诸神，不以强弓毒矢，而以一介之士追虎，至而杀之。既去，邑人遂为立祠刻石。呜呼！君之德过人远矣。虽没数百岁而遗风余烈，可想而畏也。昔紫芝为鲁山令，有盗系狱，会虎为暴，盗请格虎自赎。吏谓诡计。紫芝许之。明日盗尸虎还，举县嗟叹。唐史且美其事而书之。君有异政如此，独不得留名青史间，何不幸欤？管城宋君卓荦有古人风。崇宁五年来此布政。下车之始，闻其事而骇之，曰：“君能生为人除害，死必能福人。”明年命易其祠而新之。将使邑人岁时水旱疾疫而祈祷焉。孰谓君无灵？[1]（卷十七《崔公祠堂纪略》）

由碑文可知，长子县原来就有唐县令崔君祠堂。崔府君讳元靖，曾经当过长子县令，有异政，而唐史不载。县之东北数里有碑，盖记其事。关于异政，故老相传“山有虎害人，君祈诸神，不以强弓毒矢，而以一介之士追虎，至而杀之”。这就是日后崔府君除去虎害的故事母本。“既去，邑人遂为立祠刻石。”也就是给崔府君建立“生祠”。给离任官员建立“生祠”的情况，自从汉代就已经出现，并且在隋唐时期大行其道。[2](p227-239)“紫芝”为唐代元德秀的字，他曾任鲁山令，“有盗系狱，会虎为暴，盗请格虎自赎，许之。吏曰：‘彼诡计，且亡去，无乃为累乎？’德秀曰：‘许之矣，不可负约。即有累，吾当坐，不及余人。’明日盗尸虎还，举县嗟叹”[3](p5564)，碑文即指此事。元德秀去虎之事被唐史本传载入，而与此类似的崔府君去虎暴却史无片字，对此管蒙大为不平。而县令宋某在上任之后修缮崔府君祠，所依据的理由即为“生为人除害，死必能福人”。

从两汉开始就不断有为清官立祠的记载，甚至立生祠。[4]对清官的信仰，是对英雄人物信仰的一种衍化形式。不过与英雄人物的信仰相比，更具有现实意义，更能反映民众社会生活的状况与要求，体现了其潜在的社会心理。[5]这也是民众观念中清官对当地人关爱的延伸，由生时延续到死后。磁州与长子县之崔府君庙，皆为民众出于上述心理而立祠。由此我们知道，南部太行山东麓的磁县崔府君信仰如火如荼，而在太行山西部山区里的长子县，另一崔府君信仰悄然存在，并且在金元时期借助磁州崔府君的声势，逐渐兴盛起来。

二、元代长子崔府君信仰与磁州崔府君信仰的合流

宋金时期长子崔府君信仰在晋东南开始不断传播，范围大致在今天的长治、长子、陵川、晋城等地。长子崔府君信仰与磁州崔府君在元代已经逐渐合流，方式有二：其一，是借用磁州崔府君的历代封号。潞州东郭有东岳庙，该庙的始建时间已不可考。此东岳庙居东之殿祭祀崔府君，在至元十四年（1277）居民加以重修，并立碑纪事。[6](卷二十六《重修亚岳庙记》)碑文说：“吾州遗风崇尚乡社，社有神祠，遇水旱、螟孽、疠疫之灾，致祷焉。”在作者看来，潞州乡里的习惯是崇尚“乡社”，这种民间自发结社的传统，在成汤信仰在潞州传播的过程中亦能看到。“潞之东郭岳庙，久制严邃，极为宏敞，中央起大殿四，居东者以祀亚岳。”由此可知潞州东郭之东岳庙，虽然主神是东岳，但是在

中央四个大殿中，居东为崔府君之神位。此时潞州之崔府君亦称“亚岳”，是继承了金代朝廷对磁州崔府君之封号。可见潞州之崔府君有意无意地模糊与磁州崔府君之区别，以此来提高自身的影响，自然这个“借用”的过程从金代就开始了。故而崔府君虽仅是东岳之陪祭，但位置相对比较重要。

元代延祐七年（1320），长治县城关修建崔府君庙外门。“王之祠在所有之，为之显应王，为之亚岳。迨及元朝，钦崇典礼，怀柔百神，旷绝之祀无所不究，优封灵惠齐圣广祐王，载在祀典。”[7](p103) 这篇碑文开篇就亮出了崔府君祠属于“祀典”的身份。其实无论“显应王”还是“亚岳”，都是确指磁州崔府君庙，与潞州之崔府君庙本来毫无瓜葛。但是前面提到，面对太行山东麓如火如荼的磁州崔府君信仰，太行山西的崔府君庙有意无意地在混淆其与磁州崔府君庙之区别，这种混淆的目的就是避免潞州崔府君庙被打入“淫祀”的范围，而遭到拆毁。将磁州崔府君之封号直接拿来，属于“短平快”的隐藏自己非“祀典”的最好外衣。“王，祁州人，崔姓，子玉字也。唐初为滏阳令，又为长子令，太宗以梦见徵，拜蒲州刺史。先，长子为府君时，有异政之称。适遇虎害，言一孝子被所食，以牒摄虎至，使伏其罪。民以为神，而祠事之。世之所传盖以此也。”碑刻云崔府君为祁州人者，元代仅此一处。在北宋时认为崔府君“唐贞观中为滏阳令，再迁蒲州刺史，失其名。在滏阳有爱惠名，立祠后，因葬其地”[8](p2745)。而元代潞州把长子令的履历添加到了磁州崔府君之履历中。“唐初为滏阳令，又为长子令，太宗以梦见徵，拜蒲州刺史。”这种添加履历的做法，就长子崔府君借用磁州崔府君封号打好了基础。碑文接着说：“庙之在潞郡者，峙于东门之内，由古及今，封加享祭，恩礼不衰。”而这纯属假冒，所有崔府君的封号皆为赐予磁州之崔府君，与长子毫无瓜葛。但元代上党进士李天禄在这么表达时已不再羞羞答答，相当理直气壮。想来长子崔府君对磁州崔府君的偷梁换柱进行许久。

其二，长子崔府君不断糅合磁州崔府君之传说。长子县崔府君庙至正十五年（1355）加以重修。

潞之属县长子，有神庙峙于东门之内，曰齐圣广佑王。王讳珏，姓崔氏，一名元静，子玉，或其字也。唐世为平定人，太宗时为斯邑令，有惠爱之风。时县境有虎患，及一孝子为所食，乃以牒摄虎至而使服其罪，□县以为神而庙事之。县治之左，崔府君祠□□□□今所在有之，盖自古及今历代封加，享祭不衰。……王□名于隋唐之间，又尝为滏阳令，有神政。贞观中，应太宗梦召，拜蒲州刺史，卒官，遗命葬滏阳。滏阳隶磁，为郭县。磁人思其德大，立祠宇，事之如生。[9](卷七《崔府君庙碑》)

该庙是否即北宋末年之庙已经很难说。碑文将崔珏、崔元静、崔子玉三个崔府君不同的名称糅合到一起，并认为他是平定人。平定即今山西阳泉市平定县，这与平定州对崔府君籍贯的认识相同，且沿用了牒虎的传说。尽管山西崔府君起源于长子县，但是唐代县令只能异地任职，故而长子县只能将崔府君籍贯认定在潞州之外。碑文又加入了崔府君担任滏阳令与蒲州刺史的履历，可知此时的长子县崔府君也已经糅合了磁州崔府君之履历。碑文接着引述了北宋封王、金代亚岳，以及元代加封的诏书。但这些都是元朝政府封赠给磁州崔府君者，元至元十五年（1278），时南宋大部分已经被元朝占领，南岳归入版图，相应地，祭祀活动也回到南岳举行，不再由崔府君权摄。此年正月“封磁州神崔府君为齐圣广佑王”[10](p198)。诏书非常明确地认定了磁州崔府君。因此，可以说上述长子崔府君糅合履历的目的，即堂而皇之地使用历代对磁州崔府君的赐封，以此来进入祀典，从而受到国家保护，分享荣誉以及由此带来的兴旺香火。

居人不忘旧德，每岁六月六日大祈赛焉，报神惠□□东门之庙，岁月日远，不无圮壤，有耆众割□□□□□□同心协力，鸠工度物，葺旧增新，正殿三门已□□□□矣。又以剩资规其隙地，创建一李能祠四楹。绘既完矣，像既设矣。

每年的六月六日大祈赛，这与北宋时所传磁州崔府君之生日相同。在修缮完毕后，又创修一座“李能祠”。因为“其李能氏，故老相传，乃王为令时吏卒也，尝承牒。追西山虎者。使常人闻虎杀人则辟易奔窜之不暇，又安敢近耶？此当时以勇果称，故后世想其风采，敬畏而祠事之。名虽下职，追迹行事，其亦神明之徒欤！”元代还有更为详细的叙述：“府君在唐尹长子县，有异政，民甚德之。其地万山环列，险而多虎。尝有采樵者道触虎死，其母泣诉于府君。君遣使投檄城隍祠，顷之，正昼雾塞，阴厓风生，虎自林薄出，震慄为俯伏状，遂缚以归。君立命磔之，自是，虎屏迹无遗类。”[11](卷五《潞州崔府君庙灵应记》)至此崔府君牒虎的传说又发生了重大的变化：由最初北宋末年长子传说中崔府君亲自捕虎，到金末元初东平所传说之崔府君牒虎，再到元朝后期长子县传说中李能承牒追虎。由此我们大致明白山西长子崔府君传说变化的基本线索，并且在向外传播的过程中，传说匮乏的磁州崔府君信仰也有意无意地借用长子崔府君传说的内容。有意思的是，碑文说：“其显应事实五十条，亦既报行于磁观矣。”“显应事实”即山西长子崔府君之灵迹，“磁观”即磁州之崔府君庙——显应观。可知元代长子县崔府君庙与磁州本庙之间已经有联系，且磁州之显应观需要长子之崔府君庙提供灵迹故事。因为在传说记载上长子之崔府君要比磁州之崔府君更多。在经历了金元近 200 年的偷梁换柱之后，太行山西麓之潞州崔府君与太行山东麓之磁州崔府君之形象，逐渐完成了二合一的过程。

三、小　结

宋金两代是晋东南地域神灵纷纷兴起的时代，地方力量的推动，加上国家权力的认可，是信仰长盛不衰的动力。不同的神灵有着不同的信仰强度和信仰圈，信仰强度较小的神灵需要巫觋的帮助以达到增加信众，而信仰强度较大的神灵则有着地方官员的支持，从而获得较广的信仰辐射。长子崔府君信仰是晋东南地区著名的神灵之一，其发展明显受到了太行山东麓磁州崔府君的影响。这个影响的过程集中在金代。与其他神灵的兴起方式不同，通过借用磁州崔府君的封号和糅合二者的传说，混淆两个崔府君的本来面目，就成为长子崔府君信仰摆脱地方小神的有效途径，从而成功融入元代“崔府君”的大旗之下。长子崔府君信仰的异军突起，代表了晋东南祠神信仰兴起的另一种独特类型。

参考文献:

[1]（清）刘樾修，樊兑纂．长子县志（1816 年）[M]. 国家图书馆藏．

[2] 雷闻．郊庙之外：隋唐时期的国家祭祀与宗教 [M]. 北京：生活・读书・新知三联书店，2008.

[3]（宋）欧阳修．新唐书 [M]. 北京：中华书局，1975.

[4] 宋燕鹏．试论汉魏六朝民众建立祠庙的心理动机 [J]. 社会科学战线，2011,（3）.

[5] 孙开萍．六朝时期的民间信仰 [J]. 扬州大学学报（人文社会科学版），1997,（4）.

[6]（清）胡聘之．山右石刻丛编 [M]. 石刻史料新编（第 1 辑第 20 册）. 台北：新文丰出版公司，1982.

[7] 冯俊杰．山西戏曲碑刻辑录 [M]. 北京：中华书局，2002.

[8]（宋）李焘．续资治通鉴长编 [M]. 北京：中华书局，2004.

[9]（清）豫谦修，杨笃纂．长子县志（1882 年）[M]. 国家图书馆藏．

[10]（元）脱脱．元史 [M]. 北京：中华书局，1976.

[11]（元）李继本．一山集 [M]. 北京图书馆古籍珍本丛刊．北京：书目文献出版社，2002.

作者简介:

宋燕鹏（1978—　），男，河北永年人，河北科技大学文法学院副教授，首都师范大学历史学院博士后。

王　晨（1981—　），女，河北徐水人，河北科技大学科研处讲师。

明代大同镇外五堡地名考辨

李海林

摘要： 明嘉靖年间，为了加强北边防御，大同镇修筑了大量军堡。外五堡位于大同镇最北端，是防御蒙古骑兵的前沿阵地，担当着守护大同镇的重要职责。关于外五堡地名，学界多据《三云筹俎考》的记载得出错误结论。笔者综合分析《三云筹俎考》、《宣大山西三镇图说》两书对外五堡的记载，并整体考察各堡修筑时间和军事地理位置，认为外五堡就是镇羌堡、拒墙堡、拒门堡、助马堡、保安堡。

关键词： 大同镇；外五堡；地名；考辨

嘉靖初年，大青山以南地区蒙古俺达部兴起，驻牧于宣大边外，因所处之地贫瘠，“以故最喜为寇抄”[1](p21)。而此时，大同镇大边、二边“俱失守，弃为虏地”[2](卷五)，镇城“孤悬极边，与胡虏共处一地，无寸山尺水之隔”[3](p263)，完全暴露于外。为了加强防御力量，整个嘉靖朝，明廷在大同镇加强军堡修建。嘉靖时期所修 49 个军堡，集中在三个时间段：嘉靖十八年（1539）、二十年（1541）至二十二年（1543）、三十七年（1548）之后。三个时间段内所修军堡可分为三个层次。嘉靖十八年（1539）在镇城北所修之弘赐内五堡①，是修建最早的五堡，内五堡的修建使明初该地区孱弱的防御体系得到了初步恢复。五堡修成后，大同镇城不再孤悬于外。第二阶段所修之堡亦围绕内五堡而建，靖虏五堡②，布列于内五堡之东、西；灭胡九堡③位于靖虏五堡之西，“一”字排开一直到威远路。内五堡、靖虏五堡、灭胡九

注释：

①内五堡指镇边堡、镇川堡、弘赐堡、镇河堡、镇虏堡。

②靖虏五堡指靖虏、破虏、灭虏、威虏、宁虏五堡。

③灭胡九堡指灭胡堡、败胡堡、阻胡堡、破胡堡、杀胡堡、残胡堡、威胡堡、拒胡堡、迎恩堡。

堡以及嘉靖二十五年（1546）修建的镇口、镇门、新平、平远、保平堡，成一条直线，由宣府西阳和一直延伸至偏关一带。这20多个军堡的修建，使明朝早期修建的卫所得到了有力保障，使大同镇的防御体系更加严密。尤其是设于嘉靖二十四年（1545）的镇羌堡、拒墙堡、拒门堡、助马堡、保安堡五堡，以及建于嘉靖二十七年（1548）的得胜堡，这六堡均位于弘赐内五堡之北，处于大同镇最北端，与蒙古部族直面相对，极易受到蒙古部族的侵扰，成为首当虏冲的战略要地，战略地位相当重要。嘉靖三十七年（1558），右卫保卫战之后，为了加强防御力量，明廷又增设大量军堡。这些军堡除东路的永嘉堡、瓦窑口堡和镇宁堡设于镇城之边防线上，其他均设于腹里。对于嘉靖时期所修筑的一些军堡，后人根据建置时间、目的及军事地理位置冠以"内五堡"、"外五堡"、"灭胡九堡"等称呼，一直流传至今。对于"内五堡"、"灭胡九堡"所指军堡，史书记载确切，故比较确定。对于"外五堡"，史书记载模糊简略，学者多据《三云筹俎考》关于外五堡的记载得出结论。如《明代大同军旅文化》一书提到"外五堡即镇羌、破虏、灭虏、威虏、宁虏五堡。……塞外五堡即拒墙堡、拒门堡、助马堡、保安堡、得胜堡"[4](p25)。《大同市新荣区文史资料》亦载："外五堡为镇羌、破虏、灭虏、威虏、宁虏，此五堡建于嘉靖二十二年，万历元年砖包。……塞外五堡为得胜、拒墙、拒门、助马、保安，明嘉靖二十四年添设。"[5](p12) 这种说法广被今人接受。但是，笔者查考文献发现，《三云筹俎考》关于外五堡的描述不准确，即外五堡指镇羌、破虏、灭虏、威虏、宁虏是错误的。

《三云筹俎考》（以下简称王书），共4卷，以记述大同镇边防及边外蒙古情况著称。该书作者王士琦（1551—1618），浙江临海人，万历十一年（1583）进士。万历四十四年（1616）七月由山西左布政使升为右副都御使巡抚大同，万历四十五年（1617）四月调离。王士琦担任大同巡抚后，"稽往采众述，其大概沿革创置、险要冲缓备著"[6](p56)。他根据自己掌握的基本情况，参考当时已成书的《宣大山西三镇图说》、《北虏世系》等资料撰成《三云筹俎考》一书。"三云"即大同的云东、云中、云西，该书内容分为安攘、封贡、险隘、军实四个部分。尤其是《险隘考》记载了大同镇各卫所和军堡的修筑情况、形势、形制及边外蒙古部族概况，具有重要的参考价值。

王书关于外五堡的记载有两处：其一，"先筑弘赐等内五堡于东，嗣筑镇羌等外五堡于西，既并靖虏、灭胡诸堡以壮声援，又于塞外筑拒墙五堡以厚蔽肩背，于瓦窑水峪口北筑新平三堡以益密藩篱，险以渐增，地因时辟而全镇之保障庶几完矣”[6](p56)。其二，“（助马堡）东接拒门等堡，西连保安，所谓外五堡也”[6](p71)。这两条记载提供的信息是：外五堡与内五堡地理位置相对，分别位于大同镇城西面、东面；外五堡包括助马堡、拒门堡、保安堡。

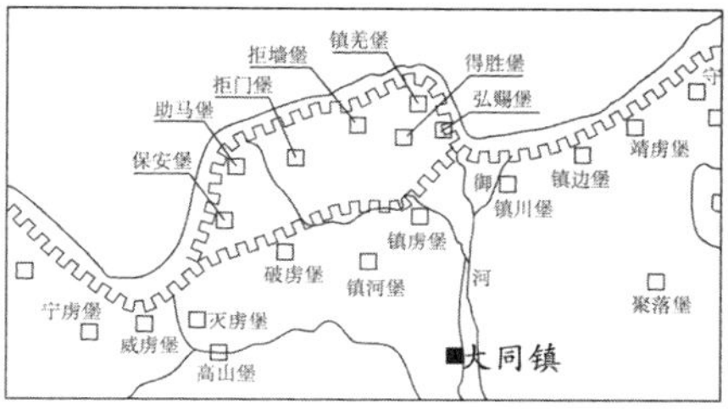

▲ 图 1　大同镇边堡图

王书关于外五堡的记载“先筑弘赐等内五堡于东，嗣筑镇羌等外五堡于西”是错误的。理由如下：首先，关于内五堡史书记载确切，不存在疑义。内五堡指镇边、镇川、弘赐、镇虏、镇河五堡，总督毛伯温于嘉靖十八年（1539）主持修建。由图 1 可知，内五堡位于大同镇之北，镇羌堡亦位于弘赐内五堡之北，从何而来东西之说？其次，假设外五堡在大同镇之西为对，那么该书提到的属于外五堡的助马、拒门、保安三堡也应该在西才是正确的。从图 1 可知这三堡位于大同镇之北。可见，外五堡在大同镇之西是错误的。

笔者翻阅王书，发现还有其他错误。如卷四《军实考》载：“嘉靖二十一年，总督翟鹏、巡抚赵锦添设靖虏堡……嘉靖二十二年，巡抚詹荣添设杀胡、破胡、残胡三堡，是年，复添设镇羌、破虏、威虏……拒墙、拒门、保安一十五堡。嘉靖二十三年，总督翁万达、巡抚詹荣添设新平、平远等六堡。”[6](p107)卷四所载这些军堡的修筑时间与该书卷三《险隘考》中的记录大不一致。卷三载靖虏堡筑于嘉靖二十二年（1543）；灭胡、破胡、残胡三堡的修筑时间是嘉靖二十三年（1544）；镇羌、拒墙、拒门、保安筑于嘉靖二十四年（1545）。[6](p61–76)郭红亦在《两幅大同镇图比较》一文中指出，王书卷三《险隘考》绘图粗制，比例失调，错误亦多。[7](p242–243)同时，王书卷三《险隘考》多数内容都参考杨时宁《宣大山西三镇图说》，甚至部分内容完全相同。王士琦在大同任职的 8 个月内完成《三云筹俎考》一书，成书仓促，大概没有认真校对，导致出现多处错谬、矛盾。但由于王书是一部专门记述明代大同镇边防形势的论著，具有重要的史料价值，以致姚斌、金明等学者竟以其作为研究明代大同镇边防的唯一依据。他们甚至依据王书所载“嗣筑镇羌等外五堡于西”、“塞外筑拒墙五堡以厚蔽肩背”，就轻易得出结论：外五堡是“镇羌堡、破虏堡、灭虏堡、威虏堡、宁虏堡”；塞外五堡是“得胜堡、拒墙堡、拒门堡、助马堡、保安堡”。

破虏、灭虏、威虏、宁虏四堡与靖虏堡俱由总兵周尚文修建于嘉靖二十二年(1543)。据图1，靖虏堡位于内五堡之东，其他四堡位于内五堡之西，这五堡在弘赐五堡左右，实为五堡两翼。嘉靖《山西通志》亦载：“(嘉靖)二十二年，总兵周尚文复增筑靖虏五堡以翼弘赐。”[8](p13) 镇羌堡处于大同镇北部外围防御前沿，位于破虏、灭虏、威虏、宁虏四堡之东北，距离较远，不在同一方位。因而从军事地理方位上考虑，镇羌、破虏、灭虏、威虏、宁虏五堡被称为“外五堡”亦不妥。王书所言“于塞外筑拒墙五堡以厚蔽肩背”，只是提到了“拒墙五堡”，并没有出现“塞外五堡”这一名称，当然更不会出现“塞外五堡”具体所指。所谓“得胜、拒墙、拒门、助马、保安”为塞外五堡的说法，大概是后来研究者妄意揣加的。

“外五堡”这一名称的出现，依笔者所见，以《宣大山西三镇图说》(以下简称杨书)为最早。该书作者杨时宁(1537—1609)，河南祥符人，隆庆二年(1568)进士。万历二十九年(1601)，杨时宁升任都察院右副都御使，总督宣大山西；后来又升兵部尚书，加太子太保、太子太傅。杨书成于杨时宁任宣大总督期间，书末记有“万历癸卯仲冬吉旦”[9](p255)，“万历癸卯”即万历三十一年(1603)。全书共分3卷：卷一“宣府镇总图”、卷二“大同镇总图”、卷三“山西镇总图”。由于杨书是进奉给皇帝看的，所以宣、大、山西地区各官吏俱认真审核。尤其是卷二的大同镇总图，杨时宁与大同巡抚张悌同纂，且成书后由分守冀北道兵备佥事李芳、分巡冀北兵备佥事陈所学、阳和兵备副使刘汝康共同校正。杨书在修纂过程中相当审慎。故该书相较于其他涉及大同镇的边地图书记述更为准确、详细，具有很高的史料价值。

杨书明确提到外五堡的地方有三处：其一，“巡抚史公道实躬督厥事，遂置镇边等五堡，是为内五堡。二十三年，总兵周尚文复置镇羌(二十三年修建，二十四年修成)等五堡是为外五堡”[9](p166)。其二，“嘉靖年间，以边远镇城声援不便，且外五堡既设足为内五堡卫矣，而外五堡又谁卫之用？是复置将于此堡(助马堡)”[9](p204)。其三，“(助马堡)东接拒门等堡，西连保安所谓外五堡也”[9](p204)。无论杨书或是王书，对于外五堡的记载都不是很完整。较之王书，杨书内容稍详。通过杨书关于外五堡的记载可以获悉：外五堡是为了增强内五堡的防御力量，由总兵周尚文于嘉靖二十三年（1544）修建［嘉靖二十四年（1545）修成］。外五堡包括助马堡、拒门堡、保安堡。据此，唯有厘清总兵周尚文于嘉靖二十四年（1545）所修之堡，才能明确外五堡的确切所指。

总兵周尚文在大同镇任职期间，于嘉靖二十二年（1543）、二十三年（1544）、二十四年（1545）、二十五年（1546）共修筑军堡 25 座。本文只涉及周尚文于嘉靖二十四年（1545）在大同镇北长城外所修之堡。宣大总督翁万达在《修设二边墩堡召军填实保固地方乞处粮赏军器疏》中言："嘉靖二十三年八月中，……自大同左卫二边马头山起，东由黑山门、宣宁、水口至榆沟，补修过边墙一百五十余里，旧有墩台三十一座，添筑新墩八十二座，补修水口、宣宁、乱草营三座……。水口堡改名镇羌，实军一千名，宣宁县堡改名拒墙，乱草营改名拒门。……议于马头山下沙沟岸上添筑一堡，比因边报欠息，暂且停止。今岁（嘉靖二十四年）六月……将前议该筑沙沟挪移马头山下平明地上，筑成一堡，改名助马堡。"[10](p408) 据翁万达奏疏所载，总兵周尚文嘉靖二十三年（1544）所修之堡，实际上成于嘉靖二十四年（1545），有镇羌、助马、拒墙、拒门四堡。同时，保安堡"设自嘉靖二十四年"[9](p205)，亦是总兵周尚文任职大同镇期间所修，该堡设在极边，与破虏、灭虏二堡相为唇齿。据此可知，总兵周尚文于嘉靖二十四年（1545）所修之堡是镇羌、助马、拒墙、拒门、保安五堡。这五堡位于内五堡之北，处于长城之外，成为蒙古部族南下的前沿阵地。

嘉靖年间，位于大同镇北部的蒙古骑军经常突破镇城，南下怀仁、应县等地，四处掳掠。此时，加强大同镇城以北的防务成为当务之急。相对于嘉靖十八年（1539）在镇城北面修建的弘赐内五堡而言，只有在其更北面建立城堡，才能从根本上起到防护作用，也只有这样弘赐五堡才能称为"内"，新设军堡才会谓为"外"。严从简在《殊域周咨录》中亦言："嘉靖二十三年十月，弘赐诸堡既立，镇城赖以藩障，至是巡抚大同都御使詹荣、总兵周尚文复议于弘赐诸堡之北添设军堡，以相犄角。城废水口堡，改名镇羌。废宣宁县，改名拒墙。废乱草营堡，改名拒门。又于灭胡堡北增筑拒（助）马堡。"[11](卷二十一)《殊域周咨录》共 24 卷，明严从简撰。"严氏系嘉靖三十八年进士，授行人。"[12](p341) 该书是他任行人（掌奉使、联系边外少数民族等事）时采辑资料而成，记事始于明初，迄于嘉靖末年。书中涉及鞑靼部分，详细记载了宣大边外情况。在弘赐五堡北面增设军堡，与靖虏五堡形成犄角之势，不仅能够增强镇城的防御能力，而且可以减轻内五堡的防御压力。故内五堡、外五堡应该是相对于防御蒙古部族的南北距离而言，而不是东西方位。根据以上分析可知，外五堡确指镇羌、助马、拒墙、拒门、保安五堡。

在大同镇北部边堡初建之时，并未有“内五堡、外五堡”之称。时人对其或盖以“五堡”之称，或冠以“弘赐五堡”、“拒墙五堡”、“镇羌五堡”等称。至万历中后期对大同镇城以北边堡的记载才出现了“内五堡”、“外五堡”。之所以出现“镇羌、破虏、灭虏、威虏、宁虏”是外五堡的错误说法，一是由于史籍记载简略，二是对王书盲目依凭所致。

参考文献

[1]（明）王士贞 . 北虏始末志 . 薄音湖，王雄 . 明代蒙古汉籍史料汇编 : 第 2 辑 [Z]. 呼和浩特 : 内蒙古大学出版社 ,2006.

[2]（明）魏焕 . 皇明九边考 [M]. 商务印书馆影印本 ,1937.

[3]（明）韩邦奇 . 大同纪事 . 薄音湖，王雄 . 明代蒙古汉籍史料汇编 : 第 1 辑 [Z]. 呼和浩特 : 内蒙古大学出版社 ,2006.

[4] 姚斌 . 明代大同军旅文化 [M]. 太原 : 山西人民出版社 ,2005.

[5] 金明 . 长城与边堡 . 大同市新荣区文史资料（第 6 辑）[Z].2007.

[6]（明）王士琦 . 三云筹俎考 . 续修四库全书（史部地理类 739 册）[Z]. 上海 : 上海古籍出版社 ,1995.

[7] 郭红 . 两幅大同镇图比较 [J]. 中国历史地理论丛 ,2001,（1）.

[8]（嘉靖）山西通志 [Z]. 太原 : 山西省图书馆缩微胶卷 .

[9]（明）杨时宁 . 宣大山西三镇图说 [M]. 续修四库全书（史部地理类第 739 册）. 上海 : 上海古籍出版社 ,1995.

[10]（明）翁万达 . 翁万达集 [M]. 上海 : 上海古籍出版社 ,1992.

[11]（明）严从简 . 殊域周咨录 [M]. 北京 : 北平故宫博物院图书馆 ,1930.

[12] 薄音湖，王雄 . 明代蒙古汉籍史料汇编 : 第 1 辑 [Z]. 呼和浩特 : 内蒙古大学出版社 ,2006.

作者简介：

李海林（1975— ），女，山西大同人，山西大同大学历史与旅游文化学院讲师，博士。

从私葺到官修

——明清山西解州常平关帝庙的演变及影响

侯 娟

摘要：关羽的家乡在山西解州常平村。关帝和盐池两个最具影响力的要素在这里结合，书写了这一地方的历史。明中叶之前，常平关帝庙仅是“皆乡民私葺，官不与知焉”的村庙。此后官方开始大规模改创，逐步将其纳入官方体系中。这一过程由地方官员、乡绅儒士主导，村社居民、卫所商人、乡村耆老、关氏族人、在城居民等不同力量也广泛参与。常平关帝庙由村庙变为官庙引发了村社结构、差役负担及与外部联系的种种变化，使得信仰超越了村庄本身。

关键词：明清；山西；常平关帝庙；官方化

山西是关羽的家乡。“关羽，字云长，本字长生，河东解人也。”[1](p939)解州关帝庙被认为是关帝庙的祖庭，也是全国规模最大的关帝庙。距离解州东 20 里的常平村相传为关圣故居所在，立有“关王故里”石坊。常平村也有一座关帝庙，它被称作家庙。本文意将关帝信仰放入地域社会的脉络和情境中观察，从关帝家庙的私葺到官修的过程，来阐释不同人群对关帝的塑造与利用及该庙官方化的后果与影响。

一、“乡民私葺”的庙宇

常平村隶属解州。在明代，解州隶属山西平阳府，下辖五县。清雍正二年（1724），升解州为直隶州。它不仅是地方行政的中心，也是信仰和贸易的中心。每年四月八日、九月九日为期一个月的关帝庙会异常热闹。解州还是解盐西场分司所在地。“今解梁之为郡也，西衽蒲津，东襟晋绛，南带陕虢，人之户口非不众矣，恃盐池之利，百商往来，万货贸易，人之财用非不富矣。”[2]（卷十三）

明代解州共四坊二十六里，常平村属宝池里，背负中条山，北向鹾池。它与扆家庄、董家庄、蚕房、曲村等村落在盐池南岸呈“一”字排开，又有贺家湾堰、短堰、龙王堰、常平堰、桑园堰等星罗棋布。“惟二郎峪、三郎峪水出自中条山阴，北流趋禁墙，非蚕坊、常平、西姚三堰以防之，盐池必灌。”[3]（卷一）常平村等处在护卫盐池的要冲。常平村还处于通往河南的一条盐运路线旁。根据清代苏昌臣《河东盐政汇纂》，从运城起运到解州途经蚕房、张村可抵达平陆县太阳渡，渡过黄河便可运往河南境内。常平村就位于盐运交通的网络中。对常平村来说，关帝和盐池这两个最具影响力的要素在这里结合，书写了这一地域的历史。

常平关帝庙的始建年代不可考，至迟在明代已有记载：“关云长故居在解州东十八里常平村，今建为庙。”[2]（卷七）

早在金代，常平村就矗立着一座与关羽有关的塔，名曰“关大王祖宅塔”。该塔为一座八角七层砖塔，至今依然屹立。有碑记曰：

义勇武安王，世祖解人。兴于汉灵帝中平元年甲子，辅蜀先主，佐汉立功。伏以大王勇略天资、英谋神授，尽忠义于先主，不避艰难；弃富贵于曹公，岂图爵禄？当时志气，曾分主上之忧；今日威灵，犹赐生民之福。今者本庄社人王兴，将一千五十四年前祖塔重加完葺，伏愿神灵降佑一境之中，万事清吉，风调雨顺，国泰民安，命开为记。略纪大王威德之万一，深负惶恐。大金大定十七年丁酉三月十五日本州律学张开谨言。

直下封村柳园社王兴立石

朱士安刊

金大定丁酉至清雍正九年辛亥四百九十四年张学仁续[4]（卷二十一）

这则《汉关大王祖宅塔记》初刻于金大定十七年（1177），现存碑刻为雍正九年（1731）所续。碑记中前半部分提到关羽的英雄战绩，后面则讲到本庄社人王兴将祖塔重加修葺。这里的下封村即是今天常平村。之后的明清碑记中大多承袭了本庄社人王兴重修这一说法。这里并没有提及庙，仅是一座塔，这可能就是其最初形制。

常平关帝庙在金代是否建起难以判断，但它在明成化年间已经存在。明嘉靖三十四年（1555）《解州常平里重修汉义勇武安王庙记》中记述了关羽避难出走、其父母投井、后人在井上立塔表之的故事和明代对常平关帝庙的前三次修建：

距州东二十里为常平下封村，王故里也。父老相传庙即王旧居，有塔屹立，袭称塔下为井。王初避难出亡时，其父母沉葬于内，后人因为起塔以表之。惜史传失记，郡志无征。塔上嵌片石，知在金大定十七年，本庄社人王兴重修。庑下列断碑，知入国朝，一修于成化丙申，再修于嘉靖癸未，继修于庚寅，皆乡民私葺，官不与知焉。[5](p109)

成化十二年（1476）、嘉靖二年（1523）、嘉靖九年（1530）的三次重修，“皆乡民私葺，官不与知焉”。这些乡民除常平村人外，也有一些外村人。在嘉靖八年（1529）的《重修关王祖庙塔茔施银碑》中，施银者还来自曲村、蚕房村。[5](p94) 曲村、蚕房村与常平村因关帝信仰而联结在一起。三村多次共同参与庙宇的修缮。这座庙的影响力不仅限于常平村本身。村社乡民崇拜关羽，是把他当作地方保护神，“伏愿神灵降佑一境之中，万事清吉，风调雨顺”，给村社带来平安和幸福。

参与修庙的乡民除了上述村人，还有一些来自北边卫所。正德年间的“关公故里”石坊四柱题记中，捐资者为来自北边卫所的人，他们的身份都是义官。

明间东柱题记：

大明正德十年春月二十四日午时立

万泉都司万泉右卫义官杜征，室人申氏、秦氏，男生员杜时义，女杜六姐妙善，婿生员刘应奎，父杜谅，母王氏、李氏妙云，堂弟杜□。

明间西柱题记：

大明正德十年春月二十四日午时立

万泉都司万泉右卫义官刘隆，室人梁氏妙能、张氏美全，男生员刘应麟、刘应奎、刘应麒、刘应鸾，父刘景春，母赵妙秀，堂兄刘璋，嫡女刘妙宝、刘妙金，婿本卫指挥检事李堂，同知杨震，舍人蒋琮婚，侄男刘晖，店主侯大本，男侯卿侯公。

东柱、西柱题记：

明正德十四年四月初二日立

万泉都司宣府左尉义官王义同弟王普施柱一根

店主：郭创[5]（p84–85）

这些来自北边卫所的人，很可能是通过输粟获得了义官的身份，又来河东换取盐引。至于店主侯大本、店主郭创则很可能是开设盐店的商人。位于常平村西南的曲村人因输粟曾获义官。嘉靖年间曲村人张爵在荒年输粟获得尚义牌及义官盐，其子孙还可以到解梁书院读书。嘉靖十五年（1536）《创建武帝真君庙记》曰：

竖□□□□□尝因荒年，□人□粟办家不足，又转于友□金□百余，而□一乡□□□□□□□全八九。因□一尚义牌及千万义官盐，厥孙良宰取解梁书院读书□□□□□之德厚矣，公之庆岂岁浅□，谨记。[5]（p101）

这或许能对义官稍加解释。运盐存在风险，而常平关帝庙又位于盐道一侧。这些义官来河东做盐生意，自然希望关帝保佑盐运安全、生意兴隆。

常平关帝庙最初仅为一座村庙。明清碑刻中大多承袭了“金大定九年里人王兴重修”这一说法，至少在强调修庙人的身份是“民”。直到明中叶前，它仍然是一座“乡民私葺”的庙宇，参与其中的多为村民和一些来自北边的卫所商人。但明中叶发生转变，大规模的官方化建设开始。嘉靖二年（1523），巡按监察御史王秀立“关王故里”石坊于塔前，从此也拉开了官修常平庙的序幕。

二、官方化的改创

“官不与知焉”的情形在嘉靖二年（1523）开始转变，御史王秀立“关王故里”石坊于塔前。嘉靖年间的重修基本是在官方的主导下进行的，与其说重修，不如说是改创。官方通过改庙南向、移置石坊、增加祭仪等，逐步将常平关帝庙纳入官方体系中。

先是巡盐御史尚维持发公帑倡修，改庙南向并兴建正殿。继而知州徐祚又续修寝宫，移置石坊。关帝庙的建筑格局中塔已不再是中心。这在嘉靖三十四年（1555）徐祚撰写的《解州常平里重修汉义勇武安王庙记》中有详述：

视篆后，往来经常平，祗谒王祠，乃知祠旧在塔前。嘉靖初，巡按侍御王公秀竖石为坊，榜曰“关王故里”。后来君子以为坐背考妣非宜，乃改庙南向，前面中条山，后倚鹾池，挹灵吞秀，于义尤当。乃巡盐侍御尚公维持，发公帑金以倡，侍御宋公仪望，继有所助。而前解守张侯习、判官王子大用各捐金以相其成。但故里之坊，犹未移置，居塔前。维正殿苟完,而寝宫未辟,殊为阙典。余因出赎罪金及谷米之类，为工食费，召匠增修，历三时而后底绩，乃移石坊于前衢。外为大门四楹，耳门各二楹，入门稍东即称古塔也。中建虚榭，以为乡民伏腊陈献之所。正殿六楹，缭以回廊，环列一十五柱。东西建庑各十楹，绘王神绩。后为寝宫四楹，缭以十二柱，金碧辉煌，谒者改观。尚、宋二公之绩，于是大成，而栖神妥灵，庶其无遗憾矣乎。[5](p109−110)

官方的介入可能与池南的私盐透漏相关。常平、蚕房、曲村等村都位于池南。正统十二年（1447），运司奏请将池北长乐巡检司移置池南。“山西解州盐池周围一百二十里。旧设长乐巡检司于池北，盐池、圣惠二巡检司于池门外。惟东南山路险阻，巡逻不及，人得从间道窃盐。至是都转运使司奏请罢池北司移置池南者，庶警备严密，从之。”[6](p185) 池南蚕房村设有盐池司巡检署。[7](卷八) 官方可能是利用关帝信仰加强了对池南诸村的管理。

嘉靖二年（1523）任巡盐御史的卢焕曾平息过池南西姚村的聚众盗盐。“卢焕，光山进士，嘉靖间巡盐严重有方略。西姚剧贼聚众盗盐为蠹，焕不动声色靖之。”[8](卷五) 同为池南的从善村还流传有好汉坟的故事，即是讲盗窃池盐。[9]（卷十三）从上述可知，常平村所处的池南一带私盐透漏严重。明中叶，官方正是在这样一种背景下介入常平关帝庙并对其进行了改创。清初碑刻中出现安察院司很可能也是出于禁私盐的考虑。常平关帝庙与盐运司的关系密切，运司官员巡视盐池之时也常来庙拜谒。官方的动机是要利用关羽崇拜加强对池南诸村的管理，借助关羽神威震慑当地的盗盐者。

礼仪的传统也因之改变。在祭祀礼仪上，常平关帝庙首先增加了清明节祭扫。嘉靖四十四年（1565），署事州同贾永康申请盐院胡钥议动香需办祭。《常平村重修关公故里祠墓碑记》载：

平阳府解州为礼仪事：

照得本州常平村系关王故里，祠墓俱存，后因地震损坏。四十三年，乡老卫有智等状，赴钦差巡按山西等处监察御史胡处告准批行。本州申允，即今建造完备。思得礼可以义起，事待于人为，庙貌既新，废祀当举。本州欲以王之香缗，供王之父母。遇每岁清明节，先期动库贮香钱银十两，领于本村乡老，备猪二□、羊二羫、油果六卓（桌）、时果八盘、馒头两卓（桌），香火灯烛俱全。分为二祭，至期州官亲诣行礼。一祀于武安王神位前，一祀于先人墓冢，亦如民间祭扫之仪，于礼似为得宜。再照：崇宁宫道士原系供王香火而设，祭田五顷，皆为佃种。既厚享王利，亦当少竭虔诚，合（何）无（如）每遇清明节，令道官率领阖宫道士，俱诣本庙，建设清醮三日，庶见崇报之意。立示定规，永为遵守。[5](p123)

每岁清明节用库储香钱领于常平村乡老办祭。是日由州官亲自致祭，一祀武安王神位前，一祀先人墓冢。来自解州关帝庙的道士也要参与其中。道官率崇宁宫阖宫道士诣庙，建设清醮三日。可见，祭祀已呈现出一种官方化的祭仪。

又因庙无恒产，官方于隆庆三年（1569）和崇祯二年（1629）分别为常平关帝庙和祖茔置买田产。《买地碑记》载，隆庆三年（1569），知州吕文南买地二十余亩，大部分来自村中于姓。“既过四月八日，王行祠之会且毕，而香税之获会计，当已于斯之时，遂给银十两有奇，买地二十余亩，贻司庙者长久之计。”[5](p128)

《祀田碑记》载，崇祯二年（1629），河东道张法孔为祖茔买田 24 亩，以其租银支付清明节和五月十三日祭祀祖茔、关庙的费用。“查得解民每岁以四月初八为关圣受封之期，六月廿二日为诞辰，五月十三日为忌日，展奠沿为成规，但清明日祭扫纷然，而此独匮祀。于是先期洁拭祖茔，动支租银，预备牲礼、香烛、果品致奠。又，各省直、地方，俱以五月十三日赛会，独本地此日寥落。今特以此报答，届期亦支租银，预办牲礼、祭品等项。二祭俱委廉能教官一员，以祀先师之礼祀之；则常平即阙里也。”[5](p201)

从崇祯二年（1629）的这则碑记可以看出，此前村落的祭祀传统与官方有着显著的不同。解州等地清明节祭祀关羽，而常平村独缺此日的祭祀。各省直、地方的关帝庙普遍有五月十三赛会，而是日常平村却甚为寥落。于是，在官方的影响下，又添加新的祭仪。清明节和五月十三之祭正是在官方的影响下加入了常平庙原有的祭祀传统中。

明中叶开始，官方对常平关帝庙进行大规模改创。官方通过改庙南向、移置石坊、增加祭仪、置买庙产等，逐步将常平关帝庙纳入官方体系中。庙宇的官方化也对地方社会产生了深远影响。

三、庙宇官方化的影响

在常平关帝庙信仰中，王朝通过祭祀礼仪深刻地影响着乡村。官方经营常平关帝庙时，包括庙宇的修缮、祭品的备办、演戏费用的筹措以及安察院司后差役的所出，所有这些都离不开乡村的实践。从明中叶开始，官方将力量深入常平关帝庙时，也引发了村社结构、差役负担及与外部联系的种种变化，使得信仰超越了村庄本身。

常平关帝庙官方化后，常平及其附近村民的差役发生了变化。《常平村偏苦免纳柴薪碑记》载，顺治十五年（1658），常平村儒学生员于昌呈请解州知州马云腾免纳柴薪之役曰：

今兹恳恩者，本村关帝庙察院司一座，凡安司之际，桌张出于曲村，席椽出于蚕房，厨器出于常平，此各村均平，于理允当。常平所偏苦者，察院阅池及清明帝茔拜扫并盐道三司，四季总巡，历上安司，不可盛记。无论农功忙闲，洒扫官厅，担水烧火，屏风食盒，夫役备用，不敢诿离。[5](p214)

三村因差役联系在一起。关帝庙察院司很可能是一座神殿。于昌呈请的结果是，常平因为有此“偏苦”而得“一概柴薪俱免”。

另外，常平、曲村、蚕房、董家庄、宬家庄五村又紧临盐池，还需承担修筑桑园堰、贺家湾、龙王堰、常平堰、短堰五堰的差役。《万老爷遗爱碑记》载，康熙二十二年（1683），生员于昌及五村乡民呈请知州万象免掉修筑差役，其理由如下：

又有关帝庙察院司一座，古例修理，凡物料使费，动库贮官银者有之，动帝庙香缗者亦有之。其夫役虽拨附近居民，或有他□复不重□也。至于康熙年间，屡遭霪雨连绵，各堰工、城垣以及官司衙署，无不冲决倒塌。五村寥寥穷民，既修五堰，官司已不胜劳，□骨饿体□而累妻子矣。至分修别工，仍与合州各村无异。此苦中之苦，民命难堪。[5](p235)

由于常平等五村巧妙地利用了修理常平关帝家庙、官厅和修筑渠堰的冲突，因而终使知州万象免掉了这五村修造渠堰的夫役。[10]（p102）

随着常平关帝庙的官方化，一部分关姓人形成了宗族势力。

常平村本无关姓，庙宇的官方化却引来一批村外的“关姓族人”。康熙二十八年（1689）《募修常平关夫子庙记》碑文题名中出现了后裔生员关守正[5](p242)，雍正八年（1730）的《重修常平关公庙碑记》又出现了来自芮城大阳村、临猗源头村、平陆关家窝等处的关姓族人。[5](p280)

雍正三年（1725），朝廷追封关帝三代曾祖为光昭公、祖为裕昌公、父为成忠公，雍正四年（1726）又在关羽的家乡解州设立关圣裔五经博士，这在总督管理山西巡抚事务伊都立奏礼部的《特设解州关圣裔博士疏》中有记载：

雍正三年皇上念关圣福国庇民，实为千古正神，追封三代俱为公爵，解州及直省各州县俱制神牌供奉。其洛阳守墓之处，已邀特恩设博士一员，今请于解梁原籍一同恩赐职衔，应照先儒朱子后裔江南、福建二处设立博士之例，于解州添设博士一员，以供祭祀。俟命下之日，（臣）部行文将关帝嫡裔关居斌宗支图谱、印甘各结取具送部，移咨吏部，照例给札可也。[11]（卷十二）

此后，解州援引成例也添设博士一员。奏疏中提到的关帝嫡裔关居斌为圣裔五十二代，来自安邑县西古村。“关帝后裔由解州移居本邑古村，前清世袭五经博士，里名崇关，豁免差役以示崇异。”[9]（卷十二）现在村中还有道光十三年（1833）的“敕授世袭翰林院五经博士字书升关老先生懿行碑”。该村的关氏祖坟也留下了关圣后裔身份的印迹。关朗墓即“魏记室关公讳朗字子明墓”，额题“关圣后裔”。相传关朗为关羽第四代传人，因避战乱逃至西古村一带定居。还有光绪二年（1876）所立的“七世祖关公讳登科□杨氏合葬之墓”，额题“圣裔”。关圣后裔的世袭情况在光绪《解州志》中有记载。

关居斌　圣裔五十二代雍正四年授

关运隆　圣裔五十三代雍正九年袭

关金钟　圣裔五十四代乾隆二十三年袭

关国选　圣裔五十代乾隆五十五年袭

关兆庆　圣裔五十六代嘉庆十六年袭

关恩诏　圣裔五十七代道光二十年袭

关绳武　圣裔五十九代光绪二年（1876）袭。按圣裔五十八代关生辉未袭而卒。[12]（卷五）

在常平，关姓族人积极参与到常平关庙、祖墓的维修、祭祀等事务中。他们获得了关圣后裔的特殊身份，也享有优免差役的权力。这一切都得益于常平庙官方化的建设与关羽形象的不断塑造。乾隆二十八年（1763），解州知州言如泗于常平庙寝宫后重建祖殿，崇祀始祖龙逄公，即三代光昭王、裕昌王、成忠王。关姓族人正是利用了这些契机，加快了自己的宗族建设。现今，关氏后裔又活跃在每年解州关帝庙和常平关帝庙的祭祀活动中。2011 年，关公故里关氏宗亲联谊会还出版了《关公故里关氏族谱》。

常平关帝庙官方化以后，村落的力量依然显现。康熙二十八年（1689），常平、曲村、蚕房三村成立清明节会，负责清明节和八月十五祭祀及演戏费用等。《新立清明节会捐输银碑记》中对该会本金、人员及管理办法都有说明：

幸蒙堂台（知州万象）捐施银一十九两，卑职（盐池巡检司巡检王闰）银三两，后裔生员关守正银一两，外化布施银一两，共银二十四两。傅同常平村乡耆王鸣凤、王国禹、扆发科等，而鸣凤已故，伊子王扬名经管；曲村靳毓琦、耿明等，而毓琦已故，伊子靳清经管；蚕房村张尧、张世兴等经管，随为首人。三村均分，每村八两。在各村中有原使者，或外村之人借使者，羸息议定于清明前十日，各首人同使银人齐赴庙，本不动，将息银收齐。内动买羊一羜，馒首四盘，树果四盘，香、烛、纸、锞、酹酒，祭扫毕，首事之人公享其胙。如偶尔不在，亦即颁赐戏三台，工银饭食俱出利银。[5](p243)

在雍正二年（1724）的《重修关公祖墓碑记》中，出现蚕房、曲村、常平三社首人。乾隆十四年（1749）的《重修东西牌坊记》中则有宝池里三社香首。不论是三村还是三社，蚕房、曲村、常平始终是参与庙务的主体，而庙宇的官方化更加密切了彼此的联系与合作。

清代常平关帝庙还吸引了来自解州的在城居民。解州关帝庙被称作大庙。常平关帝庙的重修费用，很多来自解州关帝庙的香火之余。解州在城居民还以会的形式参与常平庙的祭祀，《康熙五年中秋赛会石碣碑记》中就记有城居者轮流送帝驾的活动：

常平为帝所生之地，大祠虽居州城之西，而桑梓故里神赛，凭之旧例。乡人每□中秋赛会焉。城居者，平昔朝夕展拜于崇宁宫，至是日，则建旗鼓，具威仪，送法驾于蔼。绎络奔趋，率以为常。又且各纠同心，联班分会，随分捐金，备牲礼、梳皂，烧大烛二枝，以为供献。换岁轮递，循环周始，著为定规阳节。[5](p220)

从明中叶起，官方的介入使得昔日的乡间庙堂逐渐喧嚣起来，越来越多的力量参与其中且各有诉求。解州在城居民参与到常平关帝庙八月十五的迎神赛会活动中，这正是州城与乡村关系在信仰上的一种表达。官方化使得庙宇的影响和参与程度远远超越了村庄本身。

四、结　语

民国十四年（1925）《重修常平庙碑记》载，清末举人右玉县教谕曲乃锐任志诚公局局长，用解州关帝庙余款及房租修常平关帝庙。他在修成之后的碑文中写道：

壮缪侯之祀于常平也，旧名关氏家庙，因侯之祖茔在焉。庙祀侯之夫妻、夫子，并三代考妣。且追溯始祖夏大夫，纯然为家庙体制。相传侯即常平人，第宅久不存，后裔亦无一家一人住此者，建筑不知何始。庙有塔，塔上有金大定字样，迄今已千余年。推昔人建筑之意，盖谓此地为侯故居，名以家庙，隆亲爱之谊，亦崇报之典也。不然，既为家庙，建筑当出此后裔，公家断无为人修家庙之事。[5](p450)

从曲乃锐的叙述中，依然能够看到本文所探讨的官修和私葺的问题，背后更多体现的是官与民、官庙与村庙的关系。

在明中叶之前，常平关帝庙仅为一座“皆乡民私葺，官不与知焉”的村庙。从明中叶开始，官方对其进行大规模重修、改创，逐步将其纳入官方体系中，同时扩大了庙宇的影响，关羽的形象也日渐丰富。在常平关帝庙的演变过程中，来自村庄内外的不同力量聚合在同一信仰之下。村社居民把关羽奉作地方保护神；卫所商人将关羽敬为行业保护神；乡村耆老通过修庙保持了村社首领的地位；关氏族人依赖关羽崇拜形成地位特殊的宗族势力；乡绅儒士着意塑造关羽以宣扬儒家伦理；地方官员则把国家礼仪具体投射到乡村社会，借助关羽的神威来加强社会控制。常平关帝庙所呈现出的种种变化与解州和运司官员的推动直接相关，同时当地民众也有广泛参与。尽管动机有所不同，但在关羽崇拜的活动上，官方与民众呈现出一致与合作，存在着良性互动。这种情形实乃明清时期信仰领域国家与社会关系的面相之一。

参考文献:

[1]（晋）陈寿．三国志 [M]. 北京：中华书局，1959.

[2]（明）李侃．山西通志 [M]. 民国二十二年（1933）影钞明成化十一年（1474）刻本．

[3] 曲乃锐．民国解县志 [M]. 南京：凤凰出版社，2005.

[4]（清）胡聘之．山右石刻丛编 [M]. 清光绪二十七年（1901）刻本．

[5] 张培莲．三晋石刻大全·运城市盐湖区卷 [M]. 太原：三晋出版社，2010.

[6] 张梅秀汇辑．明实录山西史料汇编 [M]. 太原：三晋出版社，2009.

[7]（清）觉罗石麟．初修河东盐法志 [M]. 台北学生书局，1966.

[8] 言如泗．乾隆解州安邑县运城志 [M]. 南京：凤凰出版社，2005.

[9] 景定成．安邑县志 [M]. 太原：山西人民出版社，1991.

[10] 陈永升．从纳粮开中到课归地丁——明初至清中叶河东的盐政与盐商 [D]. 广州：中山大学博士学位论文，2002.

[11]（清）言如泗．解州全志 [M]. 运城：运城市古籍印刷厂，2006.

[12]（清）张承熊．光绪解州志 [M]. 南京：凤凰出版社，2005.

参考文献:

侯　娟（1982—　），女，山西榆次人，中山大学历史系博士研究生。

明清山陕商人商学传家模式刍议

卫红丽

摘要：明清时期山陕商人在经商活动中高度重视传统文化的学习和传承，以商求财，以学守之，形成了独特的商学传家模式，为山陕商人叱咤商海数百年奠定了坚实的根基。

关键词：山陕商人；商学传家；明清

一

在中国传统社会，商人被看作是唯利是图的贱民，而士则被视为社会精英，两者的地位有天壤之别。但是，到了明清时期，商品经济勃兴，重商风气日益抬头，“弃儒经商”越来越成为一种普遍的社会现象。山陕商人正是在这样的社会背景下不断发展壮大，形成了颇具特色的商学传家模式。

山陕商人的合作关系源远流长。晋商最先起源于晋南河东[1]，陕商则以关中为中心。[2]而河东与关中之间，地域的毗邻使得河东与关中两地的文化具有极强的相似性。以文化现象的生动符号语言为例，秦晋常被学术界归为同一方言区。[3]就文化的另一符号民风而言，秦晋民风也被视为一致。另外，两地都地处黄土高原，自然条件相对较差，地瘠天寒，物产鲜少，逐渐形成了“重迁徙，服劳商贾”的风俗，养成了与自然抗争的彪悍品格。到了明清之际，人口激增，科举取士的机会减少，许多人因举业不成或家贫不能继续读书而弃儒经商，经商业贾在山陕成为普遍的社会现象。明初，山陕商人充分利用地理优势抓住统治者为保障边疆安全，实行“开中”制度和随军贸易这一历史机遇，或弃儒从贾，或经商脱贫，纷纷走上经商贸易的致富之路。山陕商人在较长的经营实践中相互联合，被称为“西商”、“山陕商人”、“秦晋大贾”。他们在经商实践中逐渐形成了以商求富、以学守之、商学结合的商学传家模式。也正是这个商学传家的法宝，使得山陕商人的商业集团历经明清数百年久盛不衰，书写了一段传奇。

明清五个多世纪里山陕商人基于共同地域文化长期合作共赢，使得他们走得更远，经营得更强。作为山陕商人合作的见证——“山陕会馆”，全国现存的就有116所（包括秦晋会馆、山陕甘会馆等山陕商人为主的会馆），它们见证着山陕商人操控江南的丝织品，两湖地区的茶、布，西北地区的皮货、药材，山西的铁器，山东的棉花等商品，流通天下数百年的奇迹。[4]

二

明清之际，山陕商人抓住历史赋予他们的机遇，凭借自己的聪明才智和吃苦耐劳的精神，发家致富，享誉全国。纵观他们成功的因素，是纷繁多样的，其中最主要的是贾道与儒道的结合，即儒商融会贯通。

善于运用贾道是山陕商人脱颖而出的最主要因素，即以智取利。在长期的经商活动中，山陕商人的“居安思危，改革旧制”，“人弃我取，人去我就”，“就地取材，多元化经营”等经营技巧为他们积累巨额财富奠定了基础。如明代实行“开中法”，很多商人参加垦边和贩盐活动，但山西蒲州商人王海峰没有跟随众人到秦陇、淮浙等地方从事贩盐贸易，而是经过仔细的分析，认为经商要独辟蹊径，便去了青沧地区，并对当地盐区的生产运销历史作了详细的调查，总结了盐业管理上的若干经验，使沧盐的税务收益较前增加了三倍之多，也使他成为这一盐区的富翁。他的同乡范世奎身兼粮商、盐商的双重身份，从西北到东南往返于千里之遥的贩运贸易中，能根据沿途道路险易，筹划储备待之，购销适时，由于预测准确，或取或舍，都能获取厚利。陕西商人同样如此，运用自己的智慧创造大量的财富。

山陕商人在利用贾道经营商业的同时，把儒家文化推广到商业界，把儒道和贾道结合起来，巩固了自己在商界的地位，开创了自己事业的辉煌。孔子说：“言忠信，行笃敬，虽蛮之邦，行矣。”孟子也认为，“诚者，天之道也；思诚者，人之道也”。诚心、忠义、忠信可谓是儒家文化的核心部分，而以诚求财是山陕商人经商中遵守的一项重要原则。他们在经营企业的过程中认识到“一份诚恳，一份生意”，努力做到“经营信为本，买卖礼当先”。在内部管理上，山陕商人也是特别注重用儒家文化来约束处理好雇员与财东之间的关系。民国时期出版的《中外经济周刊》曾刊登了一篇《山西票号盛衰之调查》，对山西票号的组织情况有较为详细的叙述：“票号内容之组织至为简单，并无一定规章，全凭人之信实，以取信于官绅……其组织系财东出资，或股份，或独业，将资本交付于管事一人。而管理与营业上一切事项，如何办理，财东均不过问。”[5]他们把儒家的伦理道德融入了对企业的管理当中，收到了很好的效果。即使在太平天国起义、八国联军入侵北京那种政局不稳、社会动荡不安的形势下，山陕商人宁愿自己承担风险，也要取信于民。这说明山陕商人在明清五百年的历史中始终拥有雄厚的实力，就是因为利用了儒家文化中的诚信，把自己的经营管理纳入儒家的“志于道，据于德，依于仁”的轨道之中，成功地经营自己的企业。

总之，明清时期，山陕商人商儒结合，在利用贾道谋得财富的同时，把儒家伦理文化运用到企业的经营管理中，在处理企业内部矛盾及各商人之间的利益冲突上都起了积极的作用，他们的成功可以说正是由于儒家的道德规范对商人的实际行为所发生的影响而导致的效应。

三

明清时期，山陕商人在经营商业的过程中，逐渐认识到经营商业必须具有一定的知识水平，商业经营的规模越大，对知识水平的要求越高。为使他们的事业世代相传，他们除在经商中不断学习外，还特别重视对宗族子弟的教育，以商强学，以学促商。如山西蒲州商人王现曾告诫他的宗族弟子：“故善商者，处财货之场，而修高明之心，是故虽利而不污”，“利以义制。”[6(卷四十四)]盐商张允龄终年行商在外，几年才回家一次，为了督促他的子弟学习，每每“购诸经传疏义及史汉诸书，车寄之”[7(卷三十)]。他们学习儒家经典的目的无外乎在丰富自己知识水平的同时，用儒家伦理道德来约束自己的欲望，做到“君子爱财，取之有道”。再如，入籍扬州五大家之一的陕西临潼张四科，弃文业肆就屋淮扬西湖间，所至名流争倒屣，觞咏无虚日，结诗社，相酬答，极掩博雅。[8(p31)]高陵张忠轩涉泗淮，身寄贾服，心潜儒术，即沐风栉雨，诗书不辍。[9(p186-187)]山西代州冯氏家族的冯文卓，虽出身商人家庭，但他在考中进士后，却开始严定课程，训励子弟不可废弃对儒学的学习。榆次常氏家族的常立教教育族中子弟，现今仍以科举取士为士子的主要出路，所以不能不参加举业，但切记要学习有用之学。他们鼓励那些读书能够求得良好成绩的子弟参加科举。据《两淮盐法志》记载，山陕盐商子弟从明正统戊辰科（1448）到崇祯癸未科（1643）得中进士的有37人；从永乐甲午科（1414）到崇祯丙子科（1636）得中举人者有80余人。其中不少人成为达官显宦。[5] 如陕西三原人王恕和温纯，山西洪洞人杨义等。山陕商人通过步入仕途为自己的商业活动提供政治保证。

此外，山陕商人家族素来重视对子弟进行“怀爱好义”的道德教育。他们在关心族内教育的同时，还经常给族外的官学和私学捐资捐书，有的甚至不惜花费巨资创办学校。榆次常氏家族曾多次义举，据常氏《十三世维城公墓表》记载：“邑中风鸣书院渐颓废，议重兴。公捐膏火资二百金，无难色。”[10](p16)

总之，山陕商人集天时、地利、人和于一身，弃儒从贾，商学互动，利用儒家文化中的“利以义制”、“诚信”来巩固自己的事业，经久不衰。他们崇尚教育，致富后让自己的世代子孙学儒业，精通商术，适应商业的需要学习各种语言，用“修身、正己、齐家、治国、平天下”的理念来教育子孙后代，把商业和学业结合起来，把理财和修身结合起来，使他们的事业世代相传下去，既达到了光宗耀祖的目的，又发展了教育文化。

参考文献：

[1] 侯文正 . 晋中商帮兴衰史略 [J]. 文史月刊 ,2006,（1）.

[2] 钞晓鸿 . 陕商主体关中说 [J]. 中国社会经济史研究 ,1996,（2）.

[3] 李恕豪 , 杨雄 . 方言中的秦晋方言 [J]. 四川师范大学学报 ,1992,（1）.

[4] 王俊霞 , 李刚 . 从会馆分布看明清山陕商人的经营活动 [J]. 文史漫谈 ,2010,（3）.

[5] 刘文峰 . 山陕商人与儒家文化 [J]. 山西师范大学学报 ,2003,（4）.

[6]（明）李梦阳 . 空洞集 [M]. 长春 : 吉林出版集团 ,2005.

[7]（明）张四维 . 条麓堂集 [M]. 上海 : 上海古籍出版社 ,1995.

[8] 李刚 . 陕西商帮史 [M]. 西安 : 西北大学出版社 ,1997.

[9] 吴钢 . 高陵碑石 [M]. 西安 : 三秦出版社 ,1983.

[10] 山西榆次常家修纂 . 常氏家乘・艺文存下编 [Z]. 太原 : 太原师范印刷厂 ,1925.

作者简介：

卫红丽（1979—　），女，山西洪洞人，山西师范大学经济与管理学院讲师，硕士。

《碛口志》的编撰特点及史学价值

李成生

摘要：碛口镇位于晋西吕梁山西麓，黄河之滨，临县之南端。明清至民国年间，凭借黄河水运一跃成为北方的商贸重镇，享有“九曲黄河第一镇”之美誉，是晋商的发祥地之一。《碛口志》以晋商文化为主线，以黄河、黄土文化为依托，全方位、长时段地描述了碛口从兴到衰的历史，是认识碛口、了解碛口的重要资料。《碛口志》在编撰上有自己的特点，其史学价值不容小视。

关键词：《碛口志》；编撰特点；史学价值

碛口镇位于晋西吕梁山西麓，黄河之滨，临县之南端。明清至民国年间，内蒙古河套地区得到开发，经济发展，碛口凭借黄河水运一跃而成为北方著名的商贸重镇，西接陕、甘、宁、蒙（内蒙古），东连并、京、津，为东西经济、文化之枢纽，享有“九曲黄河第一镇”之美誉，是晋商的发祥地之一。当时，西北各省的大批物资源源不断地由河运而来，到碛口后，转陆路由骡马、骆驼运到太原、京、津等地；返程时，再把当地的物资经碛口转运到西北。鼎盛时期，碛口码头每天来往的船只有 150 艘之多，各类服务型店肆 300 多家。日复一日，碛口便以“水旱码头小都会”的美名传遍南北。抗日战争、解放战争时期，碛口是华北通往延安的主要运输口岸，镇内建有军工厂、军衣厂，为繁荣边区经济和解决军队的物资短缺问题发挥了重要作用。

▲ 图 1　碛口地图

《碛口志》[1] 的编撰者为王洪廷先生。王洪廷是地地道道的碛口人，童年时代亲身经历过碛口的繁华，又目睹过碛口的衰败，是碛口历史的见证者。他自幼熟读文史，历任完小教师、县文化馆馆员、《临县报》记者、临县县委宣传部副部长、县总工会主席和县人大常务委员等职。晚年之余，出于对家乡的热爱，王老潜心挖掘古镇文化，遍查史料，走访耆老，累积十余年，数易其稿，终成50余万字的《碛口志》，2005年由山西经济出版社出版。此外，他还著有《古镇碛口》、《九曲黄河第一镇》、《碛口名妓冯彩云》、《晋商碛口码头》、《碛口诗词抄》、《临县乡土文化》等。

▲图2　碛口古镇

《碛口志》以晋商文化为主线，以黄河、黄土文化为依托，全方位、长时段地描述了碛口从兴到衰的历史，是认识碛口、了解碛口的重要资料。细读之，笔者认为《碛口志》在编撰上有自己的特点，其史学价值不容小视。

一、打破传统志书的编纂体例，传承中敢于创新

首先，《碛口志》以卷编排，分12卷，依次为“古镇溯源”、“自然环境”、“商业贸易”、“工农业”、“交通邮电”、“民情民俗”、“文化”、“教育卫生”、“政权机构”、“兵事纪略”、“人物”、“旅游产业”，卷下分章论述，摒弃了传统志书中的“礼祀”、“户口”、“乡贤”、“隐逸”等门类，提纲挈领，主线突出。

▲图3　《碛口志》

其次，传统志书写的是大历史，是从正面着眼，但往往流于程式，“八股化”习气浓厚，官腔官调，使历史成了光荣榜和“政绩汇编”。而《碛口志》打破了这种习气，不仅体现了“大历史”，对于“小历史”也是浓笔描述，如实道来，其中不乏新观点、新论断。碛口乃晋商水旱码头，在“商业贸易”

卷中，作者详细记载了商品的种类、产地、运销路线、金融机构和商业组织等，为研究晋商经济提供了珍贵的资料。经过细致的考察后，作者得出结论：碛口是当时水陆运输中转的中心，也是晋商最先活跃的地区之一。碛口不是孤立存在的，必须把它与晋商文化和周边区域联系起来理解，我们才能领会它的真正含义，即我们要研究“大碛口”。正因为如此，《碛口志》中写到了与碛口有密切关联的柳林镇、吴城镇、陕西螅镇、峪口镇、侯台镇、白文镇等，进一步证实了碛口被称为“九曲黄河第一镇”并非言过其实。晋商文化研究专家张正明这样评价：“它全面地反映了一个地区晋商活动的情景，是一本晋商地方性史书，为研究晋商文化填补了一个空白。”

最后，运用附录，正文注明出处，是《碛口志》在写作体例上的有益尝试。卷三“商业贸易”、卷五“交通邮电”、卷九“政权机构”近乎一半用了附录形式，将多种文体穿插于其中，如采访录、对话录、回忆录等，其他卷也间有用之。这样使读者既感到真实可信，同时又避免了古志书写法的枯燥。作者自称写的不是正统的志体，是一个“四不像”，然而这种“四不像”也是一个创造。

二、乡土社会的构建，力求“原汁原味原生态”

乡土建筑专家、清华大学陈志华教授指出，写志要注意事事有根有据，尽量要写得细致生动，那都是生活，生活就是文化，谨防 20 世纪 80 年代以来写志没有细节，所以用处不大的通病。乡土史要写得“土”，只有这样，才能摆脱“官书”的声腔，《碛口志》做到了这一点。为了更好地展现乡土文化，作者还使用了 200 余幅“视觉资料”，如老照片、绘画作品等。这些视觉资料与文字资料互为补充，相互印证。如在民居方面，作者写到，碛口周边村庄的窑洞，可分 8 种档次，即“一炷香”土窑、泥坯接口窑、砖石接口窑、靠山砖石窑、四平起石窑（又分混石窑、粗面石窑、细面石窑）、四平起砖窑、耍头厦檐砖石窑院（亦谓无根厦檐）、明柱厦檐高圪台院。

▲ 图 4　契尾

在“岁时节日与饮食文化”中介绍了“枣山”、“节节高”、“拦门炭”、“仓官”、“燕燕”、“瓜子人人”、“扫天素”、“红面角”等带有浓郁地方色彩的民风民俗，这些民风民俗是无法用言语解释的，而“视觉资料” 给人以具体直观的印象，使得再多的解释也是多余的。在表现男女爱情方面，不是风花雪月的浪漫，而是土得掉渣的民歌，如《山丹丹开花背洼洼红》、《黄雀雀趴在门檐檐上吼》、《大红果子剥了皮》等。兹摘录一首如下：

山丹丹开花背洼洼红

（男）山丹丹（哪个）开花背洼洼红，尘世上（哪个）谁留下人想人。（女）糜条条（哪个）花好半山山开，有你的（哪个）心思了慢慢地来。（男）一对对（哪个）喜鹊树枝枝上喳，常想了（哪个）和你拉沓知心话。（女）一对对（哪个）小花猫钻水道，半夜价（哪个）想你睡不着觉。（男）锄罢（哪个）苗子我对空空，与妹妹（哪个）坐了呀一阵阵。（女）刮风（哪个）下雨你还要来，你就（哪个）不怕渡湿你的鞋（hai）。（男）翻穿（哪个）皮袄我爬下走，因为（哪个）看你我变成个狗。（女）塧畔上（哪个）等你你不来，假眉（哪个）三道我去拣柴。（男）三两天（哪个）磨烂一对对鞋，半个月（哪个）看了你十五回。（女）一对对（哪个）黄雀雀塧畔畔上叫，一辈子（哪个）忘不了咱两个好。[1](p220)

需要注意的是，该志详细记载了许多已消失或正在流失的“传统”。如陶瓷的制作工序，采矿—碾泥、混泥、擢泥—捏坯—整型—上釉—装窑—烧窑—出窑；粉条的制作过程；手工挂面的制作工序；纺花、织布、染布的工艺流程，婚嫁、丧葬等烦琐的仪式……，这些抢救性的资料，更具有不可估量的历史价值。

这些无一不体现了碛口的特色，体现了黄土文化的“土”。不仅“土”，而且描述得“细”，这种“细”是传统志书中少见的。正是这种“土”和“细”，原汁原味地呈现了碛口乡土社会的全貌。

三、采用叙事手法，文笔潇洒，生动细腻，可读性强

卷三“商业贸易”中的《儿时的碛口》开头写道：“碛口这个黄河中游的水旱码头，曾在几百年的岁月里，车水马龙，船泊叠岸，店铺兴隆，驼铃不绝。就是我儿时的记忆，在那兵荒马乱的年代，还很热闹，五里长街，昼夜人欢马叫。前街称食店巷，各种招牌的饭店，五花十色的饼子铺，到

处吆喝叫卖，香气诱人。”[1](p46) 新中国成立后，妇女从“锅台”中解放出来，地位有了较大的提高。“新政权号召解放妇女，提高妇女的地位，于是妇女从父母包办婚姻中解放出来，赶集上会无人阻，穿衣打扮求时髦，正如著名伞头陈来大的一首秧歌唱道：‘宽裤腿打在胳膝盖，洋袜子绷上松紧带，红丝裤带露在袄襟外，嘴上又把金牙配。’的确，当时有很多时髦男女，都在好端端的牙上，镶嵌上铜壳子，谓‘金牙’。其两边镶两个的谓‘二鬼把门’。中间还夹一条线的谓‘二鬼把门一道缝’。门牙、犬牙都镶的，谓‘满天西秀（星星）忽眨眼’。”[1](p68) 作者对碛口妓女外貌的描述，可谓入木三分：“特别是在夏日的黄昏，姑娘们专门站在街头巷尾卖弄风骚，她们穿得妖里妖气，脸上搽着厚厚的胭粉，嘴唇上涂了口红，像朵盛开的喇叭花儿，有的甚至撩起衣襟，露出白生生的大腿，还有几个小脚女人，穿着五颜六色的绣花鞋儿，坐在街头的圪台上，脚翘得高高的，故意展示她们那三寸小金莲，其实‘老鼠抱腰脚’（小脚）早已不是美的标志，大多数妇女已成为不大不小的‘新旧改良脚’了。”[1] (p71) 作者在尊重史实的前提下，用文学手法来描述历史，有血有肉，真实可信，读来生动活泼，引人入胜，确有“拍桌称快之乐”。

四、眼光向下，聚焦社会底层，“讲述老百姓自己的故事”

当“话语权”被精英们霸占时，社会底层能否发出自己的声音，这是近年来史学界讨论的热门话题。作者爬梳史料，搞社会调查，重笔写了老百姓自己的事，让“失语”的大众发出了自己的声音。在“黄河航运与码头工”、“陆路运输”等章节中，船工、码头工人、高脚夫讲述了自己的故事，“一把辛酸一把泪”。如丁振金口述、洪廷和永明整理的《我的船工生涯》，高恩才讲述、王洪廷采访的《访问老艄高恩才纪实》，丁四喜讲述、王洪廷采访的《码头工人丁四喜》，陈百保等人讲述、王洪廷采访的《谈谈拉骆驼》和《草原买驼记》，薛廷照的《我的爷爷薛宝柱》。旧社会，老百姓们生活贫苦，无力讲卫生，作者对擦屁股进行了描写：“当时没有专用的卫生纸，就是书纸、报纸也谈不上……因此当时擦屁股只得用石块、土块，且又堆放在潮湿多菌的厕所里，用了又用，你用了他用。”

第五章“服务行业”中对镶牙馆、照相馆、理发馆、澡堂、饭馆、干粮铺等的介绍，写了小商小贩的事；卷四中对石印局、染坊、分（焚）金炉、蹄蹄铺、粉坊、酒坊、磨坊、挂面铺、银匠铺、靴鞋铺、招贤陶瓷、织布等的介绍，写了商贾、做工伙计们的事；卷六中对民居生活、岁时节日、婚嫁习俗、丧葬、宗教信仰等的介绍，写了老百姓的日常生活；卷七中对伞头秧歌、戏剧、三弦、民间快板、九曲黄河阵等的介绍，写了老百姓们的精神生活。兹录几首秧歌：

过陈懋勇开设的广生源（白望轩）

陈家生意做得远，榆林包头和三边。

大洋元宝铺满街，垒墙用的是金砖。

逗笑秧歌（陈来大）

三区出来四区里，商会进去喝了口水。

见了哨兵敬了个礼，见了冯彩云亲了个嘴。

过碛口天元居（高万青）

原想在天元居喝壶酒，不着意糖火烧递在手。

红糖大粘得张不开口，几乎在这搭价丢了丑。

总之，作者眼光向下，关注下层，给我们呈现了一幅鲜活的历史画面。它使我们进入了碛口的“内部”，有一种身临其境之感。正如有论者评价道：“读了《碛口志》，就好像走进了古镇碛口，可以窥视到不同层面的生活。”

五、使用了大量的“边角废料”，从另一个角度再现了那段逝去的历史

英国著名史学家杰弗里·巴勒克拉夫曾说，进行历史研究“必须利用人类的一切创造物——语言、符号、农村的证据、土地证据、项圈、手镯——以及任何其它可利用的史料”[2]（p55）。

▲ 图 5　碛口纸币

事实上，该志的精彩之处就体现在丰富的史料上，除了正史外，还使用了大量的“边角废料”，如临县伞头秧歌、民歌、快板、民谣谚语、中外学者和旅行者的口述资料、调查与采访等，所以，该志不仅是一部很有学术价值

的著作，也是一部吕梁传统与民俗经典集合的志书。

秧歌“黄河里天天来货船，店铺里生意做得远，遍地里洒着一层钱，就看你会拈不会拈”；“河南坪修起财神庙，碛口街里把生意闹，斗大的元宝街上撂，踢一脚价也没人要”；“珍珠玛瑙把沟渠填，谁肯弯腰把元宝拈”；民谚“碛口柳林子，遍地是银子，一时没银子，旮旯里能扫几盆子”，虽不免有夸大之处，但凸显了碛口的商业本色与其蕴含的巨大经济利益。民谚“碛口街里尽是油，油篓垒成七层楼，骆驼骡马驮不尽，三天不驮满街流”；“拉不完的碛口，填不满的吴城”，透露出碛口的货物吞吐量之大。民谚“嫁汉不嫁买卖汉，一辈子夫妻两年半”，反映了晋商创业的艰辛。民谚“船工是死了没有埋，炭毛（采煤工）是埋了没有死”；“炕上没有块（席子）片片，米瓮里没啦一点点，一条裤子伙着穿，黑间睡下看见天”，形象地描述了下层人民生活的困苦。顺口溜“碛口有些好吃法，獬子碗秃刀刀划，红印印饼子撒芝麻，牛蹄蹄馍馍热油茶”；“碛口的碗秃招贤的熬，三交的火烧候台的糕”，反映了碛口别具风味的地方小吃。秧歌“买卖人发的流了油，艄公们穷的露出毬”；“有的骑马挂匣子（手枪），有的扁担压脖子”，直白地说明了当时人们的贫富悬殊。

碛口寨上村农民诗人李子琴先生在20世纪40年代自编自演的快板书《多种棉花多织布》中，真实地记载了从种棉到织布的工艺流程，为后人研究家庭手工纺织土布留下了宝贵的资料。“仓官爷仓官爷扛得来，给我们扛得个小子来。仓官爷仓官爷你要管，大瓮圪堆小瓮满……”反映了人们对美好生活的向往。顺口溜“耕地耕的犁尖尖，锄地锄的地边边，坐下一伙吃烟烟，分红分得一点点”，真实地再现了1956年农业合作化以后农民的劳动生产积极性在逐年下降的事实。

除此之外，还有许多口述资料、幽默故事、老照片等，至今读之看之，仍忍俊不禁，发人深省。凡此种种，它们都为我们从另一个角度再现了那段逝去的历史。

美中不足的是，由于资料的限制，志书对“商业贸易”、“工农业”卷的论述仍感不够充分，只有定性的概括，而缺乏定量的分析，尤其是缺乏计量和统计。部分章节的段落内容有些烦琐，相互间有重复之处，语言可再简练一些，有些节次的安排似应调整次序或合并等。但瑕不掩瑜，我们不能过分苟求于作者。总之，《碛口志》是一部具有开拓性的著作，也是一部真正写乡土社会的志书。

参考文献：

[1] 王洪廷 . 碛口志 [M]. 太原：山西经济出版社，2005.

[2] 杰弗里・巴勒克拉夫著 . 杨豫译 . 当代史学主要趋势 [M]. 上海：上海译文出版社，1987.

作者简介：

李成生（1981—　），男，山西柳林人，吕梁学院历史文化系讲师。

贰／文化篇

应县木塔所藏《大方广佛华严经·入法界品》及其相关问题考论

尤 李

摘要：本文通过分析山西应县木塔所藏的辽代刻经《大方广佛华严经·入法界品》的宗教内涵，探讨华严思想与木塔的塑像、布局之间的内在联系，进而将这一木塔放入辽朝的社会大背景之中，揭示出辽道宗利用华严宗的思想资源将自己神化为转轮圣王，以“佛”或“菩萨”的面貌统治天下。华严宗不仅是辽代学术和信仰的中心，也扮演着神化皇权的重要角色。

关键词：应县木塔；辽朝；辽道宗；华严；转轮王

山西应县木塔位于辽代的应州（治今山西应县）境内，隶属于西京道。[1](p513)这里是汉人聚居的区域。应县木塔为佛宫寺（即宝宫寺）的标志性建筑，堪称辽代思想文化的宝库、中国佛教艺术的瑰宝。早在1933年和1935年，梁思成先生曾两次主持调查和测绘应县木塔，其图纸、调查报告时隔70多年之后发表。[2](p6-118)1974年，国家组织人员对应县木塔进行抢险、加固。在施工过程中，木塔第四层释迦主像内惊现辽代经卷。①第四层的主像虽然经过后代的粉饰、重妆，但未见二次重塑的痕迹。[3]这批经卷为辽代文化史及中国佛教史的研究提供了宝贵资料。

注释：

①最初的调查报告见国家文物局文物保护科学技术研究所、山西省古代建筑保护研究所、山西省雁北地区文物工作站、山西省应县木塔文物保管所《山西应县佛宫寺木塔内发现辽代珍贵文物》，《文物》1982年第6期，第1—8页。1991年，影印出版了大型图录《应县木塔辽代秘藏》（山西省文物局、中国历史博物馆主编，文物出版社）。发现的过程见张畅耕、郑恩准、毕素娟《应县木塔辽代秘藏·前言》，第9页。

近些年，不少学者撰文介绍或探讨应县木塔中的写本、藏经、讲经文，讨论辽代的印刷业，或者从艺术史的角度剖析木塔的外观、装饰，塔内的塑像、壁画、藻井、匾额，佛经中的图画等，或者分析木塔中供养的舍利。但是，对于这批佛经的探究，还多停留在宏观层面，或者从大处着眼探析《契丹藏》（又称《辽藏》）的情况。迄今还无人专门探讨木塔中所藏的刻经《大方广佛华严经·入法界品》。本文结合辽代的宗教文化背景，对这份经卷进行个案研究，敬请方家指正。

一、应县木塔所藏的刻经《大方广佛华严经·入法界品》

关于应县木塔的建造年代，梁思成先生认为，明代的通政使田蕙在明神宗万历七年（1579）所撰《重修木塔记碑》称“仅得石一片，上书辽清宁二年田和尚奉敕募建，数字而已”，此后关于寺、塔的修建年代，凡是称清宁二年（1056），均根据这一残石。但是，所募建的是寺还是塔，这块残石却未提到。[2](p6)

明末清初人谈迁所撰《枣林杂俎》云：“应州治西物（佛）宫寺，辽清宁二年，田和尚奉敕立。有释迦塔高三百六十尺，围半之，六檐八角，上下皆巨木为之，层如楼阁，玲珑宏敞，称宇内浮图第一。塔后大雄殿九间，通一茨梁。”[4](p302-303) 许多学者根据这条记录将应县木塔的修建年代定为辽道宗清宁二年（1056）。①

上述两条材料时间较晚。梁思成先生在实地调查木塔的过程中，发现塔第三层南面檐下悬挂一木牌，上书“释迦塔”三个大字，两侧各有小字三行，其中左边一行作：“大辽清宁二年敕建宝塔。”[2](p6-7,118) 而且，木塔第四层释迦像肚子内所藏的经卷中，凡是有明确年代的刻经、写经大部分是辽圣宗、兴宗、道宗时代刊刻或抄写的，其中一些佛经还避辽讳。[3] 因此，这座佛塔建于辽道宗清宁二年（1056），当是可信的。

应县木塔第四层释迦主像内的藏经中，有东晋天竺三藏佛陀跋陀罗所译《大方广佛华严经》（简称《华严经》或《杂华经》）（60卷本）卷第四十七《入法界品》，卷首画为护法天王，然后是经文。[5](p20-27) 这份经卷属于《契丹藏》。

注释：

①如厉鹗所撰《辽史拾遗》就引用了这条材料（见《辽史拾遗》卷十五《地理志五》，《丛书集成初编》本，中华书局，1985年，第311页）。显然，厉鹗是认可这条记录的。

这一经卷的每张纸均刻有小字“华严四十七”，版码及千字文编号“垂”字。每张纸背面均有一长方形阳文楷书“宝严”戳记，四周单线边框。框高22厘米，版广50—54.1厘米，纸纵29.7厘米，现存总长824.4厘米。每张纸27行，每行17—18字，工整楷书，未避辽讳。卷首画为一护法天王像，左上角榜题仅存“护法”二字，画中有“天”、“王”、“人”等字。双线边框，左右双线内有金刚杵及宝珠纹饰。框高21.7厘米，横16.1厘米，有残缺。[6](p11) 每张纸经背均有长方形阳文楷书“宝严”戳记。本卷各纸经背都有“宝严”朱印，与之共出的《大方广佛华严经随疏演义钞卷第一上》卷末有“涿州宝严寺僧”朱书题字，故知“宝严”朱印即涿州宝严寺之藏经题记。[7](p24) 在辽代，涿州隶属于南京道 [1](p497)，治今河北涿州 [8](p175)，也是汉人聚居的地区。

首先，这份经卷的卷首配护法天王像值得关注。在佛教中，在须弥山半腹之四方，有天主四人，谓之四大天王：东为持国天王，南曰增长天王，西为广目天王，北曰多闻天王。可惜这一经卷的卷首画残缺，无法判定所绘的是哪位天王。

另外，这幅画的左右双线内绘有金刚杵及宝珠纹饰值得分析。宝珠系佛教装饰中常用的纹饰。金刚杵原为古代印度的兵器。由于它质地坚固，能击破各种物质，故冠以金刚之名。在密教中，金刚杵象征着摧灭烦恼之菩提心，为诸尊之持物或修法之道具。

佛陀跋陀罗所翻译的60卷本《大方广佛华严经》是这部经典的最早译本。其中，卷第四十七《入法界品》极长，完全具备作为独立经典的体裁。《入法界品》通过善财童子一人的实修，证实菩萨的修行历程。它是《华严经》整体的缩影，并是将其戏剧化的缩本。[9] 善财童子按照文殊菩萨的引导，历访53位智者，实修菩萨行法，最后接受普贤菩萨的教诲，证入法界，最终成佛。[10] 善财童子通过53参之后成佛，是大乘佛教用以作为即身成佛之例证。其求法过程，表示华严入法界之各个阶段。[11](p10) 善财童子53参的典故文学色彩极强。善财童子参访的53位智者，包括各行各业人士。善财童子向他们学得众多技艺和法门，这与华严宗不专一经一宗、强调诸宗融会贯通的宗旨正相吻合。

必须指出，应县木塔所藏《大方广佛华严经·入法界品》卷首所配的佛画却与这卷佛经的内容不相符。在古代的刻经之中，所配的图画往往与经文的内容不一致，很可能是工匠随意选择图片来匹配文字。

二、华严宗与应县木塔的塑像

梁思成先生在应县木塔的调查报告中描述了木塔之内供养的塑像，并拍摄了照片。而且，梁先生认为，由下至上各层塑像无疑都是后世重塑的。但是，从大体上看，我们可以信得过都是就原形加塑的。[2](p113–117) 那么，我们今天看到的木塔中的塑像，也当是辽代原有的布局。

在应县木塔内的这批藏经之中，《妙法莲华经》（简称《法华经》）、《华严经》及其注疏的数目最多。[5](p20–551)《法华经》和《华严经》是大乘佛教最具代表性的经典。前者为说法的经，后者是说佛的经。[9] 其实，在辽代社会，《法华经》和《华严经》都颇为盛行。《法华经》及其舍利信仰影响到辽朝各个族群和阶层，并且与密教陀罗尼信仰相融合。[12](p223–263) 而华严学则在辽代佛学中居于中心地位。①

整个应县木塔的塑像体现了佛供养和法供养，重点表现了华严和密教思想。[13] 在辽代，华严思想里包含着密教因素。《华严经》最重视的是佛。[9]《华严经》中所说的佛是毗卢舍那佛。[10] 因此，在应县木塔的塑像中，佛像占据很大的比例。第一层、第四层塑有释迦牟尼像，第三层塑有毗卢遮那佛像。

应县木塔的第二层供奉着华严三圣像，即毗卢遮那佛、文殊菩萨、普贤菩萨。这与辽道宗朝狂热尊崇《华严经》的时代气氛和宗教环境恰恰相吻合。[14](p192–193,204–205) 关于《华严经》里的三位圣者，即华严三圣，在密教中，毗卢遮那佛与大日如来同体，或为大日如来之别名。三圣之内，以文殊（智门）、普贤（理门）为因，如来为果。故以文殊、普贤配合毗卢遮那佛，利乐一切众生。《大方广佛华严经·入法界品》所述善财童子入法界之 53 参，正是其典范。[11](p12–14)

应县木塔的第一层供奉释迦牟尼佛及七佛，第二层供奉华严三圣像，第三层供奉密教金刚界四方佛，第四层供奉木塔的主尊释迦牟尼佛，第五层供奉佛顶尊胜“九位曼荼罗”坛。其中，第一、二、四层为显教佛像，第三、

注释：

① 参见胁谷撝谦《辽代之密教》，《无尽灯》1912 年 1 月；野上俊静《辽代佛教研究》，《摩由罗》第 2 号，大谷大学圣典语学会，1933 年；吕建福《中国密教史》（修订版）第五章《宋辽时期无上瑜伽密教的流传》，中国社会科学出版社，2011 年，第 600 页。

五层为密教佛像，构成显密融合、共同崇拜的宗教体系，与道殷《显密圆通成佛心要集》的宗旨契合。[14](p192–205) 道殿的《显密圆通成佛心要集》继承唐代佛学，进一步将显密融合的宗教实践理论化。显密融合的宗教发展方向，在辽代具有重大影响。[14](p203–204) 辽道宗朝高僧觉苑所撰《大日经义释演密钞》也体现了华严与密教的会通。[15](p67–74) 而《大日经义释演密钞》正是围绕大日如来（即毗卢遮那佛）进行阐述的经典。

综上所述，《大方广佛华严经》及其思想正是应县木塔进行布局、塑像的重要经典依据。

三、《大方广佛华严经·入法界品》及应县木塔的政治含义

《大方广佛华严经·入法界品》不仅仅是一部佛教经典，经文本身及应县木塔也反映了丰富的政治内涵。

在辽道宗时代，华严学显然居于辽代佛教的中心。[16](p151–155) 辽道宗耶律洪基本人非常推崇华严宗。辽道宗咸雍四年（1068）二月，皇帝“颁行《御制华严经赞》”[1](p267)。此书的全名为《大方广佛华严经随品赞》，是为《大方广佛华严经》所作的赞词，由辽道宗亲自撰写，并亲自颁行。咸雍八年（1072）七月，辽道宗以御书《华严经五颂》出示群臣。[1](p274)

辽道宗还崇奉龙树的《释摩诃衍论》。高僧法悟奉道宗之敕撰写的《释摩诃衍论赞玄疏》的《自序》曰：

> 我天佑皇帝，传刹利之华宗，嗣轮王之宝系。每余庶政，止味玄风，升御座以谈征，光流异瑞；穷圆宗而制赞，神告休征。然备穷于群经，而尤精于此论。[17](p831)

清宁二年（1056）十一月，文武百僚给辽道宗上尊号曰“天佑皇帝”。[1](p254) 因此，“天佑皇帝”即指辽道宗。法悟的头衔是“中京报恩传教寺崇禄大夫、守司空、诠圆通法大师、赐紫”沙门。[17](p830) 显然，他已经跻身于三公之列，还获得“赐紫”的荣耀，系受到皇帝礼遇、地位很高的高僧。“刹利”为“刹帝利”的简称，是印度四种姓之一，位处第二等级，包括国王、大臣等统驭民众之人。释迦牟尼即出自这一种姓。法悟在这份序言中用“刹利”指代如来佛。华宗系华严宗的简称。

“圆宗”指以大乘真实圆满之教义为宗旨的佛教宗派。华严、天台二宗自称为圆教之宗。后来，圆宗成为天台宗之专称。结合辽代的情况，此

处应指华严宗无疑。称辽道宗“尤精于此论”，当是说他尤其精通华严学。

耶律孝杰奉道宗之敕所撰的《释摩诃衍论赞玄疏引文》称赞辽道宗“释典咸穷，雅尚性宗之妙”[17](p830)。在佛教思想中，对宇宙及人生的探求，以其不变、平等、绝对、真实之本体及道理为中心课题立宗派者，称为性宗，又作法性宗。反之，以其现象变化、差别相对之相状为中心课题立宗派者，称为相宗，又作法相宗。一般以三论宗、华严宗等属于前者，俱舍宗、法相宗等属于后者。结合辽朝的时代背景，此处的“性宗”当指华严宗。

至于法悟称道宗“嗣轮王之宝系”，即认定道宗继承了转轮圣王的法统。轮王系转轮圣王的简称，为世间第一有福之人。轮王有四种：铁轮王、铜轮王、银轮王、金轮王。通常所说的轮王指金轮王。法悟的这一说法诚然是为了取悦皇帝，但也反映了一种宗教观念和文化情景。从现有的材料来看，辽道宗之父辽兴宗耶律宗真已经借助佛教将自己神化为转轮圣王。

位于北京平谷县三泉寺内的辽兴宗重熙十三年（1044）《罗汉院八大灵塔记》这样歌颂兴宗的文治武功：

恒怀宵旰，肯构灵祠。系玉毫尊，恢八万四千定慧之力；继金轮职，威尘数万类束手而降。威加海表既如彼，恢张佛刹又若此。文武贤辅各代天行化，运掌上之奇兵；辅国济民，利域中之邦本。夫如是，黔首知力，白足荷恩。契经以尘合沙界，堪为如来法器也。[18](p233)

持金轮宝之转轮圣王，被称为金轮王，亦略称金轮。《塔记》宣扬兴宗继承金轮王之职。这说明辽兴宗即为转轮圣王的观念在社会上有一定的传布。这在一定程度上反映出了当时的社会舆论和思潮。

辽兴宗重熙十六年（1047）至十八年（1049）间，兴宗的母后——钦哀后修建了庆州（今内蒙古巴林右旗）的释迦佛舍利塔。①塔中所藏的《妙

注释:

① 庆州释迦塔的螭首造像建塔碑正面的拓片显示：此塔由辽章圣皇太后特命建造，重熙十六年（1047）开工，重熙十八年（1049）完工（见德新、张汉君、韩仁信《内蒙古巴林右旗庆州白塔发现辽代佛教文物》，《文物》1994年第12期，第21页）。按：辽兴宗重熙元年（1032）十一月，皇帝率领群臣上皇太后尊号曰“法天应运仁德章圣皇太后”（见《辽史》卷一八《兴宗纪一》，第214页）。那么，章圣皇太后即为兴宗的母后——钦哀后。尽管这座佛塔系皇太后特命修建，但是，在造塔之时，兴宗已经亲政。因此，庆州释迦塔作为契丹皇室之塔，在某些方面肯定也体现了皇帝本人的动机，如将兴宗宣传为转轮圣王。

法莲华经》卷五《安乐行品第十四》恰好包含对转轮圣王的具体表述，其中明确说“文殊师利如转轮王”，这说明契丹统治者利用佛教转轮王的思想资源来证明自己的正统性与合法性。[12](p227-228) 很明显，契丹皇室力图通过庆州释迦塔将当朝皇帝神化为转轮圣王。

夏南悉（Nancy Shatzman Steinhardt）先生从艺术考古的角度分析了辽代的八角形塔。他指出：通过塔这样一个中介物，贯彻了辽人从多种文化学来的佛教图像学。塔作为永久性的纪念物，是契丹皇权的一种象征。通过塔身和塔上的雕刻，契丹统治者可以将自己比作佛教之神。[19]（p398）那么，辽道宗亲自下敕书在应州建立木塔，也是仿效乃父的做法。这座木塔“六檐八角”的造型及塔内的造像也体现了道宗神化自己的意图。

追根溯源，辽朝的转轮圣王思想体系可能源于贵霜帝国和唐代的传统。贵霜王朝的丘就却王创立了佛教转轮王的政治传统来神话自己。转轮王即世界大王，体现了佛教治国的理念：转轮王用兵或兵器降伏天下，用佛法教化民众。[20](p53-87,96-119) 在贵霜王国迦腻色迦统治时期，基本因袭丘就却时代的传统，《法华经》与《大方广佛华严经》是转轮王修行的重要经典。[20](p543)

转轮王观念东传入中国后，由于传统政治思想与大乘佛教的影响，逐渐转变成“转轮王即佛”的模式。[21](p109-143) 唐朝女皇武则天就曾利用《华严经》，将自己扮演成转轮圣王，充分利用这一佛教资源以证明自己统治的神圣性和合法性。[22](p223-274) 正是武则天将五台山的文殊信仰与佛教转轮王联系起来。[22](p397-399) 其中，《大方广佛华严经·入法界品》是《大方广佛华严经》佛王信仰的经典依据。《入法界品》提及转轮王与菩萨同身、与佛同身，那么转轮王便能以佛或菩萨的形象统治天下。[22](p228-230)

从这层意义上讲，辽道宗崇尚华严学说，应县木塔的布置依据华严思想（既然木塔系“奉敕”而建，其布局、造像肯定在相当程度上体现了皇帝的文化倾向），就不仅仅是个人喜好，不单纯是文化政策，也具有政治考量。道宗攫取佛教资源，将自己神化为文殊菩萨，神化为转轮圣王，进而神化皇权，加强自己权位的正当性。据上文所引，高僧法悟承认辽道宗继承转轮圣王之职，也意在表明辽道宗继承了其父兴宗的法统和基业，说明道宗皇位的合法性至少得到了一部分佛教人士的认可。在辽朝后期，上下阶层皆笃信佛教，佛教成为国家的主流意识形态。在这种社会氛围之下，像法悟这样有社会影响的高僧著书立说，明确表态支持当朝皇帝，无疑会为道宗的皇权赢得舆论支持。

联系当时的政治背景来看，在辽兴宗统治时期，兴宗的弟弟耶律重元与其长子耶律洪基就一直竞争皇位继承人的资格，这成为影响兴宗朝政治格局的重大问题。这场斗争的结果是兴宗的长子继承了皇位，是为辽道宗。在清宁初年，道宗刚刚即位，急需安抚臣僚，巩固统治，尤其是面对其叔父重元的威胁。①辽道宗在即位的第二年，便亲自下敕书在应州的佛宫寺修建木塔，借此机会神化自己，恐怕与这种紧张的政治形势不无关系。

从另一方面来看，应州的木塔还可能与辽道宗的母亲——仁懿皇后家关系密切。按《契丹国志·兴宗萧皇后传》所载，辽兴宗仁懿皇后萧氏（萧孝穆的长女）为“应州人”[23](p145)。宿白先生根据这条记录认定应州佛宫寺即萧孝穆一系之家庙。[24] 张畅耕先生等进一步提出，应州佛宫寺为辽兴宗仁懿皇后倡建，用作家庙。在木塔供养人的画像中，南面的三名女性分别为钦爱后（即钦哀后）、仁懿后、宣懿后，北面的三名男子分别为萧孝穆及其长子、次子。[25](p99–144) 但是，此文却没有提供充分的证据。

其实，《辽史·兴宗仁懿皇后传》[1](p1204) 和《兴宗仁懿皇后哀册》②并没有提及仁懿皇后是应州人。而且，仁懿皇后萧挞里作为钦哀后之弟萧孝穆的长女，实跟辽太祖耶律阿保机的淳钦皇后是一家人。[26](p107–108) 淳钦后家原为回鹘汗国的基层职官，回鹘汗国衰亡之后，与契丹人通婚，成为契丹化的回鹘人。[26](p101–102) 淳钦后述律氏诞生于仪坤州。据《辽史·地理志》所载，仪坤州“本契丹右大部地”，以述律皇后“所生之地置州”，辖广义县。广义县“本回鹘部牧地”[1](p446–447)。由此可见，仁懿皇后的祖籍当追溯至仪坤州，即今内蒙古翁牛特旗西北。[8](p43)《契丹国志》称仁懿后为应州人，当是抄袭

注释:

①详见《辽史》卷二十一《道宗纪一》，第 251–255 页。相关研究见陈述《契丹政治史稿》第七篇《辽季党争的起伏与北辽、西辽》，人民出版社，1986 年，第 137—143 页。

②汉文哀册见向南辑《辽代石刻文编》，河北教育出版社，1995 年，第 375—376 页。另外有《契丹小字仁懿皇后哀册文》，刘凤翥、唐彩兰、青格勒编著《辽上京地区出土的辽代碑刻汇辑》，社会科学文献出版社，2009 年，第 181—186 页。

宋人的说法。[1]但是，可能也因为仁懿后家跟应州之间的关系十分密切，才会出现这一说法。或许这层关系就是源自仁懿后家族跟应州木塔的特殊联系。

四、结　语

山西应县木塔建于辽道宗清宁二年（1056），木塔第四层释迦牟尼像内所藏的佛经中，《法华经》、《大方广佛华严经》及其相关注疏数量最多。其中辽代刻经《大方广佛华严经·入法界品》讲述了善财童子参访53位智者，通过修行最终成佛的典故，体现了华严思想的精华。华严思想对木塔内部的塑像、布局影响甚巨。佛经《入法界品》和造像作为宗教圣物，都贯穿着一个中心主题——转轮圣王信仰。

在辽道宗时代，华严思想颇为兴盛。辽道宗充分利用华严宗的思想资源，将自己神化为统治天下的转轮圣王。这不仅仅是美丽的神话，同时也具有实际的政治意义。辽道宗通过建立应州的木塔，以视觉化的形式呈现转轮王的形象，以“佛”或“菩萨”的面貌统治天下。这座木塔既是宗教崇拜的圣地，又是带有政治性隐喻的象征符号。它体现了辽道宗的文化倾向，也显示了他的政治抱负。华严宗不仅是辽代学术和信仰的中心，同时在神化皇权方面也扮演着重要角色。

注释:

①《契丹国志》一书系坊市书贾抄撮宋人所撰的几部史籍拼凑而成，伪托叶隆礼所作（见刘浦江《关于〈契丹国志〉的若干问题》，刘浦江：《辽金史论》，沈阳：辽宁大学出版社，1999年，第323—331页）。

参考文献:

[1]（元）脱脱等 . 辽史 [M]. 北京 : 中华书局 ,1974.

[2] 梁思成 . 山西应县佛宫寺辽释迦木塔 . 梁思成全集（第十卷）[C]. 北京 : 中国建筑工业出版社 ,2007.

[3] 国家文物局文物保护科学技术研究所等 . 山西应县佛宫寺木塔内发现辽代珍贵文物 [J]. 文物，1982,（6）.

[4] 谈迁著，罗仲辉、胡明校点校 . 枣林杂俎 [M]. 北京 : 中华书局 ,2006.

[5] 山西省文物局 , 中国历史博物馆主编 . 应县木塔辽代秘藏 [M]. 北京 : 文物出版社 , 1991.

[6] 张畅耕 , 郑恩准 , 毕素娟 . 应县木塔辽代秘藏・前言 . 应县木塔辽代秘藏 [M]. 北京 : 文物出版社 , 1991.

[7] 史树青等 . 应县木塔辽代秘藏・叙录 . 应县木塔辽代秘藏 [M]. 北京 : 文物出版社 , 1991.

[8] 张修桂 , 赖青寿编著 . 辽史地理志汇释 [M]. 合肥 : 安徽教育出版社 ,2001.

[9] [日] 镰田茂雄著 , 黄玉雄节译 .《华严经》的构成和思想 [J]. 五台山研究 ,1991,（1）.

[10][日] 镰田茂雄著 , 黄玉雄节译 .《华严经》的构成和思想（续）[J]. 五台山研究 ,1991,（2）.

[11] 弘学 . 善财童子与“华严三圣”. 弘学注释 . 华严经・入法界品注释 [C]. 成都 : 巴蜀书社 ,2008.

[12] 尤李 . 论辽代密教的来源 . 国学研究（27）[C]. 北京 : 北京大学出版社 ,2011.

[13] 杨学勇 . 从供养人壁画看山西应县佛宫寺释迦塔的供养问题 [J]. 山西档案 ,2012,（4）.

[14] 罗炤 . 应县木塔塑像的宗教崇拜体系 . 中山大学艺术史研究中心编 . 艺术史研究 [C].2010,（12）.

[15] 陈永革 . 论辽代的华严宗弘传及其影响 . 怡学主编 . 辽金佛教研究 [C]. 北京 : 金城出版社 ,2012.

[16][日] 竺沙雅章 . 辽代华严宗的系谱——以新出华严宗典籍的文献学研究为中心 . 竺沙雅章 . 宋元佛教文化史研究 [C]. 东京 : 汲古书院 ,2000.

[17] 财团法人佛陀教育基金会印 . 大藏新纂续藏经 [M]. 第 45 册 . 台北 : 新文丰出版社 ,1973.

[18] 向南辑 . 辽代石刻文编 [M]. 石家庄 : 河北教育出版社 ,1995.

[19]Nancy Shatzman Steinhardt. Liao Architecture. Honolulu: University of Hawaii Press, 1997.

[20] 古正美 . 贵霜佛教政治传统与大乘佛教 [M]. 台北 : 允晨文化实业股份有限公司 ,1993.

[21] 康乐 . 转轮王观念与中国中古的佛教政治 [J].“中央研究院”历史语言研究所集刊 [C] .1996,（67:1）.

[22] 古正美 . 从天王传统到佛王传统——中国中世佛教治国意识形态研究 [M]. 台北 : 商周出版社 ,2003.

[23] 旧题（宋）叶隆礼撰 , 贾敬颜、林荣贵点校 . 契丹国志 [M]. 上海 : 上海古籍出版社 ,1985.

[24] 宿白 . 独乐寺观音阁与蓟州玉田韩家 [J]. 文物 ,1985,（4）.

[25] 张畅耕 , 宁立新 , 支配勇 . 契丹仁懿皇后与应州宝宫寺释迦塔 . 张畅耕主编 . 辽金史论集（6）[C]. 北京 : 社会科学文献出版社 ,2001.

[26] 蔡美彪 . 辽代后族与辽季后妃三案 . 辽金元史考索 [C]. 北京 : 中华书局 ,2012.

作者简介：

尤　李（1981—　），女，四川成都人，北京市圆明园管理处馆员，博士。

佛教大藏　文化瑰宝——《赵城金藏》

张文卓

摘要：《赵城金藏》是一部珍贵的孤本汉文佛教大藏经，大约雕造于金皇统九年（1149）至大定十三年（1173）期间，收录经藏种类宏富、数量巨大，具有极其宝贵的资料价值和文化价值。1933年，范成法师于山西省赵城县广胜寺发现《赵城金藏》，引起震动。1937年，抗日战争爆发，《赵城金藏》被迫随我党我军的转移而转移，一度致使国宝委身煤窑山洞，难免受损。1949年，北平解放，《赵城金藏》结束了颠沛流离的状态，入主北平图书馆。经过16年的修复，《赵城金藏》终于恢复原貌。以《赵城金藏》为主要底本的《中华大藏经》的出版，使《赵城金藏》重获新生。

关键词：《赵城金藏》；修复；《中华大藏经》

《赵城金藏》是金代雕版印刷的一部佛教大藏经，其主要发起人或者说首倡者是潞州长子县崔进的女儿崔法珍。《赵城金藏》大约雕造于金皇统九年（1149）至大定十三年（1173）期间，因发现于山西赵城县广胜寺，且卷首扉页印有一幅标注“赵城县广胜寺”字样的释迦说法图，故称为《赵城金藏》，亦称《金藏》、《赵城藏》。但《赵城金藏》经版并不是在赵城雕刻的，更不是在广胜寺，而是在解州（今运城市）天宁寺。《赵城金藏》与《四库全书》、《永乐大典》、敦煌遗书一并成为中国国家图书馆四大镇馆之宝，其地位与重要性不言而喻。

一、《赵城金藏》的发现和救护

20世纪30年代，为了将在西安卧龙、开元两寺新发现的珍贵宋代《碛沙藏》影印出版，以丁福保、范成等人为核心在上海成立了“影印宋版藏经会”。但遗憾的是，宋版《碛沙藏》残缺不全，所剩无几，为了寻找其他好的版本，范成法师独身走南访北，寻觅珍本。后来在西安从一个叫性空的和尚那里得知山西赵城广胜寺藏有大量古代经卷，范成法师便立即赶往该寺。“范成法师在广胜寺按照携带的《大藏圣教法宝标目》逐一校核整理，检阅工作历时五个多月之久，方基本就绪。在校核整理期间，他还寻访附近农村，购回已散失在民间的300多轴散卷，使寺院存放的《赵城金藏》达到5700余卷。”[1]之后，范成法师分函各处报告。很快，京津媒体争相报道，《赵城金藏》被称为稀世孤本、文化瑰宝。消息传遍大江南北，一时间炙手可热，广胜寺也因此名扬天下。

《赵城金藏》的发现与宣传自然也引起了日本的关注和觊觎。1937年9月，侵华日军进占山西北部，广胜寺住持力空法师自知时事不稳，遂将《赵城金藏》5000卷封于广胜寺飞虹塔内，以保证藏经安全。1938年2月，随着赵城的沦陷，广胜寺《赵城金藏》的命运岌岌可危。“1942年春，驻道觉村的日军向广胜寺院的住持和尚提出，要在农历三月十八日（1942年5月2日）历年的庙会期间，登飞虹塔游览。”[1]很显然，日军意欲抢取塔中所藏《赵城金藏》。力空和尚意识到事态严重，遂找到了时任抗日政府县长的杨泽生同志。杨泽生同志知道事关重大，自己难以定夺，先向县委书记吴辰同志汇报，同时紧急向上级汇报请示。[2]“同时，太岳区二地委也获得了日军将奔赴广胜寺抢夺《赵城金藏》的情报，二地委书记兼军分区政委史健（李维略）迅即向太岳区党委书记安子文、太岳军区司令员陈赓和政委薄一波等同志做了请示报告。区党委和军区商议后决定立即抢救《赵城金藏》。”[3]最后，根据二地委书记史健同志的指示，县委具体制订了抢运方案，确定在4月27日夜间行动，成立由杨泽生（县长）、刘奪（县公安局局长）、徐生芳（县游击队大队长）组成的指挥小组。4月27日入夜，参战人员百余人进入广胜寺，在僧众的配合下，将经卷从飞虹塔取出。午夜12时左右，经卷运出广胜寺，再用驮驴从郭家节运往地委机关驻地安泽县亢驿村。4月28日，经卷安全到达指定地点。后来，日军接连发动了一系列扫荡行动，“沁源县也不是安全地方，遂由太岳区主任牛培琼同志派人把经卷运到山势险峻的棉上县，藏在一座废弃的煤窑里，指定专人负责保管，每年前往查看一次，并搬出晾晒，但由于矿内渗水潮湿，部分经卷难以避免受潮发霉，粘结成块。抗战胜利后，晋冀鲁豫边区政府决定将《赵城金藏》运交北方大学保存，因北方大学西迁之故，经卷

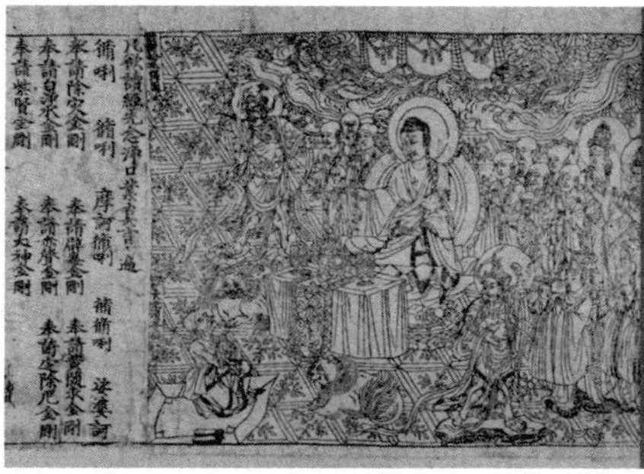

▲图 1 《赵城金藏》局部

▲ 图 2 修复前后的《赵城金藏》

启运到太行山区涉县温村后，就地存放在该村的天主教堂内，北方大学校长范文澜同志派张文教同志负责前往看管”[4]。1949 年 2 月，北平解放后，经薄一波同志批准，尚存的《赵城金藏》被运往北平图书馆收藏。同年 4 月 30 日，正式交予北平图书馆保存。

二、《赵城金藏》的整理与修复

《赵城金藏》进入国家图书馆，被列为专藏，算是找到了安稳去处。但由于在严酷的抗日战争年代，其长时间委身煤窑山洞的遭遇，使得许多经卷受潮发霉，粘连在一起，所以对《赵城金藏》的修缮整理就成为最重要、最紧迫的任务。“1949 年 5 月 14 日，为《赵城金藏》的修复整理问题，北平图书馆请来于力、范文澜、王冶秋、马叔平、向达、韩寿萱、周叔迦、巨赞、晁哲甫、季羡林、张文教、程德清、王重民、赵万里等专家，召开座谈会，为这部国宝‘会诊’”[5]，共同探讨《赵城金藏》的修缮工作。同时，为修复这部国宝大藏经，从 1950 年起，中央政府克服困难，调拨专项资金用于修复工作。修复工作由赵万里统筹规划，首次采用“整旧如旧”的原则。修复所用纸张是一种拉力和韧劲儿都很大的广西特产棉纸，由巨赞法师发动募化。另外，“北京图书馆先从琉璃厂‘文艺山房裱店’请来揭裱能手韩魁占，继又请来张万元、徐朝彝、张永清三位琉璃厂高手”[6]，解决了修复工作最关键的问题。“经过 16 年的努力，到 1965 年，《赵城金藏》全部修复完成，被精心保存在恒温恒湿库房和楠木书柜中。”[3]《赵城金藏》终于恢复原貌，可喜可贺。“在开展《赵城金藏》修复和保护的同时，国家图书馆积极利用展览、出版等方式揭示这部极具学术价值的藏经，以便于社会各界研究、利用。”此外，

“1984年，任继愈先生主持编纂《中华大藏经》，以《赵城金藏》为底本进行编辑整理，经中华书局出版，首次全部揭示了《赵城金藏》，使这部稀世珍宝得以广泛流传。2008年，国家图书馆出版社原版影印出版了《赵城金藏》，为学术研究提供了珍贵的原始文献资料”[3]。通过展出，《赵城金藏》的价值进一步为世人所知，引起广泛的关注和研究。《中华大藏经》的出版使得《赵城金藏》走下高阁，使用价值大大提高。而影印版的《赵城金藏》则以本来面目呈现其文化魅力，为学术研究提供了宝贵的原始资料。

三、《赵城金藏》的价值

《赵城金藏》成为国家图书馆四大专藏之一，是中国现存规模最大且年代极早的汉文大藏经稀世珍本，这对再现和保存佛教文化、中国典籍文化具有特别重要的意义，自然无可替代。

首先，《赵城金藏》是《开宝藏》的覆刻版。北宋《开宝藏》作为世界上第一部雕版大藏经，其历史地位和价值可想而知，但仅凭现存经卷研究《开宝藏》是很难进行的。而《赵城金藏》作为《开宝藏》的覆刻本，很大程度上保存了《开宝藏》的本来面貌，“不仅如此，《赵城金藏》中首次发现的几种宋代编纂的经录还为北宋的译经史和大藏经的雕印提供了许多第一手的资料，使《开宝藏》的续雕、印刷及流通有了一个清楚的概念。《开宝藏》因《赵城金藏》的发现而再现了它的原貌，《赵城金藏》也因此成为我国历史上最古老也是最珍贵的大藏经版本”[7](p117)。

其次，《赵城金藏》收录了丰富、珍贵的文献资料。《赵城金藏》卷帙浩繁，数量宏大，“原有经版总数168 113片，收录经籍6980卷”[7](p100)。金藏不但收录宏富，而且有一部分是其他任何大藏经所未曾收录的佛教典籍，可谓无独有偶。“《赵城金藏》在发现时，从中核对出46种249卷为历代大藏经不收的孤本经籍，这些经籍从今天的角度看一部分已不是孤本了……尽管如此，《赵城金藏》仍有20余种为独家所有的稀世的孤本珍品。这些经籍包括我国禅宗的早期著作如《宝林传》、《传灯玉英集》等；我国法相宗祖师窥基等人的著作约16种及十分难得的经录著作，如《大唐开元释教广品历章》、《大中祥符法宝录》等。这些经籍自发现之日起就引起学术界的高度重视，在国际佛教研究中产生了重要影响。”[7](p117-118)

最后，《赵城金藏》是《中华大藏经》的主要底本。《中华大藏经》（汉文部分）正编之所以选择《赵城金藏》作为主要底本，是因为“《赵城金藏》是北宋《开宝藏》覆刻本，装帧、版式保有《开宝藏》的特点，在《开宝藏》散失殆尽的情况下，不论在版本方面、校勘方面，它都有无可比拟的价值”[8]，而且“《赵城金藏》收录佛典近7000卷，现存5380余卷，虽有缺失，可用《高丽藏》补入。《高丽藏》与《赵城金藏》同属《开宝藏》系统的覆刻本，版本基本一致，用《高丽藏》补《赵城金藏》自然协调，便于操作”[8]。正是《中华大藏经》的问世，使得国宝《赵城金藏》走出国家图书馆，走进许许多多的图书馆，现身致力于中华文明研究者的案头上，《赵城金藏》也因此重获新生。

参考文献：

[1] 扈石祥，扈新红.《赵城金藏》史迹考[J].世界宗教研究，2000,（3）.

[2] 杨泽生，吴辰，刘謇.回忆“赵城金藏”是怎样被抢运出来的[J].党史文汇，1998,（3）.

[3] 周和平.《赵城金藏》：五千长卷诉传奇[N].光明日报，2011-8-17.

[4] 卫方正.《赵城金藏》的传奇[J].先锋队，2009,（29）.

[5] 刘一帆.薄一波关注的旷世孤本《赵城金藏》[J].档案春秋，2011,（12）.

[6] 李万里.《赵城金藏》八百年沧桑记[J].法音，1988,（12）.

[7] 李富华，何梅. 汉文佛教大藏经研究[M].北京：宗教文化出版社，2003.

[8] 任继愈.《中华大藏经》编纂记[N].光明日报，2005-7-14.

作者简介：

张文卓（1986— ），男，甘肃秦安人，陕西师范大学宗教研究中心博士研究生。

晋城府城玉皇庙二十八星宿彩塑赏析

张　瑞

摘要： 晋城府城玉皇庙二十八星宿彩塑是国内遗存为数不多的元代泥塑精品，其人兽结合的形象设计、造型精巧的艺术构思、细致凝练的纯熟技法等艺术特色，使其造型精美，寓意深刻，令人称道。笔者希望通过对二十八星宿彩塑艺术特色的分析，唤起人们对这些珍贵文物的保护与珍惜。

关键词： 晋城府城玉皇庙；二十八星宿；艺术特色

一、引　言

晋城玉皇庙位于晋城东南 13 公里的府城村北岗上，居高临下颇有气势，是当地规模和影响最大的道教庙宇。玉皇庙创建于隋代，现存的格局为明代重建后遗存。庙殿中保存有很多极有价值的道教彩塑，属于国宝级珍品，还有大量装饰性的砖雕、石雕和琉璃构件等，堪称古代雕塑艺术的宝库。

其中最精华的部分是元代的二十八星宿彩塑。“二十八星宿最初是古人为观测日、月、星辰运行而划分的二十八个星区，因为日、月、五星在其间运行，很像日、月、五星栖宿的场所，所以称作二十八星宿。”[1](p32) 二十八星宿后经道教演化附会为神的偶像，作为道教主神元始天尊的侍从，各自担当着不同的职司。由于图腾崇拜以及便于传播等原因，唐代历算家袁天罡把它和七曜（日、月、金、木、水、火、土）及包括十二生肖在内的 28 种动物结合形成了它的全称。东方青龙七宿：角木蛟、亢金龙、氐土貉、房日兔、心月狐、尾火虎、箕水豹；南方朱雀七宿：井木犴、鬼金羊、柳土獐、星日马、张月鹿、翼火蛇、轸水蚓；西方白虎七宿：奎木狼、娄金狗、胃土雉、昴日鸡、毕月乌、觜火猴、参水猿；北方玄武七宿：斗木獬、牛金牛、女土蝠、虚日鼠、危月燕、室火猪、壁水貐。

二十八星宿彩塑作为我国现存最早的道教题材作品，不仅具有极高的文物价值，而且由于其雕塑工艺水平的精湛，更有着极高的艺术价值。本文将从整体布局、题材表现方式、典型形象分析和雕塑技法等方面对彩塑的艺术特色进行分析。

二、二十八星宿彩塑的艺术特色

（一）人兽结合的形象设计

玉皇庙第二进院落中的西偏殿便是二十八星宿殿。虽然局限于殿室内的格局和道教中对星宿座次的排定，二十八星宿总体排列程序已定，但作者并没有被缚住手脚，依然精心安排利用人物动态的相互照应、人物神情气质性格的对比、人物形象高低起伏的穿插、动物和人物不同的呼应关系，形成了整体上气韵流畅、大气磅礴的生动效果。

除了排序第一的角木蛟头部 2006 年被盗外，其余的 27 尊保存基本完整。所有塑像均为重彩泥塑坐像，体量基本与真人等大，坐高 1.5 米左右。虽然每尊塑像均并置排列，但并无呆板雷同之感。塑像均为一人一兽搭配组雕，而这些动物其实正是二十八星宿的“本尊”，雕塑作者把一个庞大的星系拟人化，把动物的习性特质和人物形象巧妙融合，可以说是中国雕塑史上的一个创新。因为这些动物是二十八星宿的本来面目，这种表现方式形象化了动物的习性特质，让人乐于接受。动物和人之间的关系被处理得张弛有度、恰到好处，人与兽的关系恰似被一根无形的纽带所连接，“细细品味，整体格局中无不充满了冲突与和谐的戏剧化场面”[2](p98)。

作者利用写实与写意、想象与象征相结合的艺术手法化抽象为具象，将动物和人物巧妙地结合在一起，这 28 位性别、年龄、性格、身份、风度各不相同的天宫神灵，都被赋予了现实中人的品格，如长者的慈祥和蔼，中年人的庄重洒脱，青年人的机敏睿智，中年妇女的温婉端庄和武士的凶悍威猛等。但人物并无类型化、脸谱化之感，人物性格各异，细细品味，各有妙处。所有塑像均仪态潇洒、活灵活现。更为精绝的是，作者巧妙地运用了与星宿相配的动物为道具，既夸张了星君们的内在神力，又刻画出了星君们的独特形态，取得了形神兼备的艺术效果。

（二）造型精巧的艺术构思

二十八星宿塑像的外观与内涵都体现出了作者非凡的想象力和艺术创造力。细细品味，每尊星君按照五行归属有其共性的一面，但又不拘泥于此，避免了脸谱化，结合人物性别、动物习性等方面综合考虑，使得每尊星君塑像均有独到之处。

箕水豹、壁水貐、参水猿和轸水蚓这四尊占“水”字的星君都以女性形象来表现，以寓意温顺、柔和。宁静如水的表情下，蕴藏着母性的温情和阴柔的神力。以轸水蚓（图 1）的艺术造型为例，轸水蚓一副中年贵妇打扮，头戴花冠，面容俊美，举起的右手轻盈地捏着一条细小的蚯蚓，好似传统戏剧中的兰花指手势，动作优雅，神情温婉娴静，眉宇间流露出疼爱怜惜之情，面部五官塑造极为传神，令人有巧夺天工之感。人和蚯蚓体量相差悬殊，建立互动关系殊为不易，作者能够通过这样的体态手势恰如其分地表现出“虚拟的星君”对“星君本尊”的温情呵护实属难得，也令人感觉到作者对题材的驾驭能力和创造力。

尾火虎、室火猪、觜火猴和翼火蛇这四尊占“火”字的星君都作男性武士打扮，赤红色的脸膛上凶眉立目、表情夸张，人物形体动感十足，肌肉根根鼓起，以寓意刚烈、勇猛。其中尾火虎的艺术造型极为出色，好似一位久经沙场的战将，身披铠甲，须发直竖，斗大的拳头紧紧握住，双目圆睁似要喷出火来，一只咆哮的斑斓猛虎随行在前，强化了这位星君刚毅忠勇的英雄将士形象。再如翼火蛇也作武士装扮，袒胸跣足、单手擎蛇高举过头顶，怒发冲冠，作怒吼状，令人震撼，仿佛感受到星君的神威。

▲ 图 1　轸水蚓

▲ 图 2　虚日鼠

亢金龙、牛金牛、娄金狗和鬼金羊这四尊占“金”的星君也被塑造成了女性形象，可是作者却赋予了其迥然不同的性格特征，给人以不同的艺术感受。亢金龙虽为女性形象，却另有一番气象，只见她怒发直竖，神色庄重凛然，颇有不怒自威之感，把一个能够降龙伏虎的女神刻画得生动传神。虚日鼠（图 2）

则是二十八星宿中除水、金之外的唯一女性星君形象，她长发柔顺地技于肩头，面目温和娴静，呈现出一派温良持重的中年美妇形象，右手把一只幼鼠托于胸前，左手仿佛在轻轻地安抚怀中的幼鼠，整尊塑像呈现出的神情气派和西方的圣母像颇有一些异曲同工之妙。

女土蝠和胃土雉两尊星君则被塑造成老年长者的形象。两尊星君颜面舒展、慈眉善目，一脸的睿智和幽默，颇似两名阅尽人生百态、参透生死悲苦的智者，已然是跳出天界外、不在五行中，观之不禁令人心驰神往。氐土貉、奎木狼、和井木犴三尊星君均作中青年男子模样打扮，外表文静自在、恭谨儒雅，动作俱是内敛舒展，一派青年才俊书生的气质。

室火猪（图3）是唯一一尊动物不在人物身边的星君形象。火是古代木构建筑的大忌，为了讨一个好的彩头，室火猪不像其他的星君形象一样——动物或倚靠在人的侧畔、或被托举于人的掌中，而是远远地把一头小猪——也就是星君的本尊形象安置于殿室的房梁之上。一位赤发根根直竖前冲、面容凶恶、袒胸赤膊、右手掣一柄短刀的凶神恶煞向着小猪的方向龇牙咧嘴地瞪视着，仿佛马上要把小猪擒到手中。虽然星君形象面目骇人，但如此巧妙的安排也令人忍俊不禁，观者神经被调动得忽紧忽松，不得不为作者的巧妙安排赞赏。

▲图3　室火猪

（三）细致凝练的纯熟技法

二十八星宿塑像充分发挥了泥土塑形所能达到的最大丰富表现力。彩塑腰部细长，比例匀称恰当，面部表情充分体现了各自不同的性格气质，神态感情刻画极其出色，慈眉善目者有之，威武雄壮者有之，温文尔雅者有之，温柔娴静者有之，奔突狂呼者有之，敛踞安坐者有之，同时，也体现了作者的细致凝练。女性脸庞的温润细腻，老年人肌肤的干瘪松弛，武士筋骨的刚健有力等都表现得真实可信。服饰纹理线条流畅，疏密相间，刚柔相济，给人仿似“吴带当风”盈盈若舞之“天衣飞扬，满壁风动”的感觉。细部的衣饰刻画采用堆塑和重彩相结合的方式，刻画力求生动真实，有非常强烈的装饰性，观之令人感觉美轮美奂、神采飞扬。整个彩塑群像所用颜色无非石绿、赭石、铅白、朱砂几种，但却调剂得宜，所有形象均美轮美奂，无丝毫粗鄙简陋之感。

三、结　语

据晋城府城玉皇庙中碑记《玉皇行宫记》记载所知，二十八星宿彩塑为元代作品。据传这批彩塑的作者应为元代著名雕塑家刘元。刘元的彩塑造型精美，比例匀称，面部表情生动传神，细节丰富而表现细腻，人物腰部细长，五官塑有希腊式鼻子，人物形象栩栩如生，不流时俗等特点在二十八星宿塑像上均有生动体现。邓之诚在《骨董琐记》中引用《燕京访谈录》这样谈道："刘元塑像贵在传神。某关帝庙，有刘塑之关公像。关公之目视周仓，而周仓目眦视马夫，马夫之目侧视其马，故神气如生。"[3](p217) 所以尽管没有可靠证据表明这二十八尊星宿像确为元代著名雕塑家刘元亲手雕造，但确实可谓已得刘元真传。

二十八尊星宿群像，洋洋洒洒、蔚为大观、神气贯通、气势逼人，这些彩塑之精、之巧、之美，举世罕见，也是标志着我国古代道教雕塑艺术所能取得的最高成就的巅峰之作，堪称国之瑰宝。但让人担忧的是，因玉皇庙年久失修，殿宇漏雨渗水，背墙上的壁画和榜题因雨水的侵蚀早已面目全非，塑像的开裂和退色更是让人触目惊心。笔者愿与有识之士共同唤起人们对这些国宝的重视和保护，使其重新焕发蓬勃生机。

参考文献:

[1] 陈久金，杨怡．中国古代天文与历法 [M]. 北京：中国国际广播出版社，2010.

[2] 赵孝梅．唐风宋雨：山西晋城国宝青莲寺．玉皇庙彩塑赏析 [M]. 北京：商务印书馆，2011.

[3] 邓之诚．骨董琐记全编 [M]. 北京：中华书局，2008.

作者简介:

张　瑞（1980—　），男，山西临汾人，山西师范大学美术学院讲师，硕士。

山西万荣县后土祠庙貌碑考略

李 文

摘要：山西万荣县庙前村后土祠现存金代刊立的庙貌图碑，展示了北宋时后土祠的建筑风貌，同时记述了后土祠修建和刻庙貌图的缘由，以及历代皇帝亲历后土祠祭祀的情况，是研究后土祠的变迁情况和祭祀活动的重要资料。

关键词：山西；万荣县；后土祠；碑刻

万荣县荣河镇庙前村后土祠内现存《蒲州荣河县创立承天效法厚德光大后土皇地祇庙像图石》碑一通。碑方形，高140厘米，宽110厘米，刊刻于金天会十五年（1137），明嘉靖三十五年（1556）、天启三年（1623）重刻，现存献殿东。该碑的存在对于了解后土祠的变迁以及历代帝王祭祀后土提供了形象的资料。

一

碑阳线刻庙貌图（图1），额书“蒲州荣河县创立承天效法厚德光大后土皇地祇庙像图石”。图之空白处刻有一些文字。左右角为：

太宁庙事迹载诸碑石者，详矣。□无图以示远，岂前人之不思乎，或有力所未逮也。前县宰陇西公洞达百为周旋庶务，以己之所既见，虞人之所未瞻，慨然叹曰：远方之人，无力可来者，何繇睹此崇胜耶？纵或暂抵祠下，比其返也，

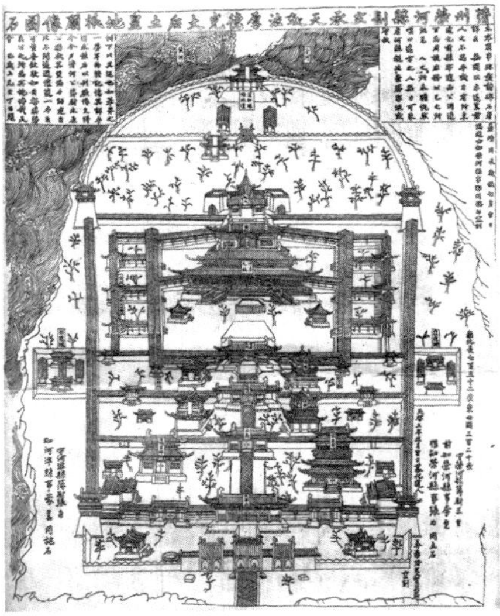

▲ 图1 《蒲州荣河县创立承天效法厚德光大后土皇地祇庙像图石》摹本（引自王世仁《记后土祠庙貌碑》）

如华胥之一梦耳，尚能记忆其详乎？因求兹石以刊厥像。又得今令尹清河公、簿尉太原公乐成其美，助建自此，不问远迩，傥获一本，自可焚香致敬，如目击胜概矣，公之所为其施博哉。天会丁□岁上元日丁亿题。

右侧上部为：

“嘉靖丙辰岁秋七月吉日赐进士知荣河县事郓州侯郁重刻。”

右侧下部为：

“守荣河县簿尉王修文、前知荣河县事李舜元、权知荣河县事张维同立石。天启三年正月吉日，募化道人寻崇偕匠人贺益盛重刻。”

右侧又刻：

“南北长七百三十二步，东西阔三百二十步。”

左侧为：

“守河津县簿尉张永晖、知河津县事蒙君益同施石。”

据碑上刻文可知，后土祠原名“太宁庙”，“南北长七百三十二步，东西阔三百二十步”。庙貌图为金天会丁□刻，明嘉靖丙辰（1556）、天启三年（1623）重刻。关于年号中所缺之字，是关乎此碑刊立的具体年代。王世仁先生在《记后土祠庙貌碑》中作了考证，认为“天会年号下所缺之字，实关该碑之准确年代。按天会共十五年，三年为乙巳，十五年为丁巳。又按《金史·太宗本纪》载：天会五年，金将完颜娄室始陷河中府诸城。据此碑断不可能为天会三年所立，应为天会十五年，故以丁巳为是”。王世仁先生还考证了刻文的时间，他从庙貌图中三座建筑题名处无字和碑阴最后所题“以上俱见《通鉴纲目》及《文献通考》”断定，文字“系元明间补刻，或即为明代重刻图象时同时补刻”[1]。

同时，刻文又言及了刻庙貌图的缘由：“远方之人，无力可来者，何繇睹此崇胜耶？纵或暂抵祠下，比其返也，如华胥之一梦耳，尚能记忆其详乎？”以及发起人前县宰陇西公、助建人今令尹清河公、簿尉太原公，嘉靖、天启重刻时的献石人、立石人、刻石匠人。

二

碑首刻于金初，反映了北宋时后土祠为一完整的大型祠庙建筑群。据碑可知，祠之北、西临汾河、黄河。轩辕黄帝扫地坛位于庙后。中轴线分别为棂星门、太宁庙、承天门、延禧门、坤柔之门、两方台、坤柔之殿、寝殿、配天及旧轩辕扫地坛，四角有角楼。整个建筑群南北长 732 步，东西阔 320 步。

棂星门三间，门外左右各有一上下马石和石狮。门内左右各有一宰牲亭，左另有一圆井。

棂星门以内，正中为五间歇山顶大门，名“太宁庙”。门两侧各有五间廊，中间各夹一三间角门。进入太宁庙，其左右各有一碑楼，三间二层，右为宋真宗碑楼，即王钦若于大中祥符四年（1011）所撰之《汾阴朝觐坛颂》，左为唐张说开元二十一年（733）撰的《后土神祠碑》。碑楼之侧各有二殿。进入承天门，院两侧各有碑楼，东为“修庙记”碑楼，三间二层，歇山顶，西边一楼名称模糊不清，再北为延禧门。过延禧门即为正庙之前院。院右为“钟楼”，其制与“修庙记”碑楼相同。对面一小楼，不知作何用。坤柔之门是正庙门，其制与承天门同，左右都设围廊，与东、西、北之廊相连，围成廊院，廊设栏杆。廊院共二重，前部大殿为“坤柔之殿”，即后土祠之正殿，九间，重檐歇山顶，下有高台基，设左右阶。殿西山引斜廊，围成内院。院内左右各有一小方亭，正中有一大一小两方台，大台为露台，南面正中出兮阶。小台用栅栏围绕，为封石匮之所 。[①]后殿名“寝殿”，三间，歇山顶。西山出斜廊。在廊房两侧，各有三小殿，与正院东西廊相连。左面北部一殿名称不清，其下为“六丁殿”、“五岳殿”，右面由北至南为“五道殿”、“六甲殿”、“真武殿”。廊院以北，围墙正中凸起高台，上有一三间悬山顶小殿，即“配天”。围墙之外，“配天”殿以北，是“旧轩辕扫地坛”，周围遍植树木，中间以横墙分为前后两院。墙上开棂星门，八字墙。前院左侧有一重檐方亭，名称不清。后院正中为坛，上建一重檐歇山顶大殿，其左右有配殿。

今之后土祠，已非《蒲州荣河县创立承天效法厚德光大后土皇地祇庙像图石》所刻之原貌。明万历年间汾河决口南泛，原庙被淹，清康熙间移地重建。同治初年，黄河河道东移，乃移建今地，始建于同治十二年（1873），主殿次年落成，光绪时又兴建。现存都是晚清建筑。祠南北长 240.81 米，东西宽 105.21 米，总占地 25 268 平方米。由北向南分别是秋风楼、正殿、香厅、献

注释：

① 王世仁《记后土祠庙貌碑》一文对大台作了三种推测，即或封石匮或拜台或舞台；关于小台，王先生称“殿前有一栅栏围绕之池”，后又推测其可能是“封石匮之坛”。车文明在《后土祠庙貌碑中两方台的考释》（载《考古》2001 年 第 6 期）一文认为大台应为露台，即舞台；小台是封石匮之坛，而非池子。

殿、戏台、山门（兼戏台）、献殿两侧的东西五虎殿及秋风楼东侧的《萧墙碑》碑楼。2002年万荣县政府投入巨资进行了维修，并在庙前平地新建了广场。秋风楼内藏有元世祖至元八年（1271）刻汉武帝《秋风辞》碑一通。

秋风楼，因汉武帝祭祀后土而写《秋风辞》碑藏于内而得名，建于一16米见方的砖石台基上。台基南面开门，门内正对墙上有一小龛，上题“扫地坛”。楼通高33米，共三层，面阔5间，十字歇山顶，四周回廊。檐下施斗栱。一、二层明间四门出顶。秋风楼东侧是一碑亭，内藏《汾阴二圣配飨之铭》碑（即《萧墙碑》）。该碑由5块石组成，高2.52米，通宽7.14米，是宋真宗于大中祥符四年（1011）亲祭后土时所作。正殿五间，面阔18.8米，深11.7米。硬山顶。六椽，五架梁对前后单步梁，用四柱。无斗栱。献殿亦为五间，硬山顶，面阔17.4米，明间3.9米，次间3.37米，深四椽8.65米。献殿和正殿中建一香厅，卷棚顶，阔3.95米，深2.76米。献殿的东西两侧，各有一座不大的配殿，即东西五虎殿，东五虎殿供奉五岳大帝，西五虎殿供奉三国时蜀国的五虎上将。中轴线上距献殿61米处是相连的二戏台。距二戏台44米是山门兼戏台。

三座戏台，呈品字形分布，故称品字台。南面山门兼戏台（图2）。山门重檐歇山顶，通面阔3间10米，进深两间10米。主体五架梁分心三柱，中设板门。北檐出廊，为戏台主要表演区。柱高1.75米处开榫眼，北檐平柱两旁又立二石柱，高1.75米，柱头开榫眼，左右山墙及山门分心墙上亦留榫眼，以备演出时插楞木，搭木板。山墙外又砌八字影壁。山门北44米处又有二连戏台，单层，硬山顶。二台间距2.40米（屋顶相连，下为通道），面阔8.05米，进深6.90米，前四架梁对后单步梁三柱。[2]（p192）角柱外砌八字影壁（图3）。西台匾题“歌舞楼”，上下场门门额分别书“古往”、“今来”；东台匾题书“春雪台”，上下场门门额分别书“镜花”、“水月”。东西两台石柱都题有楹联。东台前石柱为：“前缓声后缓声善哉歌也，大垂手小垂手轩乎舞之。”西台前

▲图2 山门戏台

▲图3 二连戏台

石柱为：“空即色色即空我闻如是，画中人人中画于意云何。”后面内柱为：“世事总归空何必以空为实事，人情都是戏不妨将戏作真情。”戏台前面的空地为观众区。

三

碑阴为《历朝立庙致祠实迹》，26 行，每行 25 字左右。记述了从轩辕黄帝扫地为坛祭后土以来，历代皇帝亲历后土祠祭祀后土的情况。全文如下：

轩辕氏祀地祇，扫地为坛于脽上。二帝八元有司，三王方泽岁举。

汉文帝十六年，诏更以明年为元年治汾阴庙。方士新垣平言，周鼎在泗水中，今河决通于泗，而汾阴有金宝气,意鼎出乎。于是治庙汾阴，欲祀出鼎。

武帝元狩二年，郊雍，帝曰：“今上帝亲郊，而后土无祀，则礼不答也。”于是东行汾阴，见汾旁有光如绛，遂立后土祠于汾阴脽上，亲拜如上帝礼。

元鼎四年六月，汾阴民巫锦得大鼎于祠旁，言于吏河东守滕胜，以闻诏验问无诈，乃以礼迎至甘泉，荐之郊庙，群臣皆贺。冬十二月，上亲祀后土。

元封二年，祀后土，赐二县及杨民无出今年租赋。

元封四年三月，祀后土，诏曰：“朕躬祭后土，光集灵坛，一夜三烛，其赦汾阴。”

元封六年三月，行幸河东，祀后土。

太初元年十二月，祀后土。

二年三月，幸河东，祀后土，有光应。

天汉元年三月,幸河东,祀后土。顾视帝京，欣然中流，赋诗。

宣帝神爵元年三月，幸河东，祀后土，天气清朗，神鱼舞河。

五凤元年三月，幸河东，祀后土。

甘露二年三月，幸河东，祀后土，神光耀烛斋宫。

元帝初元四年三月，幸河东，祀后土。

永光元年，幸河东，祀后土。

建昭二年，幸河东，祀后土。

成帝建始元年冬，罢汾阴祀。二年三月，始祀后土于北郊。

永始三年冬十月，复汾阴祠。初，帝用匡衡议，罢甘露泰畤。其日大风坏甘露，竹宫折拔畤中树木十围以上百余。帝异之，以问刘向。对曰："家人尚不欲绝种祠，况于国之神宝旧畤，且其始立，皆有神祇感应。"诚未易动，上意恨之。又以久无继嗣，白太后令诏有司复甘泉泰畤，汾阴后土如故。

四年春正月，帝如河东祀后土。

哀帝建平三年冬十一月，祀汾阴。

世祖建武十八年三月，帝如河东，祀后土。

唐玄宗开元十一年二月，祭后土于汾阴。初，上将幸晋阳。张说言于上，曰："汾阴脽上有汉后土祠，其礼久废，陛下宜因巡幸修复之，为农祈谷。"上从之。

开元十二年冬十一月，祀后土于汾阴脽上。太史奏荣光出河，休气四塞，祥风绕坛，日炀其光。

开元二十年冬十一月，祀后土于汾阴。十二月，帝还西京。初，萧嵩奏："自祀后土以来，年谷屡丰,宜因还京赛祠。"上从之，礼毕，上为文刻石。

宋真宗大中祥符四年春二月，帝祭后土于汾阴，大赦。三月，驻跸西京，诏脽上后土庙宜上额为太宁正殿。先是三年六月癸丑，河中府进士薛南等请祀后土。七月辛丑，群臣上表，复请。八月丁未朔，诏以来年春有事于汾阴。上曰："冀民获丰穰,于朕躬固无所惮。"戊申，以王旦兼汾阴大礼使，王钦若为礼仪使，陈尧叟为经度使，李宗谔副之。庚戌，命翰林晁迥、杨亿、杜镐、陈彭年、王曾与礼院详定祀汾阴仪注。辛未，内出脽上后土庙图，命陈尧叟量加修饰。九月甲午，命宰臣王旦撰《祀汾阴坛颂》，知枢密院王钦若撰《朝觐坛颂》。十月甲子，晁迥上祀汾阴乐章十首。十二月二十六日，诏进蔬食，群臣继请御常膳。己巳，帝制奉天庇民述，以示王旦等。四年正月，帝习仪于崇德殿。丁酉，奉天书，发京师，出潼关，渡河，次河中府。甲寅，以冯起为考制度使，赵湘副之。丁巳，至宝鼎县奉祇宫，有黄云随天书辇。戊午，斋穆清殿。庚申二鼓，上乘金辂法驾，继进至脽坛，夹道设燎，周以黄麾下杖。辛酉，上服衮冕，登坛祀后土地祇。奉天书于左，次以太祖太宗配侑，亲封玉册玉匮。少顷，服通天绛纱，乘辇至庙，设登歌奠献。司天监言黄气绕坛，月重轮，大角光明。群臣拜舞称贺,诏改奉祇宫曰太宁。壬戌，御朝觐坛，受朝贺，大赦，赐天下脯三日，大宴群臣于穆清殿，御制《汾阴二圣配飨》，建宝鼎为庆成军给复三年。乙丑，丁谓而下，以礼成献歌颂者四十二人，付史馆。丙寅，制汾阴礼成诗赐百官。四月甲，至京师。丁未，制西巡还京歌。已未，诏脽上后土庙上额为太宁正殿，周设栏。壬戌，增葺宫庙。六年八月丁丑，参政丁谓上《新修祀汾阴记》五十卷，诏褒之。七年十一月壬辰，陈尧叟上《汾阴补记》三卷。以上俱见《通鉴纲目》及《文献通考》。

碑文记述，后土祠始建于汉武帝元狩二年（公元前 121）。汉武帝并于元狩二年（公元前 121）、元鼎四年（公元前 113）、元封二年（公元前 109）、四年（公元前 107）、六年（公元前 105）、太初元年（公元前 103）、二年（公元前 102）、天汉元年（公元前 100）共 8 次亲临祭祀，之后汉宣帝于神爵元年（公元前 61）、五凤元年（公元前 57）、甘露二年（公元前 52）共 3 次，汉元帝于初元四年（公元前 45）、永光元年（公元前 43）、建昭二年（公元前 37）共 3 次，汉成帝于永始四年（公元前 13），汉哀帝于建平三年（前 4），光武帝于建武十八年（42），唐玄宗于开元十一年（723）、十二年（724）、二十年（732）共 3 次，宋真宗于大中祥符四年（1011）亲临汾阴祭祀后土。

碑文的记载除《资治通鉴・汉纪十三》所记汉武帝太初元年（公元前 103）十二月祀后土是在山东高里外，其余的大抵与《汉书》、《后汉书》、《资治通鉴》等史书中各本纪的记载相同 。宋真宗以后，再也没有帝王亲临后土祠来祭祀后土，明代以来，后土的祭祀变为纯粹的民间祭祀。

综上，庙貌图碑为后世提供了比较翔实的史料，是研究后土祠的变迁和后土祭祀的重要依据。

一方面，庙貌图展示了北宋时后土祠的建筑风貌，和今天之后土祠相比，使得后人可以全面了解后土祠的历代变迁。后土祠始建于汉武帝元狩二年（公元前 121），“立后土祠于汾阴脽上”，即汉汾阴故城西北二里原汾河与黄河的交汇处。汉时的后土祠庙貌不得详知，唐开元间增修。《蒲州府志》载：“至开元修庙，规模壮丽，同于王室，号奉脽宫。宋开宝九年，徙庙，稍南。”[3] 宋大中祥符三年（1010），再次修祠，并进一步扩大，庙貌图所展示的规模应该就是此次扩建后的情况。

另一方面，碑文记载了历代帝王祭祀后土的情况。后土祭祀由来已久，传说始于轩辕黄帝，据庙貌图碑阴《历朝立庙致祠实迹》记载："轩辕氏祀地祇扫地为坛于上，二帝八元有司，三王方泽岁举。"祠内故有祭祀的历史遗迹——扫地坛。秦汉以来，历代帝王皆祭后土，汾阴后土祠即为宋代以前朝廷祭祀后土的本庙。汉、唐、宋多位皇帝亲祀后土，金、元两代，再无帝王亲祀汾阴之举。明代以来基本为民祭。后土祭祀除了传说中的轩辕黄帝扫地为坛而祭外，直到汉武帝于元狩二年（公元前 121）始建祠并亲临祭祀，才真正开始了帝王的祭祀。《汉书·郊祀志》载：

天子郊雍，曰："今上帝朕亲郊，而后土无祀，则礼不答也。"有司与太史令谈、祠官宽舒议："天地牲，角茧栗，今陛下亲祠后土，宜于泽中圜丘为五坛，坛一黄犊牢具。已祠尽瘗，而从祠衣上黄。"于是天子东幸汾阴。汾阴男子公孙滂洋等见汾旁有光如绛，上遂立后土祠于汾阴脽上，如宽舒等议。上亲望拜，如上帝礼。[4]（p1221–1222）

之后，汉宣帝、汉元帝、汉成帝、汉哀帝、光武帝、唐玄宗、宋真宗等帝王亲临祭祀。然而由于后土祠所处较偏僻，给帝王祭祀带来了诸多不便，故金元时期就改为官祭，明代于京城建立天坛、地坛后，祭祀天地就不再到本庙，于是汾阴后土祠祭祀就变为民间祭祀。这样，后土祠似乎失去了原有的光辉，以致祠庙凋敝。2003 年，万荣县政府举办了世界华人公祭后土圣母大典暨万荣首届后土旅游文化节，之后，每年举办一次，后土的祭祀似乎又有所恢复。

《历朝立庙致祠实迹》是研究后土祭祀的重要史料，不仅较客观地记述了历代帝王祭祀后土的情况，也为梳理历代后土的祭祀提供了非常直接的资料，从而了解后土祭祀的演变。

参考文献：

[1] 王世仁 . 记后土祠庙貌碑 [J]. 考古，1963，（5）.

[2] 车文明 . 二十世纪戏曲文物的发现与曲学研究 [M]. 北京：文化艺术出版社，2001.

[3]（清）乔光烈，周景柱纂修 . 蒲州府志 [M]. 乾隆二十年（1755）刻本 .

[4]（汉）班固 . 汉书 [M]. 北京：中华书局，1997.

作者简介：

李　文（1970—　），男，山西山阴人，运城学院副教授，博士。

宁武县古代建置沿革考释

王杰瑜

摘要：宁武县古代建置大致经历了秦汉至西晋的楼烦县、北朝的敷城郡（县）、宋辽金元的宁化军（州、县）和明清的宁武府（县）。其政治中心地主要集中于宁化古城和宁武县城周围。宁武处于农牧两大文明的通道上，一方面这里军事斗争激烈，军事色彩浓厚；另一方面，区域长期存在着不同的文化元素。

关键词：宁武县；建置沿革

宁武位于山西省中北部，历史时期，宁武是连接大同盆地和太原盆地的重要地理节点，是农牧两大文明沟通的走廊，这种地理构成使其在中古以前，以分水岭为界分属于两个行政区，迨至明代，建宁武关，才使这个地方逐渐形成一个较为完整的人文地理单元，清雍正裁卫所设县，最终形成现在的行政建置——宁武县。

长期以来，人们了解宁武县建置沿革主要依赖于光绪《山西通志》、乾隆《宁武府志》和新编《宁武县志》的记载。然而受限于时代和资料，旧志的一些判断缺乏佐证而略显苍白，新编县志拘泥于旧说，鲜有新意。有鉴于此，笔者运用历史文献学、考古学和地理学的方法，对宁武县古代建置沿革进行

▲ 图 1　芦芽山在武宁

了较为详尽的考释，大致上梳理出一个基本脉络，以求教于方家。

一、秦汉、西晋时期

宁武一名，最早见于《新唐书·地理三》。但那时的宁武，既不是一级行政区划，更非本文所指。今天宁武县之宁武始自元大德六年（1302）。宁武之名虽始于元，历史却很悠久，春秋战国时期，一直为楼烦部族所居。按《史记·匈奴列传》记载，战国后期，赵武灵王胡服骑射，北拓疆土，楼烦部族被迫迁于阴山之北，宁武始为赵之雁门郡地。秦统一天下后，此地设立楼烦县。[①]乾隆《宁武府志》卷一称："今宁武，汉崞县地也"非也。西汉初，在今岚县设太原郡汾阳县，东汉初年撤销。[②]《汉书·地理志上》云：汾阳县"北山，汾水所出"，表明宁武分水岭之南当为汾阳县辖境。光绪《山西通志》卷二十九载：宁武县，"汉雁门郡楼烦县，兼太原郡汾阳县地"是也。东汉末羌胡大扰，百姓流散，雁门等郡县名存实亡，楼烦县也随之撤销。建安二十五年（220），于今忻州设立新兴郡，宁武地方归其管辖，然而没有具体的行政设置。西晋统一，楼烦县建置恢复，仍属雁门郡。按光绪《山西通志》卷二十九《府州厅县考七》，永嘉四年（310），刘琨将雁门郡所属马邑、阴馆、楼烦、繁畤、崞等五县迁于勾注山以南，楼烦县的建制再次被撤销。

楼烦县治所地的不确定是导致其建置沿革认识上混乱的重要原因。历史上楼烦县治所地存有三说。

一说，楼烦县治今原平市崞阳镇东楼烦城。最早源自李泰的《括地志》卷二。李贤为《后汉书》作注也袭用此说。事实上，按《北史》卷一，在西晋永嘉四年（310）时，刘琨"徙马邑、阴馆、楼烦、繁畤、崞五县人于陉南，更立城邑"。"陉"即两汉之"西陉"和"东陉"。徙陉南，说明此前

注释：

①关于楼烦县的设置时间，目前国内现存两枚战国时赵国平首尖足布"娄番"布，据黄锡全的判读，"娄番"当为"楼烦"，说明战国晚期已经有楼烦县的设置。《汉书》卷一百上《叙传》记载："始皇之末，班壹避墬于楼烦，致马牛羊数千群。"看来秦有楼烦县建置。

②汾阳县撤销年份不确，诸多史志云东汉省。《后汉书·郡国志》云："凡前志有县名，今所不载者，皆世祖所并省也。"故确定汾阳县于东汉初撤销。

五县均治于陉北地区，楼烦县的治所当然也不该跑到勾注山之南了。因此，《大清一统志》记载：楼烦故城，“在崞县东十五里。古楼烦国及汉所置楼烦县俱在今雁门关北，晋徙于此，……《括地志》在今崞县东北，盖晋时所徙”[1]（卷一百二十二，古迹）。可见，原平市崞阳镇东楼烦城并不是楼烦县的县治。

一说，楼烦县治今朔州市朔城区夏官城村。这最早源自宋代的宋白。据《资治通鉴》卷一百八十八记载：武德四年（621），“代州石岭之北，自刘武周之乱，寇盗充斥，大恩徙镇雁门”。胡三省注曰：“雁门，汉广武县，隋更名。隋、唐代州皆治雁门，汉雁门郡治阴馆。李大恩岂徙镇汉雁门邪？宋白曰：‘句注在代州西北三十五里，雁门界西陉山也。始皇十三年移楼烦于善无县，今句注山北下馆城是也，故《续汉书》云：雁门郡理阴馆’。”“善无县”，按《大清一统志·朔平府·古迹》：秦、西汉属雁门郡，并为雁门郡治，东汉改属定襄郡，为定襄郡治，其治所地在今朔州市右玉县右卫城镇。“下馆城”即夏官城，曾为楼烦乡，西汉景帝后元三年（公元前141）于此置阴馆县，东汉为雁门郡治。两汉书对此的记载是比较清楚的，宋白之所以将善无县与下馆城联系在一起，恐怕是因为新莽时期，善无县曾一度更名为阴馆县的缘故。①将两汉之阴馆误为新莽之阴馆，且两汉之阴馆本为楼烦乡，故宋白言词凿凿判定“移楼烦县于善无县，今勾注山北下馆城是也，故《续汉书》云：雁门郡理阴馆”就不难理解了。受宋白的影响，《元一统志》及永乐《太原府志》亦云：“秦始皇十三年移楼烦于善无县，今句注山北下馆城是也。”由此看来，夏官城并不是楼烦县治。

一说，楼烦县治今宁武县城附近。此说出现得较晚。光绪《山西通志》卷二十九载：“两汉城邑之在（宁武）府境者，止楼烦、武州二县为有徵。……”其（楼烦）故城似即在今府境治左右。《元和志》云：“‘楼烦关在静乐县北一百五十里’。关因汉县而名也。今府南七里有六番岭，一作六盘，《府志》云即楼烦之讹也。”《中国历史地图集》将秦汉楼烦县治标绘于今宁武县城。

1993年10月，忻州市文物管理处配合宁静铁路的建设，在宁武县城西7.2公里处发现了苗庄古城，因该古城坐落于余庄乡苗庄村，故称。城址坐落于管涔山东坡山脚的黄土台地上，东临恢河。古城为两城相接，平面呈长方形，

注释：

①谭其骧《新莽职方考》：填狄郡，“汉雁门郡，旧领县十四。……阴馆，汉善无”。

面积很大，约40万平方米。四周城墙轮廓清楚，北墙保存得最为完好，现存城墙基宽约6米，顶宽约6米，残高3—8米。墙体夯筑，夯层厚0.04—0.10米。有马面3座，相距约100米，宽4—8米，残高2—8米。1994年春夏之交，忻州市文物管理处对古城进行了勘察，认为古城应为一汉城，“与汉代边塞城址极为相似”，是“同于障塞，军事色彩浓重”[2]（p102-105）。2000年夏天，笔者考察东魏肆州长城，曾对古城址进行过多次考察，随行的考古学者认为此城址不仅筑于汉代，并且一直沿用至北朝，像如此规模的古城址，决非汉代之“障塞”，当为某个县或郡的治所地。

隋唐两朝为防御突厥，曾在分水岭一带设置了楼烦关。《大清一统志》云：在宁武县西南。《元和郡县图志》“岚州静乐”条载：“楼烦关，在县北一百五十里。”又云：“管涔山，在县北一百三十里。汾水出焉。”汾水源在今宁武县西南30公里的东寨镇，东寨镇向北10公里即今宁武县分水岭，由此断定，分水岭即隋唐楼烦关关址。光绪《山西通志》称：楼烦关因汉县而名。于是，苗庄古城作为楼烦县的治所地是合乎情理的，也符合史实。

二、北朝时期

东晋十六国时期，宁武未有具体的行政设置。据《魏书·地形志》载，北魏始光元年（424）设敷城郡，属并州；太平真君七年（446）罢郡而更名为敷城县，属秀容郡。北齐沿袭，天保七年（556）州县大省并，敷城县撤销。敷城郡与敷城县大约连续存在了132年的时间。由于历史文献对敷城郡、敷城县的相关记载较少，其辖境与治所地始终不清，导致宁武县历史建置沿革不清楚。

首次对敷城郡、敷城县具体地理位置进行说明的光绪《山西通志·古迹考》称：“（石城）今崞县崞山城，崞州所治也……又有敷城在县西，与宁武界。”[3]（p3914）宁武县，“太武始光中，分其东境置敷城郡，寻改”[3]（p2540）。今人王仲荦说肆州石城县，“有旧置敷城县，今山西原平县境内”[4]（p88）。《中国历史地图集》将敷城县标注于原平县境的内北，但没有标明具体位置。近年来，施和金综合了上述观点后指出：诸书皆无此敷城县沿革之记载，王仲荦《北周地理志》云在今山西原平县境内，《中国历史地图集》亦标敷城县在山西原平县境内北，因此认为后魏、北齐之敷城县在“今山西原平县西北也”[5]（p175）。

《魏书·地形志》记载敷城境内有石谷山、亚角神、车轮泉神。检《魏书》卷五、卷七，与“车轮”相关的记载有两条：一是在太安四年（458）十月，北魏文成帝北巡至阴山，“辛卯，车驾次于车轮山”；另一是在延兴五年（475）夏四月，孝文帝“丁未，幸武州山。辛酉，幸车轮山”。武州山亦曰武周山，在大同市区西15公里的云冈。由此可推断，车轮山当为离北魏都城平城不太远的地方。胡三省为《资治通鉴》作注时承袭此说：“‘车轮山’北史作‘车轮山’。”这一说法显然不妥当，因为敷城县的辖境远不及平城。

《水经注》卷十三曾记载了这样一个美丽的传说：燕京山之大池“世谓之天池，方里余”。“古老相传言，尝有人乘车于池侧，忽过大风，飘之于水，有人获其轮于桑乾泉，故知二水潜流通注矣。”按《明史·河渠五》燕京山之大池即宁武县天池，桑乾泉即今朔州神头泉。天池，北朝时期又称“祁连池”，帝王权贵视其为神灵，据《北齐书·阳休之传》，天保四年（553）高洋于天池边得瑞石，上有文曰“六王三川”，问于随行大臣阳休之，对曰：“既于天池得此石，可谓天意命王也，吉不可言。”车轮泉神是否与此传说有关邪？在天池附近或不太远的地方出现一个车轮泉神的地名是完全可能的。

此外，在此前所论及的楼烦县治苗庄古城，在考古实践中，发现古城内部地面之上存在着为数众多的北朝实物，这就表明在永嘉之乱后的北朝，这座古城仍然在被利用着；与此同时，东魏肆州长城的西端与该古城的北城墙相连，然后跨恢河（即桑干河西源）后，呈东西向，延伸至原平市官地乡黑峪村北止[6]，黑峪村距离北朝时的石城县治地崞阳镇也非常近。

三、隋唐时期

隋时，突厥不断通过山西北部侵扰忻定盆地和太原盆地。据《隋书·王仁恭传》，隋炀帝一方面调宿将王仁恭“领马邑太守”予以打击；另一方面及时调整行政建置。同书卷三，大业四年（608）四月，炀帝在汾河上游谷地设置了楼烦郡，统领静乐、临泉（今兴县）、秀容（今忻州市）三县。按《隋书·地理中》记载，其时宁武分水岭之南地属楼烦郡静乐县管辖。隋末楼烦郡虽被撤销，静乐县归属也发生了多次变化，但从唐初直到北宋太平兴国四年（979）止，分水岭之南地一直由静乐县管辖，分水岭之北则由马邑郡之招远县和朔州善阳县管辖。

楼烦郡“因汉旧楼烦县为名”，选择静乐县以北 80 里的伏戎城作为郡的治所地。[7]（p397）伏戎城，最早见于《水经注》卷六：汾水“又南迳一城东，凭墉积石，侧枕汾水，俗谓之伏戎城”。李晓杰等认为，伏戎城“地当今宁武县化北屯乡宁化村”。“准之里数，知唐静乐县治即今县址，伏戎城在其八十里。此处今有宁化村宁化古城遗址，疑即郦注所言伏戎城之所在。”[8]（p37）宁化古城是汾河上游谷地最为狭窄的地方，具有较重要的战略地位，楼烦郡的设置凸显出了这一地区军事上的重要性。文献没有交代楼烦郡撤销的时间，但据《通鉴》卷一百八十三，义宁元年（617）三月丁卯武周袭破楼烦郡，以其属县秀容置定襄郡。由此可确定，这一年撤销了楼烦郡。从设立到撤销，楼烦郡大概存在了 9 年时间。

分水岭之北的招远县，于大业元年（605）更名为善阳县，按《隋书·地理中》记载，属朔州。善阳县自隋建立到明初撤销，辖境没有变化。据《金史·地理志》记载：“（朔州）鄯阳，晋故县。有桑乾河、大和岭、天池、雁门关、霸德山。”由此可见，宁武分水岭之北由善阳县管辖，直至明初。

四、宋辽金元时期

五代末世，山西北部的形势十分复杂，当时分水岭以北已为契丹人所占据，属朔州善阳县管辖。其县境南部，按《元丰九域志》卷四，北汉时设岚州固军，太平兴国四年（979），北宋灭北汉设宁化军，次年又设宁化县，军与县同治宁化城。

对于宁化军与宁化县的设置时间，还存在一定的分歧。《太平寰宇记》卷五十记载“太平兴国六年（981）改为宁化军”，南宋人李攸在《宋朝事实》及马端临均说是太平兴国四年（979），据《宋史》卷八十六，宁化县，熙宁三年（1070）废，元祐元年（1086）复置，崇宁三年（1104）又废为镇。《读史方舆纪要》则误记载为宁化军。《金史·地理志下》记载金大定二十二年（1182），改宁化军为宁化州，同时设置宁化县为州治。元太祖十六年（1221），宁化县并入管州。按《元史·地理志》的记载，宁化州则于元顺帝至正三年（1343）撤销。

五、明清时期

明朝，宁武作为战略要地，设有行政建置。洪武十一年（1378）在宁化村设宁化千户所，属山西都司管辖，孝宗弘治十一年（1498）于今宁武县城设立宁武守御千户所。土木之变后，明朝北方形势严峻，成化三年（1467）于今宁武县城设立宁武关，加强军防。按《明宪宗实录》卷二百七十六，成化四年（1468），明政府又命镇守山西署都督佥事王信移镇代州，提督雁门、偏头、宁武三关，始有三关镇的设置。成化二十年（1484），“命镇守代州等处右副总兵都督佥事周玺充总兵官，仍居代州”。总兵官驻代州意味着宁武关只为协守。又据《明世宗实录》卷二百五十三、卷二百五十七，嘉靖二十年（1541）九月，改副总兵为总兵官，次年正月“升山西副总兵戴廉为总兵官，镇守山西地方”。三关镇最终形成。嘉靖三十九年（1560）析岢岚道芦芽山以东增设宁武道进行管辖。[9]（p427）清初裁宁武道，将三关镇更名为宁武营。雍正三年（1725）于宁武设宁武府，设宁武县为府的附廓县[3]（p2547），形成了目前的宁武县建置。

结语：宁武历史发展的特点

综上，宁武县古代的建置沿革大致经历了秦汉至西晋的楼烦县、北朝时期的敷城郡（县）、宋辽金元的宁化军（州、县）和明清时期的宁武府（县）等。其政治中心地主要集中于两个点：宁化古城和宁武县城周围。就政治中心地而言，宁武的历史大致上可分为三段：隋以前、宋辽金元和明清。由此，我们大致也可以看出宁武历史发展的特点。

第一，军事色彩浓厚。宁武县历史上的两个行政中心地的三座城池——宁化城、苗庄古城、宁武城的城址都选择在河谷中最为狭窄的地方，是扼守汾河谷地和恢河谷地的军事性堡垒。苗庄古城因赵武灵王击败楼烦而设立，到北朝时，为了防止山胡、柔然的侵扰而自城西修筑了肆州长城，而城墙正好借用了该城的北墙。宁化城，早在北魏前期就建有伏戎城。隋为防止突厥族顺河而至太原，在此设楼烦郡。北宋设宁化军更突显了其军事性。

第二，农牧两大文明的通道。太行、吕梁两大山脉在完成山西的表里山河后，分别伸出左右手（太行之恒山、吕梁之云中山）在今天宁武这个地方扭结在一起，横亘于山西北中部。其北为半湿润向半干旱的过渡带，属于灌丛与草原植被类型，适宜于发展畜牧业，其南为半湿润向湿润的过渡带，属于森林植被类型，适宜于发展农业。山西的两大河汾河、桑干河上源恢河发源于分水岭的南北两侧。其南，汾水出县境，向南经太原、晋中、临汾、运城，于万荣县入黄河；其北，恢河出阳方口，于朔州与金龙池水汇为桑干河，历大同、河北张家口、北京，汇入海河，于天津入渤海。两大河谷地带就成为沟通南北两大文明的通道。

第三，多元文化。从以上所述可知，宁武是两大文明交汇的地方，自然有着不同的文化元素。其次，在早期的历史中，经常为不同的行政区划所分割，行政区虽然不会产生新的文化，却对区域文化的形成会自然地施加影响，尤其是在宋辽时期，分水岭南北的文化面貌存在着较大的差异，会对该区域的文化产生影响。因此，直到今天，在对宁武文化有普遍的认同性的基础上，仍然存在着明显的文化分异。

***参考文献*:**

[1](清)大清一统志[M].上海:上海古籍出版社影印乾隆四十九年本,1987.

[2]郭良堂等.宁武苗庄古城及长城考.山西省考古学会编.山西省考古学会论文集(第三集)[C].太原:山西古籍出版社,2000.

[3](清)王轩等.山西通志[M].北京:中华书局,1990.

[4]王仲荦.北周地理志[M].北京:中华书局,1980.

[5]施和金.北齐地理志[M].北京:中华书局,2008.

[6]山西长城调查队.东魏肆州长城[J].文物世界,2001,(3).

[7](唐)李吉甫.元和郡县图志[M].北京:中华书局,1984.

[8]李晓杰等.《水经注》汾水流域诸篇校笺及水道与政区复原.中国地理学会历史地理专业委员会.历史地理(第26辑)[C].上海:上海人民出版社,2012.

[9](明)杨时宁.宣大山西三镇图说[M].台北:正中书局,1981.

作者简介:

王杰瑜（1964—　），男，山西宁武人，太原师范学院历史系副教授，博士。

“塞上宁武关，天下早知名”
——山西宁武关史话

胡　丹

摘要：宁武，古称楼烦，在地理上介于农、耕与游牧两种文明的交错地带，是一个典型的亚洲内陆边疆县域。明成化三年（1467）建关，为其肇城之始；与其关城历史共起的，是一个军事卫所的时代。入清以后，宁武关军事地位降低，随着卫所改建府县，宁武进入了地方行政治所的时代。

关键词：宁武关；外三关；内长城

流传于今天晋蒙地区的民间小调“漫瀚调”《宁武关》，有这样几句唱词：

塞上宁武关，天下早知名。

昔日杨家将，在此扎大营。

这里是个好地方，老百姓多安宁。

哎嗨哎嗨哟，老百姓多安宁。[1](p50-51)

杨家将“守三关”的故事人们耳熟能详，不少人以为杨六郎所守“三关”，就包括山西的宁武关。民间故事总是在历史叙事中加进自由的想象，其实无论是杨家第一代老令公杨业的战殁之所，还是第二代儿郎们所镇守之边，都不在宁武关。[2] 传说将宁武关与杨家将故事联系起来，显示了后人的“集体记忆”中宁武雄关峕然崛立的突出地位。

一、建城史前的“宁武”

宁武关位于山西省中北部“内长城”一线的中部。虽然“宁武”这个地名起得较晚，但就其地理位置而言，一直都是“塞上”要地，经常成为不同朝代的分界之地。这一点从宁武周围几十公里的范围内分布着从战国、东魏、

▲图 1　宁武鼓楼

北齐到明代各个时期的长城即可看出。

清代宁武知府魏元枢在《宁武府志·序》中概述了古代宁武地区变迁的历史：

虽帝都冀州之北鄙，而林胡、娄烦，实獯鬻、猃狁之南境。传称代北多气节之士，然而风俗奔野，文献无稽，历考史传，惟元魏始基，雄踞于此。往往村落数十家者，列为郡县军府，而朝更暮改，曾不历时。及南齐，始一并省。上溯秦汉魏晋，下逮唐宋元明，又或纷纭数易，加以匈奴、乌丸、鲜卑、突厥、鞑靼、瓦剌，前后侵扰，殆无虚日。[3](p112)

战国时人所作《尚书·禹贡》，将天下划分为“九州”，只是一种理想图景。其实说宁武名为“中国”冀州的北边，毋宁说是“戎狄”的南境。宁武地区由于地处游牧与农耕民族的交错地带，在历史时期属隶关系及其界域变化极大。周代，这里为西戎的一支燕京戎所据，春秋时又为“三胡”之一楼烦的领地。楼烦在宁武的历史上留下了深刻的印迹，楼烦成为宁武的代称，如乾隆《山西志辑要·边防》云：“宁武，古楼烦地。”战国末期，在“胡服骑射”中强大起来的赵国“破（林胡、楼烦）以为县”，这是包括宁武在内的晋北地区郡县制的开始。但宁武并没有就此成为中原王朝的腹里内地，在两千年的时间里，匈奴、鲜卑、突厥、契丹、女真、蒙古、满洲等部族势力相继进入这一地区，各民族在此长期冲突、融合，形成了一个夷夏杂糅的边疆地带。

宁武西南的管涔山是山西境内两条主要河流汾河与恢河的分水岭，以岭为界，宁武南北的地形及自然条件差异很大。明代以前，今天的宁武县域几乎从未形成一个共同的政区[4]，其边界也极不稳定。大体言之，宁武在秦汉时代，郡属雁门，县属楼烦。在东汉末年以后200多年的分裂时代，这里常成为割据政权相争的边防之地。即便在大一统王朝时期，这一片地区也经常被分割，如隋时分属楼烦、雁门、马邑三郡，唐时分属朔、代、岚三州。

五代十国时，后晋“儿皇帝”石敬瑭将幽云十六州割让给契丹，宁武地区再次成为朝代的疆界，这对后世的影响非常大。太平兴国四年（979），北宋在武州（在今朔州境内）设宁武军，这是“宁武”作为地名第一次出现；次年，又在其南设宁化军。宋辽两国最初未能勘明界址，为此经常发生领土争端，直到宋神宗熙宁十年（1077），始以分水岭为界，其北尽入为辽土，宋朝则付出了“东西失地七百里”的沉重代价。

金、元时期，宁武地区较少有军事活动，元朝在此设屯（今宁武县北黄花岭），沿用了宁武的旧名。明朝建立后，在晋北武、朔诸山谷间，乘隘设兵戍守，以备御蒙元势力，如著名的雁门十八隘皆设守备。此时的宁武属太原府崞县管辖，保留了前元的屯堡，明朝只在其南面的宁化开设了守御千户所，分水岭以北并无戍卒。这表明在明初的战略部署里，处于万山之中的宁武，其地位仍不如宁化，尽管它更靠近北边。

二、宁武“建城为关”与“外三关”防御体系的形成

明初，在从辽东到甘肃的万里北边构筑起一道以都司卫所为中心的坚固防线。但在蒙古势力的压迫下，不断向内收缩，尤其是大宁、开平、东胜等地相继弃守后，这条绵亘连缀的战略国防线出现巨大的缺口：大宁、开平之失，使得辽东与宣府、大同两镇失去联络，京畿直接暴露在敌人的兵锋之下，定都北京的明王朝被迫形成“天子守边”的形势；东胜（在今内蒙古境内黄河向南大转弯处）失守后，北方部族可以自由进入河套地区驻牧，常趁黄河封冻，渡河侧击山西。特别是正统十四年（1449）“土木之变”后，明、蒙攻防关系发生根本性转变，此后蒙古铁骑南侵日亟，或拆墙破关，直入大同，横扫雁北，或拥众渡河，西犯偏关（今山西偏关县黄河边），甚至多次大掠晋中州县。外长城的防守已不再可靠，过去的“腹里”如今已为国门。

宁武之建关，正是在此背景下发生的。乾隆《宁武府志》云：“宁武据雁门、偏头两关之中，其始未显也，至明中世而始为要地，遂称重镇。”当时有官员指出，山西北部的防守已无法片面依赖大同镇，应在殿于其后的雁门关与偏头关之间新设一关，使东西两路连为一体，形成第二道藩篱。新关之址，择中的便是居于“朔、应、忻、岚、保德诸州之会”的宁武（时为军屯地）。成化元年（1465），巡抚山西都御史李侃奏言：“宁武北临云、朔，西带偏、保，虏入要冲，请设关防守。”[5](p601)

在宁武设关有两个必要性：首先，宁武一带“虽山势磅礴绵亘，而原隰平衍，有道可通，非若彼二关（按指雁、偏二关）之峻险回阻也”，故常成为虏寇入境之径。[3](p316) 而从大同经宁武到太原一线，是一连串的盆地与河谷，

地势较为平衍，利于“虏骑”突进；宁武以南几乎无险可守，戍兵唯有宁化一千户所兵力，其利害不言自明。其次，宁武居于雁、偏两关之中，在此设关屯卒，便于东西呼应，首尾相顾，长城内线防卫力量将大为增强。

经兵部议准，成化三年（1467）三月，关城正式开工建设，“伐石于山，采木于林，陶甓作冶，而工徒则取兵民之当调戍者”[3](p317)。次年四月，关城建成后，就沿用原屯之名，称为宁武关。新城依华盖山而建，北高南低，东南下临恢河，沿河的走势形成一个南北窄、东西长的不规则延伸。新城周围4里许，高3丈有奇，环以埤堄，辟东西南三门，翼以瓮城，城内守帅厅事、藩臬行署、驿传仓场及兵舍战守之具毕备，岁调太原、平阳等府卫班军、民壮4000人，分两番轮戍。这是宁武关最初的规制，它由守备一员负责守卫，属于军堡的层级。

自宁武设关，便与雁门、偏头合称三关，又称“外三关”。

这时的宁武关，“官无额置，人无土著，非所以壮兵威而摄虏胆也”[3](p7–8)。此后，明朝不断加强它的防御，宁武关在内长城及“外三关”中的地位也持续提升。弘治十一年（1498），在宁武关正式开设“宁武守御千户所”，宁武乃由军堡升格为千户所城，从此其守戍“皆与二关同”，有了额定的官军员数，不再依赖轮戍的班军。同年，开始对关城进行扩建，新城展拓为周7里120步，城上有敌台，城下有壕堑，四隅有阁，垛口1702，城门9，城市规模几乎大了一倍[6](p2547)，奠定了宁武城以城中心鼓楼为核心的基本格局。

宁武关的城防体系也得到完善。正德九年（1514），右都御史丛兰总制边务，“至宁武，周览河山险阻，城隍修废，驻西廓之山，俯视城内”，认为“贼若据此，乘高下射，则城不可守”。按照他的建议，守臣“随山筑城，因涧为地，名之曰宁文堡”。堡成后，“东望旧城，巍然对之于二山之上，如左右手”[7](p6–7)。在宁武周围要害之处陆续修建的军堡有12座，形成了一个以关城为中心的立体的防御体系。即便在“隆庆和议”之后，边疆军事形势大为缓解，明朝仍没有放松对其防卫设施的增修改建，过去的土堡多在万历年间包砌砖石，并营建东、西关城墙，加筑了北关护城墩——“屹然金汤之险，观形势者咸称‘凤城’”。宁武又被称为“凤凰城”，这里至今还流传着它肇城之始，一只彩凤助其定址的传说。

当雁门、宁武、偏头三关防御东西连贯，形成一体后，宁武关的地位持续上升。嘉靖十九年（1540），以原驻偏关副总兵为总兵官，兼领三关。

山西总兵平时驻节宁武关，防秋时移驻阳方口（宁武关北的长城隘口，是宁武的门户），防冬则移驻偏关。此为山西设“镇”之始，标志着山西由原来的内地一省（布政司）兼而为“边镇”，正式加入“九边”的序列。新的山西镇又称“三关镇”，宁武从此成为镇城和山西中北部的中心城市。嘉靖三十九年（1560）又增设宁武兵备道及管粮通判，建学立仓，“规制大备，屹然称雄焉”。

宁武关建置的不断完备，是三关防御力量整体加强的组成部分。嘉靖中期，三关镇又添设协守副总兵一员，将原“整饬雁门等三关兵备”一员析为三路兵备道（宁武道、雁门道、岢岚道），每路并设参将一员分守，使三关既为一体，又是能分路独立防御的战区。

明国子监祭酒傅德新在评论宁武关的战略地位时说：“余惟宁武，北扼云中，东联恒岳，西接岢岚，与偏头、雁门二关犄角相逐，衔尾相随，为常山蛇势，盖全晋之北户。”[3](p321) 类似的议论还有很多，均是将宁武放在整个晋北防御的大节目中来加以认识。所谓“常山蛇势”，反映了明代北边防御的特点，即顺应狭长的山势，依托险要地形，在重要的关隘和路陉，骑线布点（或为城或为堡），形成一个首尾联络、相互支援的综合防御体。当外长城“大边”防守变得空虚、漏洞百出时，明朝通过宁武建关及内长城边墙墩堡烽燧的建设，将内线原来涣散的国防力量凝聚起来，形成被称为“二边”的三关防线。

宁武关“东西援雁平、偏老，北控三云，南藩全晋，盖山西镇之要害也”[8](p444)。这是宁武之于三关的利害。宁武等三关又称“外三关”，在明代京畿（约当今河北省）的西北，还有居庸、紫荆和倒马三关，是为“内三关”。所谓“内、外”，是相对于京师北京的远近来说的。这表明宁武三关的意义不止于防护山西，它与宣、大二镇连为一体，三边互为声援，亦共为京畿屏障。这样，外长城复之以内长城，外三关继之以内三关，环环相扣，层层锁链，共同捍卫着明王朝的腹地及京师“根本”的安危。

三、从雄关到府治——由军事堡垒向地方治所的转变

据中国第一历史档案馆藏明代兵部档案《为修山西雁平等三道要工以固疆圉事行稿》记载，直到崇祯十三年（1640），还在宁武兵备道刘湣等人的

主持下，对宁武城及周边长城的敌台烽堠进行了维修，计用银 8500 余两。这或许是宁武关的最后一次大修。然而仅仅 4 年之后，它就陷落了。具有讽刺意味的是，攻破它的不是来自北方的蒙古骑兵，而是从山西内地一路杀来的农民军。崇祯十七年（1644）二月，闯王李自成亲率大军，从陕西渡过黄河，一路北上，势如破竹。山西总兵周遇吉在代州初战失利后，退守宁武。闯军追击，绕出阳方口，十八日，主力出现在宁武东门，两军展开血战。这是明朝覆灭前的最后一场大战，由于双方实力过于悬殊，不过 4 日，宁武即失守。在拔除这根钉子后，李自成继续北进，大同、宣府、居庸关，这些昔日的雄关巨镇，披靡而降。三月十九日，崇祯帝缢死于北京。

宁武关作为军镇的历史，在吐放了一朵如此血艳之花后，就黯然凋落了。值得一提的是，周遇吉虽然兵败被杀，但他在“宁武关大战”中的英勇表现给后人留下了深刻印象，在许多民间故事里，他与李自成一样，都是响当当的英雄，其中最为著名的就是京剧《宁武关》。可以说，宁武关前的生死对手，殊途同归了。

入清以后，长城不再为天堑，边境之民也摆脱了兵燹之苦，“晏然于休养生息”，真正实现了“老百姓多安宁”。昔日的雄关，除了以其岁月壮山河，军事价值已不复存在，宁武的历史也步入一个新的时期。顺治三年（1646），裁山西镇，为宁武营，改总兵为副将（后移驻杀虎口）。康熙六年（1667）又裁文臣宁武兵备道缺。世易时移，昔之所加，今则渐渐剥离。

雍正三年（1725），以宁武之地设府，下辖宁武（附郭县）、偏关、神池、五寨 4 县。这标志着宁武卫所时代的终结，它从此成为晋西北的行政中心。民国初年，废宁武府，改设为县，乃为今制。新宁武利用它“近边”的优势、交通的便利和丰富的林木资源，成为晋蒙边贸易的主要中转站，逐渐形成一个区域性的商业中心。

宁武由一个缺乏文献记载，没有大型聚落，人文不盛的“荒裔要害之地”，到明代始建城池，其城先为军堡，渐升为守御所城，再升为镇城，易代之后，便脱去军事色彩，转变为府县。宁武的兴衰及其城市建置与功能的减加，是以长城为中心的亚洲内陆边疆地区历史变迁的一个缩影。

参考文献：

[1] 张瑛 . 宁武民歌 [M]. 宁武县政协文史资料编辑部 , 宁武县文化馆 ,2009.
[2] 姜纬堂 . 杨"六郎"、焦赞、"三关"考实——杨家将史事识小录 [J]. 北京社会科学 ,1936,(2).
[3]（乾隆）宁武府志 . 宁武旧志集成 [Z]. 成都 : 巴蜀书社 ,2010.
[4] 张友庭 . 晋藩屏翰——山西宁武关城的历史人类学考察 [M]. 上海 : 上海社会科学院出版社 ,2012.
[5]（明）严从简 . 殊域周知录 [M]. 北京 : 中华书局 ,2009.
[6]（光绪）山西通志 [M]. 北京 : 中华书局 ,1990.
[7]（明）廖希颜 . 三关志・宁武地理总考 . 宁武旧志集成 [Z]. 成都 : 巴蜀书社 ,2010.
[8]（明）杨时宁 . 宣大山西三镇图说 [M]. 台北 : 正中书局 ,1981.

作者简介：

胡　丹（1971—　），男，湖北宜昌人，三峡大学文学与传媒学院副教授，博士。

妙峰法师与宁武万佛洞

梁瑞强　张晓梅

摘要：妙峰法师为明代高僧，一生大致可分为两个阶段：第一阶段为隐居芦芽山之前的闭关修行，第二阶段则为建筑营造。其闭关修行的内容为法界观，是他对华严精神的内在实证；其建筑的代表则是万佛洞，是其华严世界的外在体现。这一内一外，都体现了妙峰对《华严经》的甚深契悟。

关键词：妙峰法师；华严经；万佛洞

佛教寺庙建设是明代佛教的一项成就，在我国现存的寺庙中，以明代建筑为多。妙峰是明代一位以营造佛教建筑而闻名的高僧，明代四大高僧之一德清（憨山大师）论其为："明二百余年，其在法门建立之功行，亦唯师一人而已。"[1] 评价不可谓不高，那么妙峰因何值得德清如此赞誉？

妙峰法名福登，俗姓续，明嘉靖十九年（1531）生于山西平阳府（今山西临汾）。12岁出家为僧，18岁到蒲州万固寺拜朗公为师。在此期间，遇到山阴王朱俊栅，山阴王见其风骨迥异，认为日后必有大成，故嘱咐朗公多加关照。妙峰21岁时遇上蒲州大地震，被埋在倒塌的房屋之下，竟然毫发无损，于是山阴王劝他痛念无常，且令其在中条山栖岩寺闭关修行。妙峰在关中依法界观习禅①，

▲图1　万佛洞

注释：

①法界观即修习华严的特别观法。黄忏华说："所谓法界者，总括宇宙万有之一心。所谓总该万有心是也。此心即法界，故名一心法界。一者，绝对不二。心者，本体又实体义。法界者，如上总括从一心之本体缘起现前之诸法。一心法界，摄四法界。所谓四法界者，一事法界，二理法界，三理事无碍法界，四事事无碍法界。"见氏著《中国佛教史》，北京：东方出版社，2008年，第184页。

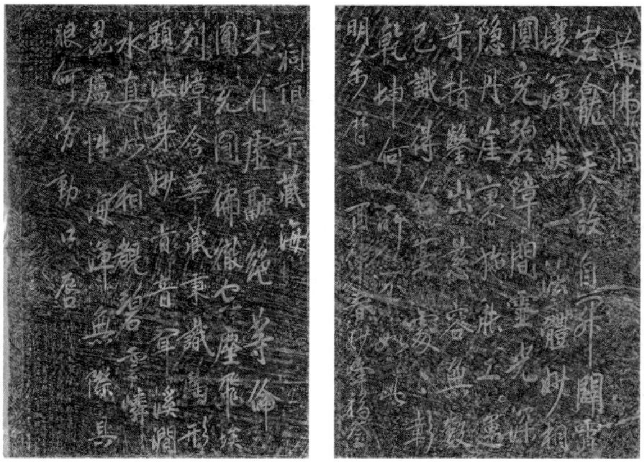

▲ 图 2　妙峰法师手迹拓片

▲图 3　万佛洞壁画

“日夜鹄立者三年，心有开悟”[1]。遂向山阴王呈上一偈，王虽觉其有悟，但怕他年少轻狂，故回一偈以折之：“这片臭鞋底，封将寄与尔。并不为别事，专打作诗嘴！”于是妙峰又闭关 3 年。

出关后，山阴王认为其虽有修正，但由于佛理的体悟尚未究竟，遂资助他去介休听讲《楞严经》。之后又去南方参学，在南京天界寺听无极大师讲《法华经》，并在此结识了德清。德清极为欣赏妙峰的修持，妙峰则佩服德清的学识，二人遂成莫逆。妙峰在外听经闻法一段时间之后，又返回蒲州，入中条山隐修三年。后因山阴王之请，去北京请藏（即大藏经），与德清在京相遇，遂一起隐居五台山北台，闭关 3 年。至此，妙峰已前后闭关 4 次，共 12 年。二人为使功德圆满，又各血写《华严经》一部，并举办了一场无遮大会（或称祈嗣大会），以示纪念。因恰好在法会后 10 个月神宗得嗣（即后来即位的明光宗），太后对二位高僧感激不尽，大加赏赐，于是天下闻名。但二人不愿为盛名所累，德清隐居于山东崂山，妙峰隐于忻州芦芽山。隐居后的妙峰并未与世隔绝，而是以建造事业弘法利生，先后修建了芦芽山华严寺、七层铁塔，蒲州万固寺，陕西三原渭河大桥，宁化万佛洞，宣化黄河大桥，铸造普贤、观音、文殊菩萨像及三座铜殿，增建五台山显通寺、永明寺，崞县滹沱河大桥，太原双塔寺，主持修建长 10 里的会城桥等，因其在建筑方面的卓越成就，被称为“佛门鲁班”。

从妙峰的传记中我们看到，法师以《华严经》为修持的理论基础：闭关所修为法界观，其 4 次闭关后所做的总结性工作——写经——所写的内容也是《华严经》，在芦芽山所建寺庙也称华严寺，后来开凿的万佛洞也是以《华严经》所述的华藏世界为依据。妙峰为何对华严如此一往情深？《华严经》据称是释迦牟尼佛成道后所宣讲的第一部经，此经以毗卢遮那佛为世界主，要把染污世界的种种缺陷修正，提升为一个庄严世界，即正觉世间。正觉世间为精神领域的总体，在此要把世界上一切人的愿望和理想提升为最高的价值，使得宇宙万有都分享佛性，都成为佛。这样一来，所谓的世界主，就不是一个人、一个佛，而是宇宙中所有的存在，到此境地，整个宇宙也就成了极乐世界。[2]（p29-30）或许正是《华严经》的这种即世而转世的思想深深打动了妙峰法师，使其持之不辍。

但想要悟入华严境界，将宇宙万有化为诸佛世界，必须通过对心的修持。觉林菩萨偈即说："若人欲了知，三世一切佛，应观法界性，一切唯心造。"[3]法界观的修持，最后还是要在心上起作用，化凡心而为佛心。唯有变凡心为佛心，才能见俗世而为佛界。法师第三次闭关"于中条最深处，筑茅吊影以居，辟谷饮水三年。大有发悟，即以宗镜印心，深入唯心之旨"[1]。妙峰既以宗镜印心①，那么应该是较为接近法眼宗的。

若只是转凡心为佛心而不投身于现实界的改造，那还只是自了汉，未能真正领悟华严精神。故而妙峰在驻锡芦芽山之后便开始了他的营造生涯，要在人间建立华严世界。上面提到，妙峰主持修建佛刹数座，除芦芽山的华严寺外，还在五台山显通寺以砖垒七处九会（即无量殿），又在永明寺建华严七处九会道场，不过最能体现其华严精神的则是宁武万佛洞。

万佛洞位于宁武县城西南 50 公里处北屯乡宁化村对面宁越山半山腰上，据德清记载，妙峰"过宁化，见石壁千仞，一平如掌，师喜之。乃凿为窟，深广高下，各三丈五尺。雕华藏世界十方佛刹，图万佛菩萨像，精密细妙，遂成一大道场"[1]。整个建筑采用仿南北朝晚期石窟寺的结构法，包括仿木石门窗、浮雕窗棂、匾联、撑洞柱、藻井等，均为一次刻就。主洞呈方圆状，洞口上端石壁上大书"万佛洞"三个大字，上又有莲花造型浮雕，左右石壁上有对联一副，上联为"智海圆充合万象而不遗纤芥"，下联为"真空方广现森罗而不隐微毫"，横批为"华藏海"，书法苍劲有力，古朴大方。洞内四壁和

注释：

①宗镜即《宗镜录》，为永明延寿所作，延寿为禅门法眼宗一系，其祖师很重视华严，《宗镜录》之作，即在诠释"一心"，书中引用《华严经》及贤首宗的理论最多。

顶部塑万尊石佛，以为“华藏世界十方佛刹”，故名“万佛洞”。这些石佛圣相天成，姿态各异，每尊高约 20 厘米，工法精致细腻。洞中两条支顶石柱与洞体系整体结构，粗可两人合抱，石柱下端彩绘有护法神像，仪态端庄，栩栩如生，上端亦为浮雕小佛。洞顶设有天花藻井，中为八卦造型，四角书有“华藏世界”字样。东西两壁下绘有壁画两组，分别描绘天堂和地狱的场景。从所雕内容来看，其主体为华藏世界，此为一切世界的总称，包括娑婆世界、极乐世界、袈裟幢世界、胜莲花世界等，这所有世界最后都融入华藏世界。从相上讲是华藏世界（一切），从性上讲是一真法界（一）。以华藏世界而体现一真法界，性相相融，一即一切。万佛洞初凿于万历十九年（1591），完成于万历二十三年（1595），建成后，妙峰曾在洞口南侧石壁题诗一首：“岩龛天设自升辟，霄壤浑然一法体。妙相圆充碧障间，灵光深隐丹崖里。施能工，运奇指，凿出慈容无数已。识得白毫处处彰，乾坤何所不如此。”又在北侧题记曰：“本自虚融绝等伦，圆充圆遍彻香尘。飞埃列障含华藏，秉识陶形显法身。妙首音耸溪涧水，真如相靓碧云嶙。毗卢性海浑无际，具眼何劳动口舌。”法师对华严的甚深悟解，在诗中完全显现出来，丝毫不遗。

宁武除万佛洞之外，据县城西 1 公里处，尚有万佛寺，为万历二十八年（1600）创建。正殿正门顶部有砖匾书凿“万佛洞”三字，内部结构为无梁砖券窑洞式，与五台山显通寺无量殿极为相似。内存毗卢遮那佛、释迦佛、文殊菩萨、普贤菩萨等雕塑 12 尊，处于正位的是华藏世界主——毗卢遮那佛。正殿东 10 米，还有毗卢殿一座。从其建筑的主体可以看出，也是意在体现华严精神，至于是否出自妙峰手笔，尚乏资料可证。

妙峰法师通过他的内证与外行，实践了作为真佛子的一生，德清评价他：“自发迹操方，住山行履，从来一衲之外，无长物，恒随侍者无一人。如所建立，皆秉明一心。而金钱施利，曾未染指。随立随去，略无介怀。所成大刹十余处，无一弟子为居守。住则随缘，一毫不私。去则若忘，寸丝不挂。飘然若浮云之聚散，孤鹤之往来。岂非深证唯心，遇缘即宗者耶。”[1] 可谓深知法师者。

参考文献：

[1] 憨山大师梦游集 [M]. 扬州：江北刻经处影印本 .

[2] 方东美 . 华严宗哲学（上）[M]. 北京：中华书局 ,2012.

[3]（唐）实叉难陀译 . 华严经 . 大正藏 [Z]. 第十册 , 台北：新文丰出版社，1973.

作者简介：

梁瑞强（1982—　），男，山西平定人，山西戏剧职业学校教师，硕士。

张晓梅（1955—　），女，北京人，北京师范大学艺术与传媒学院教授，博士生导师。

宁武《万历藏》略述

段新龙

摘要：发现于20世纪70年代末的山西宁武《万历藏》，存世660函，缺18函，是一部比较完整而过去未见记载的孤本大藏经。这部刻自明末清初的大藏经，存在着诸多的谜团，有待于学界的进一步研究。

关键词：宁武；大藏经；万历藏

在我国古代佛教文献中，以山西保存大藏经实物最多，著名者有高平《开宝藏》、应县《契丹藏》、赵城《金藏》、太原《普宁藏》等，宁武《万历藏》理应归入其中，但终因研究者寥寥，致使其长期处于默默无闻的状态之中。

一

宁武大藏经发现于20世纪70年代末，当时，山西省文物部门下文通知，要求各地开展调查和征集古籍善本书工作，宁武文化部门响应号召，成立了“古籍善本书征集办公室”。在得知宁武延庆寺中的宝藏楼有一批“古籍善本”后，便前去整理，结果发现这是6000余卷的“大藏经”。[1]大藏经存放于8个一人多高的大书柜中，柜门上贴满了各种封条，多处隐约可见“大明××年封”，“大清××年封”的字迹。楼内空气污浊，地上尘土厚积，墙面潮湿不堪。于是，工作人员便进行了紧张的抢救转移工作，最终于1979年年初将其移藏宁武县文化馆。

到了20世纪80年代，《中国文化报》、《羊城晚报》、《山西政协报》先后披露了宁武发现一套罕见佛教“大藏经”的消息以后，国内有关文物专家和学者对其进行了现场考证，一致认为宁武这部“大藏经”系佛教典籍汇集编纂而成的大型丛书，内容包括经、律、论及有关经典疏释等。全藏678函，千字文编次天字至鱼字，共收经、律、论、集、传等1659部，6234卷。

现存660函，1563部，5997卷；缺失18整函及少数零本共96部，237卷。雕造于明万历十七年（1589）至清顺治十四年（1657）之间，历时70余年而成。经卷皆采用折装式，印刷精湛，装帧考究，每个雕版5个半页，每半页6行17字，字体沿用秀丽的赵体，虽为民间私刻版，然雕造十分精致。

由于宁武发现的这部大藏经雕造始于万历年间，从此学术界就简称为《万历藏》。谈到“万历藏”这个名字，就不得不提起《嘉兴藏》。《嘉兴藏》同样也是万历十七年（1589）开雕，所以也曾被称为“万历藏”。但在宁武《大藏经》发现后，这个名称才被学界默认为是宁武藏经。《嘉兴藏》和宁武《万历藏》还有很多相似之处，比如，它们都是私刻，陆光祖是主要助刻人。当然，区别也是明显的，《嘉兴藏》的完工时间一直到康熙十五年（1676），比《万历藏》晚了9年；《嘉兴藏》完全按《永乐北藏》的编次覆刻，宁武《万历藏》则是按照《永乐南藏》覆刻。另外，它们的装帧方式不同，《万历藏》为经折装，而《嘉兴藏》则是线装。

二

大藏经的刊刻以宋、明两代为最多。雕版印刷术虽出现于唐代，但那时刻的佛经只是单张零卷，将上千种经书汇刻成大藏经的整体雕版印刷，则始于宋代。在宁武《万历藏》刊刻之前，明代比较大的刻藏事业有洪武年间初刻于南京的《南藏》，永乐年间再刻于南京的《南藏》和刻于北京的《北藏》。《洪武南藏》刻成后不久即被火焚，印本流传甚少。永乐年间，刊《永乐南藏》636函，此版基本上是《洪武南藏》的覆刻本，在编次有较大改动。作为官刻普及本，板片收藏于南京大报恩寺，由南京礼部祠祭清吏司主管，

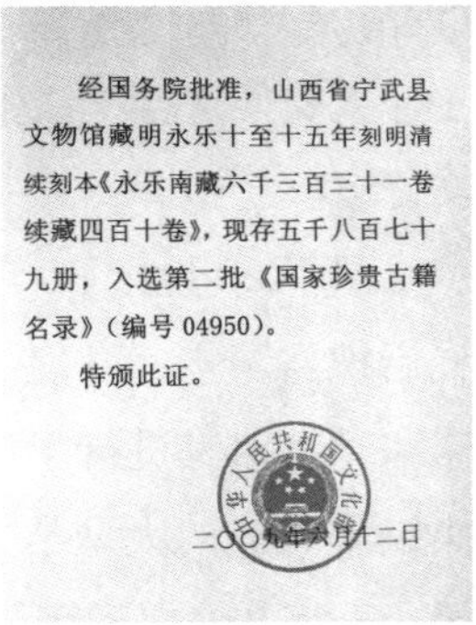
经国务院批准，山西省宁武县文物馆藏明永乐十至十五年刻明清续刻本《永乐南藏六千三百三十一卷续藏四百十卷》，现存五千八百七十九册，入选第二批《国家珍贵古籍名录》（编号04950）。

特颁此证。

二〇〇九年六月十二日

▲图1　宁武《万历藏》

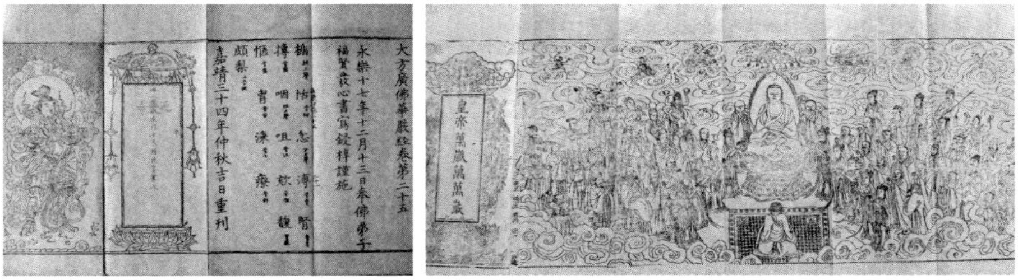

▲ 图2　宁武《万历藏》

供全国各地寺院请印。《永乐北藏》则是明成祖迁都北京后的宫廷本，参照了《永乐南藏》的结构分类，但在编函方面又作了较大的调整。除了宫廷收藏之外，《北藏》主要用来颁赐各名山大川之用，故刻工精良，装帧华美。

宁武《万历藏》雕造较晚，吸取了《南藏》、《北藏》的成果。1983 年，经过专家详细比勘，认定宁武《万历藏》为《永乐南藏》的覆刻本，其目录一致。同时，在内容上《万历藏》还增收《永乐北藏》本万历十二年（1584）雕造的《续入藏经》41 函 36 部 410 卷，从扉页右下角“南京桥卢巷内街 ××× 印造”的标记来看，《万历藏》应是在《续入藏经》雕造好之后，于明万历十七年（1589）请印于南京。

《万历藏》由明惠王（万历第六子）选侍王氏发心重刻，当时的知名人士陆光祖、钱谦益、周天成、吴崇宗等和其他信徒助刻。其中，助刻人陆光祖、钱谦益均为当时的高级官员和大居士。陆光祖（1521—1597），浙江平湖人，字与绳，明嘉靖二十六年（1547）进士，曾任知县，后官至吏部尚书。因志在佛法，曾发起募捐、组织刊刻宋僧普济的《五灯会元》。钱谦益（1582—1664），江苏常熟人，明末文坛领袖，也是著名的佛学研究家。

在《万历藏》部分卷册内盖有“广西全州金山寺长住”长方形图记，以此可推知《万历藏》最初藏于广西金山寺。金山寺位于广西全州枧塘乡，距山西宁武县全程约 1800 公里，以古人行车速度，约需要一个月时间才能走完路程。《万历藏》有 600 多函，共 6000 多卷经文，需整整 8 个大木柜才能装完，而 8 个木柜有几个还标明是全州金山寺原产的。宁武的延庆寺和全州的金山寺现今只剩下遗址，已经无从考证当时转移的具体原因了。

三

当然，关于宁武《万历藏》还有不少悬而未决的疑团。比如，它按照《永乐南藏》覆刻，内容上又吸收了《永乐北藏》的成果，为何又多收入一部《天童密云禅师语录》呢?

天童密云禅师(1566—1642)，法号圆悟，明末清初最有名的临济宗禅僧，一生历天台山通玄寺、嘉兴金粟山广慧寺、福州黄檗山万福寺、育王山广利寺、天童山景德寺、金陵大报恩寺等名刹主持，有《密云禅师语录》行世。其剃度弟子 300 余人，嗣法者 12 人，多位是清初望重一时的名僧，法系广传于南北各地，其中，木陈道忞及法孙天岸本升奉诏进京，见重于清帝顺治。由此这样一个成就和影响巨大的禅僧，他的作品入藏也是理所应当的事情。无独有偶，《嘉兴藏》也收录了《密云禅师语录》。

另外，《万历藏》中“大”字函载有《大明仁孝皇后梦感佛说第一希有大功德经》2 卷 1 册，但未见载于目录，这个不符常规的举措的原因又是什么呢?

“大明仁孝皇后”即明成祖的徐皇后，这部“佛经”来自于当时还是王妃的徐皇后的一个梦。经中说，洪武三十一年(1398)正月，徐王妃恍惚之间做了一个梦，醒来后记录下来，便是此经。经中说，在这个梦中，观音菩萨预言王妃“今将遇大难”，如持诵此经，则能“平定祸难”，而“后妃将为天下母”[2](p359)。从历史来看，建文元年(1399)七月，燕王朱棣起兵，三年后夺取了帝位。徐王妃“正位中宫”，也应预言成为了仁孝皇后。这部经正是在所谓的预言实现后，即永乐元年(1403)才对外发布的。因此，可以推测出，此经正是在借助佛教来宣扬朱棣夺取帝位的正统性，是利用宗教为政治服务的一个典型。此经虽然于永乐元年(1403)产生，但当时并没有收入官方藏经。直到万历十二年(1584)，才由官方编入《续入藏经》。在宁武《万历藏》印刷的时候，或许出于政治原因，为了让此经归类更加“合理”，雕造方将其按照其内容编入了《永乐南藏》的“大乘经”部“大”字函中，使之地位更加原始正统，产生出非后期加入的效果。但是或许惮于制版的繁难，雕造方又没有改动原来《永乐南藏》的目录，这就造成了现在内容有而目录无的情况。不过，佛教内部始终并不承认该经的正统性，明末四大师之一的藕益智旭便将其列入《阅藏知津》的“疑伪经”[2](p166)中。

宁武《万历藏》从发现至今，已经 40 多年了，然而这部珍贵的大藏经一直鲜有人研究，也没有公开印刷出版。希望本文能引起学界的重视，促进对大藏经的深入研究。

参考文献：

[1] 南宁 . 抢救保护宁武佛教“大藏经”亲历记 [N]. 忻州日报 ,2005-03-13.

[2]（明）藕益智旭 . 嘉兴大藏经第 32 册 [M]. 台北 : 新文丰出版公司影印本 ,1973.

作者简介：

段新龙（1978—　），男，甘肃酒泉人，西北大学中国思想文化研究所讲师，博士。

千年风雨话古城

张海生

摘要： 宁化古城位于宁武县化北屯乡，时至今日成为山西中部一个普通的村落。但在历史上，它是非常重要的军事关隘，是当地的经济文化中心，在一千多年里形成了自身独特的繁华，现存的众多古建遗迹，是它发展的最好见证。
关键词： 宁化；古城；历史地位

从东寨镇楼子山著名的汾河发源地出发，沿河南行 40 华里，便见一个险要隘口：西边绝壁千仞，直冲云霄；东边陡坡下泻，直插汾河。宁化古城就坐落在东边的斜坡上。古老城墙背负苍天，依山而立，虽断壁残垣，但远远望去，仍然显示着它那虎踞龙盘的威严气势。这里地势险要，山势狭窄，汾水中流，易守难攻，成为北方少数民族通往中原的必经要道之一，也是中原历代政权用以防卫的重点关隘。

一

地理位置造就了宁化古城 1600 多年的辉煌历史。早在秦汉时期，宁化以北为汉的崞县属地，其南为汉太原郡汾阳县属地，而北朝已降皆为重地。据传，隋炀帝为巡猎和避暑之便，在汾河上游修建行宫，史称“隋阳宫”，也称“汾阳宫”。隋末，群雄并起，朔州刘武周兵破楼烦关，占据天池汾阳宫，而兵败撤退时则一把火烧了这里。20 世纪 80 年代，忻州地区行署文化局组织的文物普查队，在此采集到一件隋代瓷器，经考证为“汾阳宫城”遗址出土，内有楷体墨书“杨宅”字样，应该是隋王室在此生活过的实物佐证。

作为重要的军事重镇，历代在此均有建制。明洪武年间，拉开了宁化古城历史上最具规模、最为辉煌的建设序幕。随后的嘉靖、万历年间，宁化古城相继重修，加高，包砖，成为现今规模。不过，在数千年的历史沉淀中，今天的宁化古城已经成为一个只拥有一座小学的普通村落了。残存的城堡，平面呈不规则梯形，现存部分北墙、东墙和西墙北段，南墙仅存城门和瓮城城门。

▲图 1　宁化古城遗址

历史时期，宁化的地理位置是十分重要的。这从宁化古城周围的村落名称可见一斑。宁化古城沿汾河川向北 40 华里，是著名的汾河发源地东寨镇，若从宁化出发经蒯通关、北屯、山寨、化北屯、头马营、二马营、三马营 7 个村子可达东寨。海拔 1500 米的分水岭，在宋辽时期则是两国分界线，离东寨只有 30 华里。有意思的是，在 40 华里的这段汾河川，从东寨到宁化古城先后需经过三营、西寨、西屯、一关，最少需进行 8 场厮杀才可到达古城墙前叫阵，宁化古城的南面还有南屯、坝门口、川胡屯、蚌蚄庙（放粮草的地方）。古城的东山上有教场村，村里有点将台。坝门口村西有古坝墙遗址，再往西有坝里村，坝里村不在河川里，而在靠北的半山腰，再往西有榆木桥和西马坊村。据说，坝墙完整时，坝里可蓄一湾大水，一为西马坊养马用水，二为宁化失守时，开坝放水，掩淹敌兵，阻止其南下。除西马坊养马外，还有不远的东马坊、中马坊两个村。三个村大致是两面有山有坡有草，中有河流，可宜养畜。

由此村落名称可以判断，这是以宁化古城为中心的一个完整的互相支援而又相对独立的防御系统，重点指向北方。前些年省市文物系统组织实习生来考查，他们发现东寨和三个马营村的附近土山上，都曾建有土围子，围子里有住人痕迹。可想那时是军民分置的，家属住在半山的土围子里，村里则是正规军的营寨。时至今日，二马营村里仍存留有东西南北 4 个二层阁，上层有窗，下层通道，人们猜测这可能是当年设立营寨时的 4 个出入口。

这样一个庞大的军事系统，千百年来，战事风云，血火互映，多少壮烈的场面在这里上演，多少豪迈的壮举在这里出现，多少英雄在这里捐躯，多少志士在这里老去。时代的风云把这些历史的印记浓缩在这里，风化，升华，压缩，变成了如今村落的符号，这些时空凝聚的符号却从未改变！这正是宁化古城的骄傲！

二

一千多年来，宁化古城形成了自身独特的繁华，而现存的众多古建遗迹，就是它发展的最好见证。

古城东北大城顶，从北向南依次建有望德楼、文昌阁、奎星楼。古城北门外，建有龙王庙、三官庙和贞武庙。南门外建有观音阁，正对南门建有戏台和火神庙；往西有泰山庙、娘娘庙、夫子庙、马王庙，往东有最大的寺庙叫圣寿寺。南门外寺庙多，俗称“庙坡街”。西门外则有四层阁、五道庙、水神庙；古城内上街有财神庙、山神庙，下街有关帝庙。古城西岸有宁越山，山上有著名的万佛洞。然而，这些寺庙有的毁于战火，有的由于失修而自然倾塌，更多的则是在那个“极左”的年代被人为地破坏掉了。现在，这些可贵的文化遗迹仅存数处。

万佛洞位于宁越山腰之处。背依陡崖峭壁，下临汾河流水，两面群峰环绕，可谓形胜绝佳之地。万佛洞的开凿者为明万历年间著名四大高僧之一的妙峰福登大师。这是一位德高望重的佛教大师，又是一位著名的佛教建筑专家，他在诵经、拜佛、打坐、化缘、云游外，还致力于佛寺建筑、桥梁修建与道路开筑。万历十九年（1591），妙峰路经宁化古城，见汾河西岸之胜景，逐动念凿万佛洞。万佛洞的修建历时5年，它依山势而就，上部依崖开凿石窟，前设窟檐。石窟呈殿堂式，面宽3间，深广高均约12米。窟拱券顶部，中央置八卦藻井，雕华藏世界十方佛刹，有佛菩萨像万尊，精密细妙。石窟门楣额部雕二龙戏珠和兰菊图案，中镌“万佛洞”三个大字，字高1.5米，宽1.1米，为明代著名边关总兵王崇古书丹。洞门两侧的山体平面上，则刻有妙峰大师为万佛洞写的诗，以原迹刻石，行书字体，双钩入石，生动活泼。从石窟中运出的石料，滚到洞前，就地砌起四眼石窑洞，供住庙僧侣居住。石窑顶与洞门形成一个平台，窑顶上又盖了韦陀殿，殿年久已毁，只留地基痕迹，寺庙由底层洞侧一个拱形石门进去，右拐上台阶，进入平台，由平台上台阶入洞门。韦陀殿与洞门相对。整个建筑构思精巧，充分利用地形，1987年企业家姜福祥出资25万元，从山底到洞口铺上台阶，便于上山的游人走动。

万佛洞有三大镇寺之宝：壁画、曾碑和石刻。关于曾碑，有这样一个故事，同治、光绪年间，主持祯岫法师为重修万佛洞，赤脚摇铃募化。一年冬，到太原督军府，就地铺雪而坐，长夜不起。第二天哨兵入报，督军曾国荃闻讯大惊，正巧昨夜他梦见白虎入室，骇而梦醒。令人忙请法师，当法师把宁化万佛洞的重修情况向他禀告完之后，曾国荃感其诚，送银结缘。祯岫法师临行时，请曾督军为万佛洞写一通碑文，曾欣然答应，于光绪六年（1880）秋写就，石碑今日仍见，已成万佛洞的洞藏宝物了。

与宁化万佛洞同时存在的，还有朝阳洞、担板洞、张嘴洞等。朝阳洞位于万佛洞北，原为一天然洞穴。自明代宣德年间起，当地士人黄叔真一家五代人经过 70 多年的时间，不断地向深、宽、高三个方向凿刻。洞内供着道教人物，原塑像在“文化大革命”中被毁，现在的像是前几年村民捐资所塑。担板洞在万佛洞西边不远的山上，洞内供地藏菩萨，墙上存壁画，是佛教地狱图。

古城内的关帝庙建于金元时代，是至今宁武规模最大、年代最久、质量最高的建筑。该庙建于城内下街，位于官衙之下的一个高台上。正殿 3 间，歇山顶，前后飞檐，坐北朝南，东西各有 5 间厢房，南面是南殿，中间为山门，左右各塑赤兔马与青龙刀。山门对面是戏台，戏台前是过街。庙宇布局严谨，气势宏伟，充分体现了宁化古城悠久的尚武精神。此庙在“文化大革命”中被毁去了东西厢房和戏台，只留下正殿和南殿。泰山庙的大钟 2 米高，钟声可达几十里，只因修建供销社的一个门市，把钟楼拆了，把大钟打碎卖了生铁，钟上铭文斑斑，再也无法找回，而供销社的门市，如今只是双门紧锁的废地了。

圣寿寺，又称大南寺，一进三院，是古城最大的寺院。院中两棵大松树三人合抱，独木撑天，足有几丈高。新中国成立后，两棵松树一为村民架桥时被洪水冲走，一为学校作桌凳而粉身。关于圣寿寺遗址，现有两说。

一是根据《宁武府志》卷九：“圣寿寺，在宁化堡南关，其地即隋汾阳宫之旧，寺建于金时。”20 世纪 80 年代市文物考查组赴宁化进行考查，定为古城南 400 米处台地之上，发现有面积 500 平方米以瓦砾层为主的堆积物和露头的建筑石件残块。文化层厚约 1 米，在其上采集有金元时期的白釉印花碗，酱褐釉罐，绿釉琉璃筒瓦，筒瓦残片，明清的脊兽残件及青花碗残片，但未发现有隋代遗物。

二是原宁化学校校址为圣寿寺遗址。关于这一认识，完全是作者从小时生活在宁化古城而逐步认识的，主要依据有四：①宁化学校有碑数块，碑上有圣寿寺的记载，碑 1 米多宽，0.30 米厚，2 米高，不像是一般寺院的石碑。

②宁化学校原是在一片拆毁的大寺瓦砾上建设的，原圣寿寺是在抗日战争初期，村伪政权为日本军队盖“红部”而拆毁的，这在村里是有目共睹的。作者儿时曾在这些瓦砾成堆的废址玩耍，亲眼见过那些怕人的釉面兽脊和寺庙专用的残片与石件。③这里的两棵大松树是建学校时砍倒的，每棵足有20多米高，枝繁叶茂，三人合抱，也是一般寺院不会有的。④学校的平房和教室所用木料是从“红部”拆来的，这些木料普遍粗大耐用，都是锯成小块后使用的，可谓大材小用。平房柱子大部分是直径为0.30—0.50米，这是原来寺庙的木料大件，又运回原址上建设小学。

三

直至民国初年，宁化古城的经济发展在当地仍占有重要的地位。那时，店铺林立，人来人往，商贩云集。有名的店面有6家分2类。位于庙坡街的“万城店”是宁化下街赵姓经营，汾河畔的“天益店”是宁化王姓所开，还有“共恒店”，3家店均留宿过往旅客、车马，这是一类。另一类是经营布匹、烟、酒、日杂用品，这类有“天皇诚”字号，从静乐搬迁而来，忻州人所开；“福源涌”字号是坝门口财主马再三、宁化财主赵三罗和下铺街王姓三家合伙经营；另一家为“天泰和”字号，是沙梁村张大先生一家经营。其实，早在清同治年间张姓就在宁化西城门外商业街开设铺面。当时的西门街上，铺面比肩，酒旗迎风，加之四层阁、水神庙等古迹的点缀，往来人群络绎不绝，是古城最繁华的地段。可惜的是，光绪十八年（1892）一场特大洪水把西门外的繁华商业街冲垮，铺面也在一夜之间被冲了个精光。据说，张姓家的店铺也难免这突如其来的天灾。不过，灾难未能难倒他们，张姓又在宁化古城南关街重新开张。张家经营灵活，他们出租土地、收购粮食、加工杂粮、经营林地，亦农亦商亦林，多业并举，因时而变。

▲图2　宁化古城城门

除了大的店铺外，外籍个体小商贩也陆续在宁化落脚。民国初年，河南人李新义、李黄义兄弟，挑着货郎担来到宁化，他们走街串巷，多以针、线等日用小商品换点鸡蛋、杂粮，用以维持生计。他们沿街叫卖，被村里人称为“货郎”。还有河南人段肇文、郭应中经营纸张、毛笔等，河南人李保元经营药材生意。这些人买卖公平，待人和善，因迫于生计来宁化定居，他们有的老死古城，有的返回故乡。不过，至新中国成立后这种情况已不多见了。

随着经济的发展，宁化古城也同样成为方圆几十里的文化中心。明代，这个不起眼的边关千户所产生了 5 名进士、3 名举人，这在经济落后的贫弱的大山中、冷酷的兵刃中、边远的边关中，不能不说是一个奇迹。位于古城西城门外的“十八登科”坊，就是为明代镇守宁化的千户潘政之孙潘高、潘文兄弟 18 岁荣登进士，以及两家后代潘云祥、潘云翼也考取进士而建立的牌坊。据老人讲，牌坊由当地所产的紫罗石料筑成，通高数丈，三进门，牌楼式，底座兽盘，立柱龙纹，横担有棋、琴、书、画浮雕，横过街。虽然被光绪十八年（1892）的大水毁掉了，但在古城人心目中却巍然屹立，口耳相传，激励着这里的人们奋发上进。

和大部分农村一样，这里的教育也是靠村里较富有的人家请先生、办私塾进行的。民国时期，这里有项大德秀才办的私塾，保证了少年的启蒙教育。村里识字人较多，古城里仍然弥漫着一种文化气氛。每逢春节来临，家家门上贴上红对联，甚至有人专门评论每家对联的书写水平。20 世纪 60 年代到 80 年代期间，村里有几处读书的地方，每晚就吸引着人们去那里听一段老故事。外地的剧团来宁化演出，必须格外小心，台词、唱词有错的地方，演完就有人上台指出其错误。

民国年间，宁化唯一的公办学校是“宁化二高”，这是以宁武、宁化、东寨三个地方而排名的。因为“宁化二高”办得最好，所收学生质量较高。宁化二高的第一任校长是本县定河人、清末秀才赵永诚。从宁化二高毕业的著名人物比较多，像川湖屯的江正元、坝里的王艮德。江、王同在黄埔四期。宁化二高还为共产党培养了很多干部，如陈岐山、党忠山、王向乾、胡应元等。抗日战争爆发后，宁化二高三个班的学生计 80 多人，在 8 名老师的组织带领下，组成抗日师生队伍奔赴延安，为宁化二高的结束画上一个结实而高昂的句号。

宁化古城的文化影响是深远的，文化沉淀是丰厚的。新中国成立初期，宁化的群众怀着巨大的热情，组建了农民晋剧团。他们自己掏钱请师傅学戏，自制道具、服装，农闲排练节日演出。演员全是地道的宁化人，如程存富、程海娃、王跃林、王杏成、张根宽、王用富等人，红黑生旦，样样俱全。经过几年的努力，先后排出了“空城计”、“走山”、“拾柴”、“打渔杀家”、“悼孝”等传统折子戏，极大地丰富和活跃了古城人民的文化生活。除业余剧团外，还组织了文艺队伍。在节日期间，还有高跷、船灯、耍狮子等群众文艺队伍表演，有时与邻村互演。春节时，还组织学生自己编排、表演小节目，敲锣打鼓慰问军烈属。

每逢外地的剧团或其他文艺团体来宁化演出时，宁化的群众总是热情地招待他们。就在20世纪60年代的“三年经济困难”时期，群众宁可自己吃得少点、差点，也要给演员吃好、住好，这几乎成了古城人的习惯。事后，人们还要打听谁家招待得好，谁家招待得差。村里的干部如果不给谁家配饭，这家就感到有心理压力。

勤劳、厚道、热情、好客，这是古城人的性格；豪爽、磊落、正义、无私，这是古城人的品质。千百年来，正是这些哺育了古城的岁月，渲染着古城的春秋，支撑着这里的一草一木，书写着这里的悲凉画卷。

作者简介：

张海生（1947—　），男，山西宁武人，汾源书画所所长。

长子县古代政区沿革述论

郎　洁

摘要：本文从军政功能与地理位置的关系角度，对上党地区长子县古代政区沿革进行阐述和探究，着重讨论战国、秦汉、隋唐三个重要历史时期长子县行政区划之变迁。

关键词：长子县；政区； 沿革

长子县有着悠久的历史，清光绪《长子县志》卷三《地理志·沿革》言："县境于《禹贡》，属冀州。其名长子，不知所始。周初为太史辛甲封邑，后入于晋"[1](p165)，记述了长子县的产生。《左传·襄公十八年》（公元前 555）："晋人执卫行人石买于长子。"杜预注："长子县，今属上党郡。"[2](p1962)《水经注·浊漳水注》："又东迳长子县故城南……秦置上党郡治此也。"[3](p164) 而所谓的县名得于尧之长子丹朱受封于此，则是传说了。本文拟从军政角度对于长子县沿革中前人之未发探究一二，对长子县地位的变迁述论稍详，或可补县志信息。

一、战国时期长子县的分合

由于秦代行政区划郡以下者的直接史料记载较为缺乏，秦县的命名、数量、隶属与分布一直是历史地理学的热点和难点问题。如何来确定一个县在秦代的地位，基本上可以找两个参照点：一为战国，二为西汉。《中国历史地图集》秦汉部分制图时秉持一个规律作为制图定点的标杆，即战国末期所设县境延及西汉之初者，应为秦县，遇到具体的情况，再进行具体的分析，这样保证了历史地图的传承性和准确性。然而，战国诸雄势力交割之地，辖境多有变迁，县名却大多沿用至汉，况且还有行政级别经历了升降变迁者。其中就有研究的空间和必要性，这一时期的长子县，就属于此类情况。

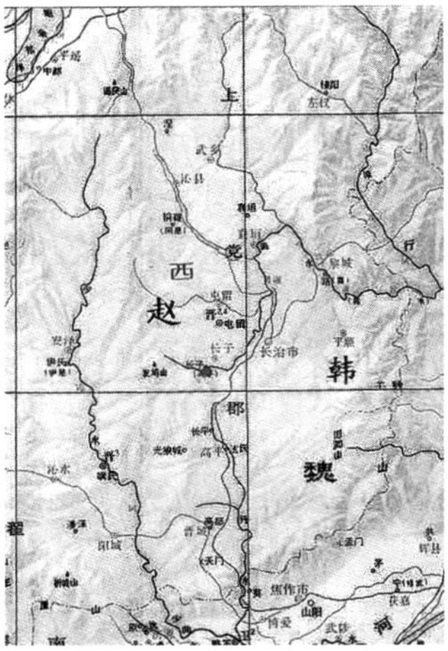

▲图 1　战国上党郡长子县

▲图 2　西汉上党郡

据《左传》记载，长子县春秋属晋，战国三家分晋后，这里就成了“辖境纠纷”地区，上党地区成了韩、赵、魏三家争夺的热点区域。根据已见的史料可以确知，战国时期韩、赵、魏三国分别在自己所控制的上党地区设置有上党郡。长子县在这时的归属，也成了麻烦。《史记·赵世家》载：成侯五年（公元前 370），“韩与我长子”[4](p1799)。从中可以读出三条信息：以成侯五年（公元前 370）为界，长子县之前属韩国，之后属赵国，而转移方式是“与”。这样的“赠与”行为对于三家形势又有怎样的影响？据路伟东的研究，公元前 370 年前后，长子至少三易其主：智氏攻赵襄子，有人建议襄子奔长子，是春秋战国之交长子属赵；公元前 370 年，赵攻郑，与韩，韩与赵长子，可见长子此前已被韩夺取；公元前 359 年，郑（韩）取屯留、长子、涅，是此年长子复被韩所夺取；公元前 349 年，赵夺晋君端氏（今山西省沁水县以东），徙之屯留，可见 10 年前为韩所攻占的屯留此时已被赵国夺回。经过长时间的调整，到了公元前 262 年，秦伐上党时，三家在上党地区的势力大体上分布为：赵国在这一地区实际控制有屯留、长子、长平、泫氏（今山西省高平市）一带，韩国据有的韩上党郡当拥有整个上党地区的西部边缘地带，而魏国则主要控制了上党南部地区。唐人张守节讨论三家分上党时曰：“至七国时，赵得仪、沁二州之地，韩犹有潞州及泽州之半，半属赵、魏”[4](p1818)，描述的就是这一时期的情况。赵、韩二国在这一地区的边界，则在于丹水和潞水，长子县正处于两国交界之处，而大部分县境在于赵国。

公元前 262 年，秦伐上党，自韩之潞州攻入。《史记·赵世家》载：孝成王四年（公元前 262）“韩氏上党守冯亭使者至，曰：‘韩不能守上党，入之于秦。其吏民皆安为赵，不欲为秦。有城邑十七，愿再拜入之赵，财王所以赐吏民。’王大喜，……赵遂发兵取上党”[4](p1825)。这里所说的“上党”，自然是韩国的上党郡，为争夺这一地区，赵、秦两国兵戎相见。3 年后终于爆发了著名的长平之战（公元前 260），结果赵军一败涂地。秦国凭借长平之战的胜利，吞食了赵、韩两国的上党之地，因此，此时的长子县，则无疑全境皆归于秦。由此可见，在战国时期，上党地区经历了大规模的战乱，较之原分属赵、韩，归于秦之后，长子县在丹、潞二水的战略地位被重视起来，因此县境也得到了调整，这为秦汉时期长子县的行政地位上升为上党郡治创造了条件。

二、秦汉时期 400 年的上党郡治

长子县重要作用的体现和发挥，主要出现在秦汉时期。秦汉 400 年间，长子城一直为上党郡郡治，西汉置长子县，治上党郡。秦统一后，陆续分天下为 36 郡，上党郡的治所在此时被确定为长子，即是吸取了赵、韩据丹、潞二水而分据上党的教训，使得上党地区东西合而为一，作为一个整体的行政单位而更加稳固。

今山西、陕西两省之间的黄河南流河道，是大关中区域北部与关东的天然分界，云梦睡虎地秦简《田律》记述秦朝有所谓的“河禁”，指的就是设在关中东面的黄河岸边的禁地。西汉初年，沿承秦制，严格限制关中与关东地区的人员和马匹的往来，出入其间必须持有官府发给的“传”来作为通行凭证。张家山汉简《二年律令·津关令》所记临晋关、函谷关、武关、郧关、扜关诸关隘，便是当时限隔大关中与关东地区的关隘。这一个关隘群的形成，源自于汉武帝元鼎年间（公元前 116—前 111）的有意识的“广关”方略。元鼎三年（公元前 114）的“广关”政策，是调整西汉行政格局的重要举措，体现着汉武帝对于全国局势的思索与安排。武帝“广关”的用意是将原属关东地区的西河、河东、上党三郡纳入关西地区，从而使关中和关西的地域范围扩展，以太行山脉为界，形成更为稳固的京畿防御圈。辛德勇认为，武帝“广关”的用意应是将原属关东地区的西河、上党、河东三郡以及代王国一并纳入关西，从而使“关中”的地域范围大大拓展。[5](p5-75)

“大关中”与“关东”两大区域的分割，其东缘就是太行山脉诸关，“（汉成帝阳朔二年）秋，关东大水，流民欲入函谷、天井、壶口、五阮关者，勿苛留”[6](p313)。其中，天井、壶口二关并属上党郡，是太行山西麓的两大重隘，与此相对的，还有上党关和石研关，可见西汉时期的上党郡，对于拱卫以京畿为中心的“大关中”的重要性。马孟龙根据张家山汉简《二年律令·秩律》认为，在元朔二年（公元前127）之前，武安、涉县两县均属于上党郡管辖，其转属魏郡，发生在元朔三年（公元前126）以后。广关的用意在于利用太行山作为天然的界限和屏障，将“关西”与东部地区隔绝开来。[7](p205-206) 上党郡如有武安、涉县，则打破了这种天然屏障，而出现一郡跨越太行的局面，将武安、涉县迁入魏郡，则上党郡的东部界址与太行山走势重合，从而使“关西”在地理上形成完整封闭的空间。作为上党郡治的长子县沿用了秦置而有所保留，则充分体现了长子县的地理位置在这一区域的控扼作用。长子县东出壶关可至邯郸，西出乌岭关可达河东地区，南出天井关经河内可达中原洛阳，其地理位置更加凸显了其重要性。这一地区是连接黄河下游地区和关中京畿地区的重要关节所在。西汉时，受到武帝“广关”政策的影响，其主要受地理区位引导，对全国政治和军事局势产生了重要的影响。因此，长子县作为上党郡的郡治和太行山脉以西天然屏障作用的保证，在两汉400年间，受到了前所未有的重视和发展。

三、隋唐时期的行政沉降

汉、魏俱为长子县，东晋十六国时，慕容永据长子称帝，为西燕国都，历时9年，其行政地位达到了顶峰。然而由于西燕立国式微，享祚日短，辖域窄狭，其显要程度仍不可与秦汉上党郡治相齐。北魏仍为长子县，北齐废。隋开皇九年（589）寄氏县来治，于开皇十八年（598）复称长子县。唐代，先属潞州，又属泽潞节度使（也即安史之乱后之昭义节度）辖境，让其郡治于长治。上党地区的军事及政治地位，在中唐安史之乱时期，再次被凸显出来。

▲图3　唐代昭义军辖境

“安史之乱”爆发之后，安禄山之子安庆绪意欲乘潼关之捷，北取河东，“以河东居两京之间，扼贼要冲，得河东则两京可图”[8]。由此，唐军与叛军展开了河东争夺战。由于太行山脉的阻挡，河东通向河北的主要行军通道有三条：一是著名的飞狐道，地势险峻，行军艰难，且为安史乱军控扼，另一条是经太原、东出土门（即井陉）入太行山东麓北段的大道，时为李光弼驻守。李光弼副将程千里则驻扎在第三条要道——天井关。《元和郡县图志》卷十五《泽州》载：“天井故关，一名太行关，在（晋城）县南四十五里太行山上。”[9](p423)从武牢过天井关向西行，可经由中都河中府蒲津前往长安，向南则可通东都洛阳。单就地理位置而言，泽、潞二州位居河北与长安、洛阳之间的腹心之地，具有控扼河朔、屏障关中的战略意义。

“安史之乱”平定后，唐廷在上党地区建立了泽潞节度使辖区，涵盖怀、卫、河阳，此三地濒河，成掎角之势，是拱卫东都洛阳的一条屏障。泽潞与北面的河东节度使、东部的淄青节度使沿太行山西麓、黄河中下游，共同组成了针对河北诸镇的一条严密的防线，治所为潞州（今山西省长治市）。长子县失去了作为一方诸侯的首府地位，但是，其地理位置和军事意义仍旧受到重视。

唐廷通过利用河东势力干预河北权力分配的方法，与河朔三镇瓜分了位于河东河北交界的昭义军辖境，将太行山东麓的邢、铭、磁三州与上党地区的泽潞节度使合并，建立了新的昭义节度使。大历十一年（776）“十二月，戊戌，昭义节度使李承昭表称疾笃，以泽潞行军司马李抱真兼知磁、邢两州留后”[8](p7241)。此三州虽小，但地处要冲，切断了魏博与幽州、成德二镇联系的重要通道，正如田悦所言：“邢、磁如两眼，在吾腹中，不可不取。”[8](p7299)此三州脱离河朔，使之前自成一体、牢不可破的河朔藩镇在地域上出现了缺口，唐廷实现了对河朔藩镇嵌入式的权力延展。

自节度使刘悟、刘从谏和其侄刘稹三代相继担任昭义节度使，昭义军的独立性越来越强，最终刘稹依托长子县屯兵，开始走向了反叛唐廷之路，“开成初（836—840），于长子屯军，欲兴晋阳之甲，以除君侧，与郑注、李训交结至深，外托效忠，实怀窥伺”[10](p4536)，这给唐廷带来了极大的威胁，“四方诸镇谁不思。效其所为，天子威令不复行矣”[10](p4525)，直接危及到中央核心区，关系到唐廷存亡之大局。唐武宗与丞相李德裕坚决予以回击，并利用河朔藩镇重利的思想，换取他们中立，甚至做好了放弃太行山以东邢、洺、磁三州控制权的准备。“随着昭义企图取得中央政府对它实际的自治地位的承认和要求政府同意其节度使之位的世袭权，朝廷和河北之间在843至844年间建立起来的平衡受到了最大的考验，结果造成了旧式藩镇的最后一次大叛乱。昭义的历史与河北的特殊地位是分不开的，因为它自始至终被认为是对付这个区域危险力量的主要屏障。它横跨太行山，地处河北和河东，既有优势，也有不利条件。特别是如果没有北面成德和东面魏博的支持，它不可能作为一个独立单位存在下去。很明显，如果它完全摆脱朝廷的控制，后果是严重的。”[11](p331) 平定刘稹以后，唐廷立即将控遏重要关口、距东都洛阳相对较近的泽州从昭义镇中划出，割属河阳镇，强行将本为一体的上党地区分离，昭义内仅留潞州以牵制河北，也是朝廷的无奈之举。

会昌四年（844），刘稹被平定，但也给唐廷带来了严重的后果，“寻常街里被斩，尸骸满路，血流湿土为泥，看人满于道路。天子时时看来，旗枪交横缭乱。见说，被送来者不是唐叛人，但是界首牧牛、耕种百姓，枉被捉来。国家兵马元来不入他界，恐王怪无事，妄捉无罪人送入京也”[12](p177-178)。唐廷付出了极大的代价。刘稹的平定，也引发了诸多问题。会昌四年（844）九月，中书门下奏，“河阳近虽置制，土宇犹褊。泽州全有太行之险固，实为东洛之藩垣，将务远图，所宜从便，望割属河阳”[13](p1259)。将控遏天井关的泽州划至河阳镇，强行分割地理位置上分明一体的上党地区，是不放心昭义军的表现，则是唐廷本地区控制的内缩。与此同时，虽然长子县不再是上党地区的首府，但是由于刘稹屯兵长子，这一地区当时集聚了大量的兵员和粮草，会昌之乱被平定后，兵员散去，长子县的行政职能随之降低，也是对于局部势力微调的结果。

北宋后期，改昭义节度使为“隆德府”，后改回潞州，降至金、元，长子县均属潞州管辖，治所为长治。明代嘉靖中，升潞州为潞安府，清代沿袭明代区划，但长子县行政隶属和等级仍然不改。虽然作为战略要地的功用，长子县在军政方面自宋代以后的记载不及唐前的“辉煌”，但因其地理位置和交通便捷的关系，一直以来仍旧作为上党地区的重镇，发挥着重要的历史作用。

参考文献：

[1]（光绪）长子县志 [M]. 台北 : 成文出版社影印本 ,1976.

[2]（晋）杜预注 ,（唐）孔颖达正义 . 春秋左传正义 [M]. 北京 : 中华书局 ,1980.

[3]（北魏）郦道元著 ,（清）王先谦校 . 合校水经注 [M]. 北京 : 中华书局 ,2009.

[4]（汉）司马迁 . 史记 [M]. 北京 : 中华书局 ,1982.

[5] 辛德勇 . 两汉州制新考 [J]. 文史 ,2007,（1）.

[6]（汉）班固 . 汉书 [M]. 北京 : 中华书局 ,1962.

[7] 马孟龙 . 汉武帝 " 广关 " 与河东地区侯国迁徙 [J]. 中华文史论丛 ,2012,（1）.

[8]（宋）司马光 . 资治通鉴 [M]. 北京 : 中华书局 ,1956.

[9]（唐）李吉甫撰 , 贺次君点校 . 元和郡县图志 [M]. 北京 : 中华书局 ,1983.

[10]（后晋）刘昫等 . 旧唐书 [M]. 北京 : 中华书局 ,1973.

[11] [英] 崔瑞德等 . 剑桥中国隋唐史 [M]. 北京 : 中国社会科学出版社 ,1990.

[12] [日] 圆仁撰 , 顾承甫、何泉达点校 . 入唐求法巡礼行记 [M]. 上海 : 上海古籍出版社 1986.

[13]（宋）王溥 . 唐会要 [M]. 北京 : 中华书局 ,1955.

作者简介：

郎 洁（1982— ），女，山西阳泉人，北京大学历史系博士研究生。

廉山书院话前贤

王卫星

摘要： 创建于明末的廉山书院是长子县古代最知名的书院，乾隆年间进入鼎盛时期，知县高蔼、王巨源先后增修，还亲临讲学，王巨源又多方凑集办学经费；山长、主坛多有品学兼优者，培养多人进学中举。乾隆年间知县王巨源勤政爱民，集资兴学，政绩显著，被县人誉为“好官第一”。离任时，士民依依不舍，享誉上党的长子书法家冯士翘，曾写诗记此盛况。1903 年，廉山书院改名为长子县高等小学堂。

关键词： 长子；廉山书院；王巨源；冯士翘

长子古代的书院以廉山书院最为知名。廉山书院的前身，是明天启六年（1626）知县周维新批准在县城大察院旧址（今长子县东方红学校中段）创建的“学馆”。清乾隆二十四年（1759），知县高蔼对廉山书院进行扩修，除增建讲堂 5 间外，并增盖东西师生斋舍 24 间。高蔼所撰《创建廉山书院碑记》，介绍了廉山书院的来历，“院名廉山者，大中丞塔公颜斯额也。邑隶漳源，意取山下出泉与先河后海之义欤”[1](p414)。长子县西部的廉山（即发鸠山，又名鹿谷山，俗称西方山）居全县群山之冠，是浊漳河的发源地，“廉山书院”由此得名。

清朝初期，廉山书院发展并不顺利。既没有固定教师，又缺少办公费用，学生也少。据嘉庆《长子县志》，原来“邑庠（指廉山书院）堂斋率空虚无人”[2](p462-463)。当时书院的负责人称山长，山长是由全县知识界公推品学兼优的举人或者进士担任。廉山书院的执教者多由山长根据开设科目随时延聘社会名流宿儒，来书院担任主坛。乾隆年间，廉山书院进入鼎盛时期，先后有冯文止（壶关人，进士）、范学敷（长子人，举人）等出任山长。至乾隆二十五年（1760）左右，县教谕李光万（平定州人）应聘入书院担任主坛后，由于他“天性诚笃，学问深邃”，“考校文艺，昼夜不倦”，书院的教习风气开始发生巨大变化，“从游者多至百人”，“学舍至不能容”[1](p548)。当时长子中式举人张兆凤、杨沄、范学敷、范学孜等均为李光万的门生。李光万升任广东陆丰知县后，众门生还特地为他敬立了“李学师去思碑”，以示对先生治学恩德的怀念。知县王巨源、纪在谱（山东胶州人，举人，乾隆三十九年任长子知县）也曾在廉山书院讲过学。

乾隆三十五年（1770），知县王巨源曾重修廉山书院，并撰重修碑文，简要记述了廉山书院的师资状况、生徒学习科目及教学、考核方法。“独至书院，以师，则宿儒也；考德，则砥砺廉隅也；讲学，则诗书礼乐也。日省月试，四时不少。”[1](p415)

王巨源，河南汝州人，乾隆丁丑进士，乾隆三十一年（1766）任长子县令。勤政为民，忧乡忧民，至诚有加，广得赞誉。下车伊始，发话散去吏卒们的迎接仪式。到任不久，将一些不合理的差派规定予以废除；对一直沿用的县令及其家属日常所需物品的征用等不合理规定也逐一进行了改革，要求自己的全家老幼衣食住行一切从简，其母亲和妻子皆勤纺简用，尽量不向百姓征用或者尽量少征用所需物品，即使征用，所支付的钱款，比以前有增无减。当地商人及士民对王巨源此举都深表敬佩。勤于听取和判断士民言论，每日亲临审案公堂，确保民众诉讼的问题当日得到妥善解决。有历史记载以来，在长子县做官的人很多，其中不乏像蒋满、田邑、易鹗、李政、刘耕、徐固、高蔼等好官，但像王巨源这么备受士民尊敬和爱戴的县令，却为数不多。当时长子县著名学者杨沄，乾隆丙子科举人，为王巨源写有《政绩记》，曰：“公莅任四年，以道持身，以礼范人；廉而非娇，明而非察，宽不流于姑息，严不邻于苛刻。……好官以王尹为第一。”[2](p486) 时至今日，长子县还流传着许许多多的民众耳熟能详的关于王巨源亲民爱民的故事。据说当时有一位80多岁的老人曾颇为激动地说，我亲眼看到的县官太多啦，而真正的好官却以王知县为第一。

王巨源采用多种方法筹集办学经费，以供书院办公费用和学子们的生活津贴费。他还抽出时间到书院亲自讲学，以此来推进书院的稳固发展和扩大书院的社会影响。后来，为了不断推动长子县教育事业的兴办，王巨源又创立了鲍宣及鲍希颜祠堂。他约定每月（农历）十五亲自到祠堂讲礼，而且讲授时为士民们解读比喻，深入浅出，形象生动。

王巨源在长子县宰政期间，不仅政绩显著，尤其对兴学事宜多具功绩。特别是对长子县“廉山书院”的改制与兴办，更受当地百姓的尊敬。王巨源离任时，县里许多士民依依洒泪送别。当时，县人、著名书法家冯士翘曾写诗记载此次群众送别王巨源知县的盛况。其诗云：“萧条行李赴京华，涕洒万民送水涯。客来犹问君安否？十载深情似一家。”

冯士翘（1718—？），字怀远，号秬山，长子县城内北街人，乾隆年间著名书法家。冯士翘出生于书香门第，多才博艺，尤长书法，学衔增生。其弟冯士甄，字古陶，进士出身，曾任国子监学正。据嘉庆《长子县志》载：“冯少负异才，为人伉爽，声如洪钟，诗古文辞崛强有奇气；工八法，尤精擘窠书；喜蓄金石，邑中断碑残碣收罗无遗。能文章诗词，兼善古今书法，潞泽之为屏障匾额者，率金求怀远书。怀远一一应之。文安纪公曾赠诗曰：‘尘中手版嫌庸俗，未得高人一面回。’”[2](p447) 由此可见，纪文安对冯士翘书法技艺与人品仰慕之高。冯士翘广集历代碑刻遗墨，以取各家之长。其书法兼蓄王、欧、颜、柳各家之长，融为一体，劲秀峻拔，结构谨严，行笔雄健，自成一家，所书行草，洒脱不失于华，朴实不见其拘。乾隆年间，有壶关人冯文止者，进士出身，曾受聘在长子县廉山书院担任山长。其文章功力，堪为当时上党之佼佼者。冯士翘对冯文止的文笔，仰慕倾倒，夸赞有加。而文止对士翘的书法亦赞赏不绝。双方相互敬慕，往从甚密。相传，当时长治县有个名唤常根成（号大中）的石匠，镌刻功力甚精，凡所刻手笔、文稿，对保持原功力精确无误，体形神韵丝毫不变，堪称神刻。他非常仰慕士翘的书法技艺。于是，冯文止、冯士翘和常大中三人，在撰文、书写、镌刻等一系列活动中，紧密配合，互为手足，三者技艺，相得益彰，并称“上党三绝”。当时，三人在潞泽两府属县，为亭台楼阁与庙宇宗祠，书写镌刻了大量匾额、碑文和铭志。200多年来由于风蚀雨淋、战火破毁，或拆除搬迁，所剩遗迹已甚寥寥。今仅存壶关县大安桥石碑及长子县北高庙“纯阳祠”石碑等少数碑刻。纯阳祠石碑，碑体已断裂有缝，立于“烈士陵园”过亭南西侧。碑文曰：“羽翼斯文自素怀，世人偏道炼丹来，先生名著三清箓，犹号终南吕秀才。”落款是：“秬山于乾隆十五年冬。”近几年，邑人发现长子县城北街王岳老先生家珍藏着由冯士翘书写、常大中镌刻的“王郎碑”一通（碑已于2012年夏天捐献给长子县文物局馆藏）。碑的正面挂联文字为：“卷帘抬碧水，扫榻卧青山。”碑的背面中幅文字是唐代大诗人杜甫于大历三年（768）撰写的《短歌行赠王郎司直》。诗的主要内容是对怀才不遇的王郎进行安慰。诗云：“王郎酒酣拔剑斫地歌莫哀，我能拔尔抑塞磊落之奇才。豫章翻风白日动，鲸鱼跋浪沧溟天，且脱佩剑休徘徊。西得诸侯棹锦水，欲向何门趿珠履。仲宣楼头春色深，青眼高歌望吾子，眼中之人吾老矣！”碑文右上方署“秬山草堂”（冯士翘书斋名）；左下方镌有“冯士翘印”篆刻方章一枚；接下去又刻有草书“怀远”圆章一枚。这通碑刻，是目前研究冯士翘书法艺术难得的珍品。

据史料记载，乾隆皇帝崇尚佛教，曾于乾隆十一年（1746）九月至十七年（1752）三月，先后六次巡幸五台山。据传，多才多艺的乾隆皇帝尤爱结交天下才俊。冯士翘眼看自己年岁渐长，虽满腹经纶、才华横溢，但却仕途坎坷，久不得志，比起弟弟冯士甄来，简直有天壤之别。为施展个人抱负，总想得到一次觐见乾隆皇帝的机会，以博赏识。于是变卖家产，毅然北上五台山。他在山院留住期间，在各寺多处题壁明志。不想时日渐久，川资耗尽，也没盼来乾隆皇帝再次登山巡幸。无奈之下，只得怀着满腔忧郁回归故里，不久，即累疾而终。冯亡翌年，乾隆皇帝再次巡幸五台山。当他在山院多处发现冯士翘的题壁留诗后，对其潇洒洗脱的书法技艺欣赏备至，遂派内侍赶来长子县探询，不想冯已病故。乾隆皇帝闻讯，深为惋惜，乃封冯士翘为“天下书法第七杆笔”。惜史书不载，似为乡人杜撰之说。

冯士翘曾著有《秬山草堂拾遗咏》一书，现已亡佚。光绪《长子县志》载有冯士翘为该书写的《自序》一文：“风雨无人，静夜不寐，则思其事而为诗，以赋之，集之又集，至百七十余篇，谓之《秬山草堂拾遗咏》。其为咏也，有记、有考、有证、有辩、有论、有断，信则直书，疑以相传。”[1](p423)

明清时期，书院成了传播孔孟学说、讲论儒家经典的基地，专为科举制度培养人才之所。书院学生注重自学，除学习儒家经典四书、五经外，还研读国家颁布的《明史》、《学政全书》、《圣谕广训》等。学生分两类：一类是已进学的秀才，为了乡试应考，每月定期来书院听几次课，送几篇自己习写的文章请先生批改，被编入“文生月课”（形似复习班）；另一类是经童试合格或具有同等程度的学童，常年在书院就读，专攻经史，以应考秀才，被编入“生童常课”（正规班）。

书院的办学经费有三种来源：一是地方公款；二是学田生息；三是商贾、士绅及官吏捐资。据嘉庆《长子县志》记载，乾隆二十四年（1759），知县高嶐自捐廉俸（工资）银子100两；又从全县七千富裕户中，按产业多少，捐资银子1800两，解决了重修廉山书院的全部费用。高裕为此曾写诗称赞高嶐，诗云：“怜才爱士有谁如？创建廉山小院庐。谢尽春风桃李树，至今堂上号三鱼（高嶐号）。”乾隆三十五年（1770），知县王巨源为资助办学，曾购置学田50余亩，并从全县集资2000多两银子，解决了书院的束修（教师工资）、膏火（办公费）等费用。

19世纪初，正值清王朝统治后期，朝政衰败，民不聊生，封建传统教育亦受到很大冲击。廉山书院遂日趋萧条，几至冷落无人。嘉庆二十年（1815）知县刘樾重修廉山书院时记云：“廉山书院于本月初八日，止有生童五人，殊属不成事体。”足见当时书院之衰败。清光绪二十七年（1901），鉴于各级书院“积弊大深”，“有名无实者十居八九”。因此，清廷通令：“各省级书院改办高等学堂；府州级书院改办中等学堂；县级书院改办高等小学堂。”由此，廉山书院遂于光绪二十九年（1903）改名为长子县高等小学堂。

参考文献：

[1]（光绪）长子县志[M].太原：山西人民出版社，2011.

[2]（嘉庆）长子县志[M].太原：山西人民出版社，2007.

作者简介：

王卫星（1959—　），男，山西长子人，长子县史志办公室编辑。

文化旅游看长子

张宇飞

摘要：长子县文化旅游资源丰厚，前景广阔。境东南有俗庙、佛寺、奇石，发鸠山有精卫祠与石头道观，古城有多座老庙。以法兴寺、崇庆寺为代表的佛寺文化，以发鸠山诸道观为代表的道家文化，以县城儒祠为代表的儒家文化，以精卫填海为代表的先祖文化，以县域内诸多古村落老庙为载体的“俗庙”文化，共同构成了蔚为大观的长子传统文化旅游资源。

关键词：长子；文化；旅游；寺庙

山西是文化遗产大省，也是文化旅游大省，素有“五千年华夏文明看山西”之美誉。相对于山西其他地区而言，长治又素有“中国文物看山西，山西文物看长治”之说。长治全市清代以前地面古建筑有3580处，元代以前木结构建筑有167处，居全国地级市之首。长治市有潞安太鼓、长子响铜乐器制作、民间社火、八音会、上党梆子等14个国家级非物质文化遗产。本地区还是精卫填海、后羿射日、女娲补天、夸父逐日、愚公移山、神农传耕等神话传说的发祥地。还有以“鲍店药商、荫城铁商、潞绸商人”为载体的潞商文化，以及由此衍生出的独特的晋东南民居文化。除上述“古色文化旅游资源”外，长治以八路军为核心的“红色文化旅游资源”、以太行山为依托的“绿色山水旅游资源”也得天独厚，极具开发价值与潜力。

位于长治西南隅的长子县，文化旅游资源丰富。首先，在传统（或曰古色）文化旅游资源方面，境内有不可移动文物891处，其中元代以前木结构建筑36处，远超本地区各县区之上；非物质文化遗产、神话故事、潞商民居等传统地域文化内涵丰富。其次，以上党战役主战场之一“北高庙”为核心的“红色文化旅游资源”与“一园”（仙翁山木化石国家地质公园）、“两湖”（精卫湖、皇明湖）、“三山”（发鸠山、羊头山、仙翁山）为重点的“绿色山水资源”，

▲图 1　法兴寺唐石舍利塔

▲图 2　法兴寺宋代彩塑

▲图 3　崇庆寺宋代彩塑

也在该地区旅游资源中占有重要的地位。再次，以“方兴现代农业科技园区”为首的现代观光农业方兴未艾，开始进入“文化旅游”的行列。最后，以“特高压”、“康宝药业”等工业园为景点的现代新型工业也吸引着大量好奇的游客。

说到文化旅游，乃至具体到占主导地位的传统文化旅游，必然要言及佛、儒、道三教。任继愈为《山西寺庙大全》作序时说：“从魏晋南北朝、隋唐，直到清末鸦片战争两千年间，儒、佛、道三教，构成中国传统文化的三大支柱……山西三教寺庙的分布情况，反映了三教历史活动的实况。从社会影响看，佛教为首；以政治实力看，儒教为首。道教影响介于两教之间。由于三教互相影响，互相浸透，因此不能看成绝对化。从儒教的影响，可以看出中国古代封建专制统治的系统周密而完整。现实世界的社会秩序，‘天地君亲师’的伦理规范，制约着现实世界和鬼神世界。考察山西省的寺庙文物，不限于它的艺术成就，有心人还可以从中认识到中国古代社会的内在精神所在。”[1](p1-2) 长子全境现存的寺庙建筑群 360 处，除三教寺观外，类属于祖先崇拜与世俗信仰的地域性寺庙建筑也占有较大比例。①其中重点文物保护单位国家级 2 处，省级 3 处，市级 70 处，县级 260 处。如散珠落玉盘，俯拾皆珍，与“一园”、“两湖”、“三山”等共同构成了长子景观系统的基本格局。上述景点相对集中于发鸠山、境东南、长子城三区域。且凸显出 6 种类型的景观文化：发鸠山的精卫文化与道教文化，境东南的俗庙文化、佛

注释：

①据第三次全国文物普查资料，长子现存古建筑 480 处，其中寺庙 360 处，民居 80 处，其他 40 处。

寺文化、奇石（木化石）文化，长子城内的儒家文化。

一、境东南的俗庙、佛寺、奇石

单霁翔在《从“功能城市”走向“文化城市”》中提到：“晋东南地区是我国早期木结构建筑的宝库，据不完全统计，在该区域五万多平方公里的范围内有元代以前早期建筑165处，不少于全国早期建筑总量的三分之一，包含其中的建筑艺术、雕塑艺术、绘画艺术以及宗教信仰、民间信奉等丰富的历史文化信息，已经被公认为我国独特的文化遗产。”[2](p92) 对整个晋东南地区早期木结构建筑最为集中的四县市长子、平顺、陵川、高平作一深入对比，就会发现，长子县境东南无疑是整个晋东南木结构古建筑区的一个最佳展示点。在方圆约200平方公里的范围内遗存了元代以前木结构古建筑24处，元以后木构古建筑约180处，其中在元以前的24处中，类属于祖先崇拜与世俗信仰的地域性祭祀建筑20处，元以后的则高达90%以上。长子县境东南的寺庙群是以反映“中原汉民族民间信仰”为主体的“俗庙”建筑。

与在数量上占绝对优势的俗庙不同，佛寺虽仅存4处，但却座座经典，弥足珍贵，法兴寺、崇庆寺更是以其精湛的科学价值、历史价值、艺术价值和文化价值而荣登“全国重点文物保护单位”之列。二寺位于长子、长治、高平三县市之交汇处，此地依山临川，沟渠纵横，土地肥沃，物产丰富，采矿手工业发达，自古为战略要地，晋豫通衢（太洛故道，同时也是晋东南地区的第一条现代公路白晋公路，现在的省道227线由此而过）。优越的地理环境为二寺的营建提供了良好的社会与物质基础，所以二寺虽在山谷间，但却与村镇遥望，官道相通，藏而不隐，幽而不荒，既利于僧侣清修，更便于信众礼佛，游人观瞻。

法兴寺原址坐落于慈林山腰，创建于北魏，鼎盛于初唐，成型于北宋，复兴于晚明，历代皆有修缮。20世纪70年代因地处煤矿采空区，致使地基沉降，文物部门勘察后，决定西迁翠云山。工程于1984年春破土动工，历经12个春秋，于1996年10月20日主体工程竣工剪彩。法兴寺现存文物主要包括塔、殿、灯、像、碑、琉璃、砖木石三雕等7大类。其中，唐石舍利塔、燃灯塔、宋塑十二菩萨像被誉为“法兴三绝”闻名遐迩。唐石舍利塔为高祖李渊第十三子郑惠王李元懿于唐咸亨四年（673）主持建造，目前这种建于寺院中轴线上，位于山门之内、大殿之前的唐代两层平面呈方形的石舍利塔，国内尚属孤例。塔之外观似塔非塔，似殿非殿，似楼非楼，建造者集塔之错落美、殿之方正美，楼之层次美，堡之坚实美于一身，造型别致，大巧若拙。燃灯塔，亦名长明灯台，灯幢，是佛教的6种供具之一。此塔通体青石雕造，建于唐大历八年（773），目前所知，此种形制的石灯国内仅存3座。塔身上的浮雕，凿磨细腻，刀工娴熟，是极为珍贵的唐代浮雕艺术精品，同时整组浮雕图案所涉及的内容也极为广泛，是研究唐代建筑、雕塑、音乐、民俗、宗教、服饰等各门类艺术难得的实物遗存。宋塑十二菩萨像是北宋民间宗教雕塑家冯宗本的传世杰作，被誉为“宋塑菩萨之冠”。整组作品上承晚唐余绪造型饱满，气质典雅，下启元明新风，简约凝重，慈悯亲和。

崇庆寺位于紫云山，1965年被列入首批省级重点文物保护单位，1996年升格为“国保”，并将“前庙”纳为其附属文物，一并归为“国保”范围。前庙名护国灵贶王庙，奉祀远古射日之羿神，当地俗称三嵕爷，为华夏人文始祖神祇之一。前庙坐落于紫云山南脉的白松峰之巅。前庙从南至北以山门殿—月台—大殿—寝宫为纵深轴线，左右两侧依次排列东西夹楼—廊坊—耳殿—厢房—角殿，前后两进院落，呈内向封闭式空间。整组建筑外观方正严整，内视规整对称，前庭开阔宽敞，后院紧凑严密。后寺即崇庆寺，位于紫云山主峰南坡山腰内凹处。与道观选址不同，佛寺讲究一个“藏”字，所谓深山藏古寺。故前庙若虎踞山巅，视野开阔，后寺若龙伏林下，依峻临幽，优雅别致。据寺内现存的清嘉庆三年（1798）所立《崇庆重修碑志》记载：“迨宋大中祥符九年（1016）而寺始建，千佛殿居其北，卧佛殿居其东，大士殿居其西，天王殿居其南，东南立门，门之东建关帝殿，西北建十帝并鬼王殿，西南又立给孤独长者殿，东北一院则为禅舍。”今除鬼王殿不存外，其余诸殿悉如碑述。殿堂庭院疏密有致，于起承转合的变化间展示出佛寺空间的清幽和谐之美。崇庆寺内艺术成就最高的是历代彩塑造像，尤其是创作于北宋元丰二年（1079）的十八罗汉像，可以说取得了“前无古人，后乏

▲ 图4　崇庆寺内景

来者”的成绩。与前期造像相比，风格更趋于写实，同时还具有精妙的写意手法，其在刻画人物性格、表现人物内在修养与宗教思想方面，已达到了极其深入的境地，充分表现了北宋时期高度的造型水平。

与俗庙、佛寺等人文景观不同，仙翁山木化石群是大自然馈赠的一笔丰厚的自然文化遗产。1977 年春，在仙翁山鋆则村一带发现了裸露出地表的古树化石群 7 处，经专家初步鉴定，这些化石属于地质学中的中生代三叠纪范畴（2.25 亿—1.8 亿年前）。当时的上党地区，气候温暖而湿润，裸子植物繁盛。这些高大的树木在造山运动中倾倒埋葬后，细胞壁中的水分迅速被地下水中的硅所替代，形成了硅化木，也就是现在所看到的树化石。仙翁山木化石群的形成大约和煤层的形成同步，相对于煤，木化石对地质条件的要求要严格、苛刻得多。从地壳运动、树体掩埋到高温封闭、硅木替换，它是由数个连环而严密的偶然因素所造成的必然结果。其对古生物、古气候、古地质、地貌的研究，具有重要的科学价值，是人类探索自身诞生之前物种起源、演变、进化过程的珍贵实物资料。如此大规模的木化石群，在我国乃至世界上都是极为罕见的。我国很早就有了对树化石的认识，唐代诗人陆龟蒙有句云：“其间绕古松，往往化为石。”宋人沈括在《梦溪笔谈》中也有关于树化石的记载。千百年来，随着人们对树化石认识的不断深入，它的不少特性逐渐被赋予了文化内涵，并最终形成了蔚为大观的奇石文化。为保护、研究、开发、利用这一珍贵的自然文化遗产，市、县两级政府高度重视，科学规划，有效运作，最终以仙翁山为中心建起了木化石国家地质公园。公园核心区约 2 平方公里，园内木化石以原地保护、就地参观为主，基本保留着出土时的原有地貌与地质形态。透过大型玻璃展柜，游客不仅可以直接欣赏到树化石的原始形态与个体差异，更可真实地感受到造化的神奇。随着公园内大型现代科技展馆等相关配套设施的陆续建成，这里必将成为一处融科学、人文、自然于一体的新兴旅游胜地。

二、发鸠山的精卫祠与石头道观

《精卫填海》是我国古代著名的神话故事，始出《山海经·北山经》：“发鸠之山，其上多拓木。有鸟焉，其状如乌、文首、白喙、赤足，名曰精卫，其鸣自詨。是炎帝之少女，名曰女娃，女娃游于东海，溺而不返，故为精卫，

▲ 图 5　发鸠山南崖宫

常衔西山之木石，以湮于东海。漳水出焉，东流注于河。”以后又陆续见于《述异记》、《博物志》等典籍中。精卫不惧东海之大，不嫌自身之小，一往无前、锲而不舍、誓填东海的奋斗精神，感染并影响了一代代中华儿女，更被历代诗人所敬仰、咏颂。从陶渊明的“精卫衔微木，将以填沧海。刑天舞干戚，猛志固常在”，到韩愈的“鸟有偿冤者，终年抱寸诚，口衔山石细，心望海波平”；从王建的“高山未尽海未平，愿我身死子还生”，到顾炎武的“我愿平东海，身沉心不改，大海无平期，我心无绝时”，句句感人至深，读来荡气回肠。

精卫鸟的故乡发鸠山，坐落于长子县城西 25 公里处。数千年丰厚的历史积淀，使它成了一座名副其实的文化名山。山之东麓，漳河源头，自古建有精卫祠，亦称泉神庙，庙宇宏大，殿堂壮丽，宋政和元年（1111）奉敕易名为“灵湫庙”。庙内大殿主像即精卫女娃，殿门楹联云：女娃理水南经北纬汇集神泉山灵湫；漳源泻碧西流东注灌溉上党万顷田。下联的“漳源泻碧”乃邑中古八景之一，即源于此。庙旁有四星池，泉水四季喷涌，清澈甘甜，冬夏恒温，数九寒天，万木凋零之日尤称奇观，但见池面水气蒸腾，池底却碧草如丝，青翠可人。庙周围有摩天塔（又名开岁塔，三层方形青砖塔）、鸡鸣桥、上天梯、南天门、仙人睡石、直勾圪针等古迹与景点，有关它们的传说，更是口耳相传，源远流长。灵湫庙内另一道引人关注的景观是宋以来的大量祈雨碑，其中许多碑文均出自当时的长子县令之手，文精墨妙，多有佳品。由炎帝之少女而化为精卫鸟，再由鸟而变为泉神，乃至雨神，直至后来完全融入发鸠山民众的生活中，成为凡事皆可来祈祷的、可亲可敬的俗神。精卫不仅是发鸠之神，更是发鸠之魂。

发鸠山主峰老方山是全县的制高点，海拔 1646.8 米，山势矗立，巍峨险峻。峰顶依崖临谷有一组造型别致、古朴稚拙的道教建筑——南崖宫。虽地处林区深处，主体部分却皆用不饰雕凿的原石垒砌而成，不用石灰与泥浆粘缝。遥望若石头古堡，高下错落，疏密有致，浑然天成。除南崖宫外，整个方山峰顶还建有真武宫、北崖宫、医祖庙等几组道家宫观。与境东南藏于名山之幽谷的法兴寺、崇庆寺不同，这几组宫观都落址在高山之巅。道教认为，山峰的凸点是天地交汇之处，神仙出没之地，也是道士羽化升仙的中转站。[3](p286) 故道观大都建在名山之巅。原石筑庙则是对道家返璞归真、自然无为思想的形象诠释。南崖宫东南有避风台，前临深谷，后无山护，四面开阔，但却在任何时候都无一丝风息；此地出产鲍店药材大会上的“长子药材三大宝——党参、连翘和酸枣”中的第二味地道药——发鸠山连翘。

三、古城老庙

长子古城之古，可追溯到尧王长子丹朱。康熙《长子县志·城池》载“旧城周二十里”，注文“唐《十道图》云：‘丹朱所筑’”[4](p127)。长子古城之盛，则可追溯至秦汉与北朝之西燕。史载，长子城曾作为秦汉两代上党郡治所在地达 410 年。公元 386 年，西燕慕容永称帝，定都长子，历时 9 年。确切可证的古城，则是战国时期的韩国古城，该城约 1.5 平方公里左右，1979 年山西省考古研究所曾对古城址进行过勘测。1986 年 8 月 18 日，山西省人民政府公布其为全省第二批重点文物保护单位。嘉庆《长子县志》载：“旧城周二十里。晋末，慕容永加筑为都。金天会九年（1131），昭义节度杨天吉就东偏建小城，知县赵惠成之，贺允中继修，即今城也。周五里一百八十步。”[4](p314) 本文所言古城，即杨天吉、赵惠所建之城。考察城中古庙，可以清晰地感受到儒家思想对这座小城的深刻影响。从文庙、武庙、城隍庙到崔府君庙、天王寺、北高庙，建造者赋予这些庙堂的教化功能要远远大于它的宗教性能，皆带有鲜明的儒家色彩，大都可以划归儒教祠庙范畴。

提及儒祠，自然要先说文庙。长子文庙坐落于古城东大街路北，1996 年 1 月 12 日山西省人民政府公布其为第三批省级重点文物保护单位。据相关史料记述，文庙原址在县衙署前西侧，宋建中靖国元年（1101）移建今址。此后经历代不断的扩建与重修，规模日渐宏阔。据嘉庆《长子县志·学宫图》描绘，文庙中轴线上依次建有影壁、泮池、大成门、大成殿、明伦堂、敬一亭，两厢建祠堂、斋舍、经阁、殿署等配套建筑数十间，整组建筑轴线分明。今除大成殿、金丝堂尚保存完好外，其余旧建均已无存。大成殿为元代遗构，面阔 5 间，进深 4 间，平面投影近方形，单檐歇山式建筑。檐柱有侧脚，柱身收分明显，角柱升起，殿内金柱未减，柱点完整，仍然沿袭着宋式做法。外檐柱顶不施普排枋，而用大檐额承托檐下斗拱，殿内梁架为原木略加砍制而施用，元代特征显著。殿顶琉璃脊兽为明代修葺时所增置，殿内保存着明嘉靖十年（1531）《御制正孔子祀典说》石碑一通，碑身阳面镌刻有明嘉靖十五年（1536）刻制的“宣圣遗像”1尊，采用传统工笔画中的“钉头鼠尾描”技法白描而成，线条流畅，刻制精细，为难得的佳品，殊可宝贵。文庙由创建直至清光绪三十一年（1905）废科举、兴新学止，800多年间，这里始终是官办儒学的最高学府，故文庙也称“庙学”或“学宫”。据《长子县教育志》载：“在漫长的封建社会中后期，它曾为本县培养和输送过25名进士，104名举人，368名各类贡生和近2万名秀才。”[5](p32)

文庙东侧，与之仅一墙之隔的是崔府君庙，俗谓府君庙。庙内主神崔珏，对于长子县乃至整个上党地区来说是一位具有非同寻常意义的地域性大神，非常规性神祇可比。第一，是他的称谓“府君”，府君是子女对亡故父母的尊称，自置长子县迄今，数千年来在这方土地上做过父母官的人数以百千计，他是唯一一位被整个长子县乃至整个上党地区尊称为“府君”的县太爷。第二，他是唯一一位生前就被立祠敬奉，死后更是久祭不衰、香火长盛的府君神。第三，他还是一位官史记述简略模糊，民间叙事却异常生动翔实，两者之间形成鲜明对比的地方执政者。第四，在上党地区众多地方神中，他是唯一一位由长子县府君神而最终发展成为华夏大地上遍享奉祀的冥界大神——掌生死簿判官的传奇式人物。据《山西寺庙大全》一书统计，崔府君庙曾遍布上党诸州县，其规模之大，分布之广，祭祀之隆，罕有出其右者。能与之比肩的另一位地域大神是古代神话故事《羿射九日》中的主角，护国灵贶王——羿。崔府君是不畏强暴、震慑厉鬼的阴间大吏，

▲图6　长子文庙

▲图7　长子崔府君庙

后羿则是抗争天命、降妖除魔的阳间勇士，二者所共同具有的誓扫邪恶、勇猛无畏的品格同受到上党先民的无限敬仰与顶礼膜拜，对他们的态度极为具象地折射出了祖先的“精神所在”。

天王寺位于古城南大街路东，是目前古城内唯一的一处全国重点文物保护单位。天王寺建于北方天王毗沙门信仰普遍流行的唐代永徽（650—655）年间。毗沙门天王是当时的军神。唐宋两朝，在城楼、军营中皆建有天王庙、天王堂，供奉北方天王，甚至在军旗上也绘有他的尊容，以振军威。上党东倚太行，西靠太岳，居高临下，势控冀、豫两省。从战国时秦赵长平之战到解放战争的第一仗上党战役，历来为兵家必争之地。山西是李唐王朝龙兴之地，上党又为山西东南门户。从韩王元嘉、郑王元懿、徐王元礼到上党郡公李谋、潞州别驾李隆基，一直为皇室所倚重。作为秦汉故郡、西燕国都、李唐军事重镇，军神庙自然是少不了的，于是天王寺应运而生。

这些祠庙在古代各自承担着相应的教化功能，在潜移默化中塑造着一代代长子人的价值理念，强化着长子人的文化与历史记忆：文庙传播着“为学日益”、“达济天下”的学子理想；府君庙弘扬着兴利除害、造福一方的清官精神；天王寺昭示着保境安民、护卫家邦的军人信念；关帝庙的教化面更广，有臣之忠、军之勇、商之信、侠之义等；城隍庙表面上看在说鬼事，内里却是要借鬼以化人，所以它宣讲的其实是最为根本的为人之道；如此等等。士农工商兵，在年复一年的各类祭祀与参拜活动中凭借着宗教的慰藉力量，不断地强化着各自的身份归属、做事信条与文化认同感。

综上可见，长子县的文化旅游资源，不仅体系完备、底蕴深厚、特色鲜明、历史悠久，而且开发前景广阔。因此，建议县委、县政府把旅游业放在长子县经济社会的整盘棋上，统一组织规划，充分挖掘每个景区的个性文化，融文化品牌于景点建设中，加大资金投入、文化开发、文物保护力度，把景点做精，景区做大，景区文化做强，以点串线、以线连片、统一整合包装，形成精品旅游线路，科学运作、强势推出，实现文化旅游的产业化发展。

参考文献：

[1] 白清才 . 山西寺庙大全 [M]. 太原 : 山西经济出版社 ,1995.

[2] 单霁翔 . 从“功能城市”走向“文化城市”[M]. 天津 : 天津大学出版社 ,2007.

[3] 熊铁基 , 刘固盛 . 道教文化十二讲 [M]. 合肥 : 安徽教育出版社 ,2005.

[4]（弘治、正德、康熙、嘉庆）长子县志 [M]. 太原 : 山西古籍出版社 ,2007.

[5] 王岳 . 长子县教育志 [M]. 长子县教育志编纂办公室 ,1993.

作者简介：

张宇飞（1972—　），男，山西长子人，长子县法兴寺崇庆寺文物管理所所长。

闻喜县档案馆所藏傅山《菊花图赞》

梁觉如

傅山《菊花图赞》藏于山西省闻喜县档案馆，为明末清初傅山（1607—1684）所作，是现存傅山花卉中唯一长卷，极为珍贵。

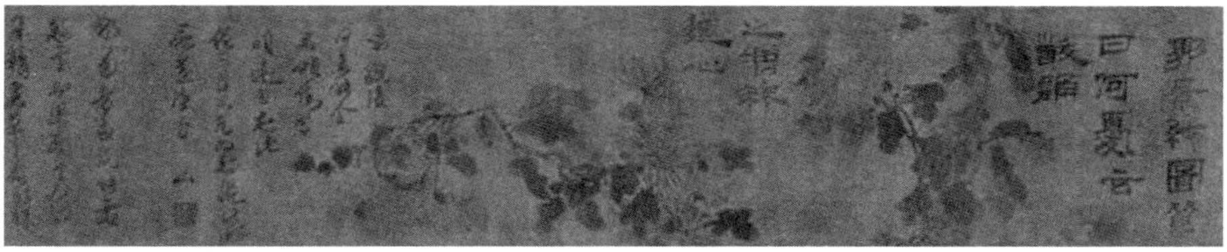

▲ 图 1　傅山《菊花图赞》

傅山，字青主，为明清之际大学者，于儒、释、道各家以及医术、书画、诗文、剑术等无一不精。时人评价他“学究天人，道兼仙释”，“博极群书，时称学海”。他曾于崇祯九年（1636）为袁继咸讼冤，上达崇祯帝，袁得无罪释放，由是名声大震。明亡后，傅山出家为道，但仍秘密联络顾炎武、阎若璩等，从事反清复明活动。后因好友薛宗周、王如金抗清牺牲，见复明无望，遂逐渐淡出江湖，开始了一种半隐的生活。傅山常在山西各地游历，还在晋南的曲沃和顾炎武一起讲学于绛山书院。后来还曾南游南京等地，晚年主要在山西活动，不再外出。

张根朴是傅山好友，童年时就善著文，为傅山之师袁继咸所赏识。他看到官场黑暗，谗邪害政，便愤然放弃举子业，博览群书，深究经子。其老家在闻喜县，与曲沃毗邻。傅山既曾教书于曲沃，有相邻之便，故能常相唱和。此图大概就作于此一时期，作为知己的象征送给了张根朴。

傅山《菊花图赞》长 285 厘米，高 23 厘米，绢本，锦纸托裱。画面上有五丛菊花，数段诗文，淡雅清致，有出世风。据《清史稿》记载，傅山“六岁，啖黄精，不谷食，强之，乃饭”，可见其后来出家为道，亦有夙缘。但傅山又是一位兼济天下的儒者，其师袁继咸就是东林党人，傅山反清复明，受其影响甚深。于是，经国之民的救世情怀与曳尾于途的出世思想便矛盾地结合在一起，尤其表现于此菊花图中。

此图共有菊花五丛，卷首有“郭景纯图赞曰：何忧玄发。诵之，增兹道心”的隶书题词。在“诵”字之左，为第一丛，画菊两枝，左枝有菊，右枝唯叶，耸立如松柏，自有傲骨。“道心”左侧为第二丛，亦为两枝，如大鹏展翅，一左一右，向下伸展，枝端菊花向上，不屈之状。左有两段文，一段曰：“味貌复何奇，能令君倾倒。写明远句，想此僧亦自不凡，为君慨此，秋愈益淡杳。山。”明远为刘宋诗人鲍照的字，照亦信佛，故曰“此僧”。另一段曰：“咏菊者多说能霜敌雪，而梁简文帝乃曰：月精丽草散秋株，洛阳少妇绝妍姝。觉更妩媚，似脱习气，为仙花改色。”“月精丽草散秋株，洛阳少妇绝妍姝”出自《乐府诗集》六十四卷，以此形容菊之平淡自然，所以脱俗。“妩”字左侧为第三丛菊花，亦是两枝，大有老枝倔强意。“为仙花改色”左有一段文：“朝起露湿沾罗衣，寒艳擢影陵寒飚。袁山松之句，情至。”左侧为第四丛，有菊四朵。左有行草一段：“若‘夫春露不染色，秋霜不改条’十字，正不须以此谀更生君也，幸而无黄金字样。”“夫春露不染色，秋霜不改条”，也是袁山松的诗句。左有小楷一段：“横涂顺抹，浊憨无似，落英遇我，乃尔遭际。笔墨浩荡，菲芳根蒂，老枝倔强，不屑拘细。自以神行，何廼使气，脱略工拙，殊分钝利。”左又有“抱一应元贞，王筠之句，正自别抒”字样，左侧有菊十朵。最后曰：“陶先生句，悠然见南山”，亦是隶书。傅山写隶、行、楷于一纸，就目前所见，似仅此一物。

此图中的菊，叶浓花淡，枝倔花闲，看似出奇，思之自然。淡的花，似是傅山归隐山林的闲情；倔的枝，似是其欲有所为的抱负。淡的花，似是逍遥齐物的道家洒脱；浓的叶，似是舍我其谁的儒家豪迈。出世与入世，闲情与豪气，在傅山画中交融为一，显出深远的艺术境界，可谓“君子则时中”。再看其用笔，洒脱自然，不拘成规，信笔挥毫，笔落形成，不加刻意，浑然天成。沈宗骞在《芥舟学画编》中说，用笔“必能灵变，乃可得其神，能得神，则笔数愈灭而神愈全，其轻重、徐疾、偏正、曲直，皆出于自然”。傅青主之用笔，可谓神矣。

此图的题眼为“道心”二字，何为道心？即“人法地，地法天，天法道，道法自然”的自然之心。魏晋之际，道风正浓，青主于此时，情有独钟，盖其入道甚深之故。他在文中所引诗，皆为魏晋人士所写，郭璞、鲍照、简文帝、袁山松、王筠、陶渊明，莫不是清谈中人，风气高远。而青主尤喜陶渊明，不呼其名而称先生，可见一斑。青主此画以菊花为题材，一方面以菊示志趣与气节，另一方面也与渊明爱菊有隐微的关联。陶诗“悠然见南山”的全诗为：“结庐在人境，而无车马喧。问君何能尔？心远地自偏。采菊东篱下，悠然见南山。山气日夕佳，飞鸟相与还。此中有真意，欲辩已忘言。”陶渊明从菊花、南山、山气、飞鸟等这些自然景物中看到了真意，何为真意？即万物运转、各得其所的自然法则，即道。青主引此诗，可以看出其归隐山林的志趣，现实的政治无可挽回，何不与道为伍，率真任性呢！此种志趣，是其人生、灵魂的一大转折，由反清复明转而归向自然，由寻求一国之道转向更为深广的自然大道，从其所引陶诗可见。青主将此句置于画末，大有深意。开首言道心，此时见南山，道在何处？就在自然之中、万物之中，故而要与天地精神相往来。“见南山”，可以看作是青主得道的一个表征。

傅山论书时说：“宁拙毋巧，宁丑毋媚，宁支离毋轻滑，宁真率毋安排。”他提出“四勿”，并能亲自实践。邓散木形容他的字“极为古拙”，以此形容他的画，也合实情。清人张庚论画曰：“发于无意者为上”，“当其凝神注想，流盼运腕，初不意如是而忽然如是是也。谓之为足，则实未足，谓之未足，则又无可增加，独得于笔墨情趣之外，盖天机之勃露也。”傅山的画，可谓能得天机。用他自己的话说，那就是“自以神行，何西使气，脱略工拙，殊分钝利”，已经物我合一，归于太虚了。

作者简介：

梁觉如（1980— ），男，山西平定人，山西戏剧职业学院教师，硕士。

论晋商民居建筑装饰的艺术表征和文化内涵

——以“三雕”建筑装饰为视角

李艳婷

摘要：清代晋商的崛起，为晋商民居建筑的发展奠定了经济基础。从布局、内容和色彩几个方面来看，晋商民居的“三雕”作品均具有独特性，拥有超越“纸本”的艺术美感。同时，也体现了晋商的传统价值追求和独特的审美情趣。

关键词：晋商民居；三雕；艺术表征；文化内涵

“晋商”特指明清时期的山西商人，其位列中国十大商帮之首。晋商在外艰辛创业，财富剧增，返回故里后一般都大兴土木、修筑宅第，即现在所能看到的遍布山西的建筑文化遗产——晋商民居大院。有关晋商民居大院的研究始于20世纪80年代，学者们进行了多角度的阐述。在民居的建筑装饰方面，“三雕”最受关注，但主题多研究“三雕”的创作手法和具体内容。本文则通过对晋商民居“三雕”作品的亲自考察与理论分析，追溯晋商民居建筑装饰形成的背景，从艺术表征和文化内涵两个方面解析其建筑特色。

一、晋商民居建筑装饰形成的社会背景

明清时期是晋商发展的鼎盛时期。“清代全国商业领域人数最多、资本最厚、散布最广的是山西人；每次全国性募捐，捐出银两数最大的是山西人；在全国最富的家庭和个人排行中，最前面的大多也是山西人；甚至，在京城宣告歇业回乡的各商贾中，携带钱财最多的还是山西人。”[1](p139) 以晋中祁县为例，当时有过半家庭外出经商，总数高达15 000人。祁县商人主要经

营茶叶、典当、票号、布匹、杂货等，还经营粮油、首饰和药材等。在北京城的300余家粮店中，祁县人经营的就达100多家。祁县人最早经营的行业是茶庄，主要经办茶叶的贩运和批发，有“长裕川”、“大德川”、“长源川”、“通川盛”等茶庄。[2]

晋人以经商为荣，使得不少秀才弃笔从商，加入晋商的“洪流”中。知识群体的参与提升了商业的日常经营和管理水平，进一步促进了晋商贸易的繁荣，使经商成为时代风气。在晋商发展的鼎盛时期，晋中各县、镇店铺林立，行业门类齐全，物流昼夜不分。晋中字号遍布全国，今上海、南京等地的“山西路”均因晋商集居而命名。晋商的字号还远布海外，如莫斯科、库仑、东京、南洋等地，因而当时晋商号称“汇通天下”。

山西人恋家，商人们在外发家之后大多会返回故里。为了光宗耀祖，他们不吝钱财，大兴土木，修建宅第，相互攀比，蔚然成风。借助雄厚的资金，这些建筑修筑得不仅宏大、气派，而且充分体现了当时高水平的建筑艺术。晋商给山西后人留下数量众多的大院，也形成了当今所谓的“大院文化”。晋商大院的“晋”是指整个山西而并非仅指晋中市，晋北的大同、浑源，晋东南的沁水、阳城和晋南的临汾、襄汾等地也有晋商大院，只是并不典型。位列世界文化遗产的晋商大院主要分布在山西晋中地区，如榆次车辋村的常家庄园、太谷县北汪村的曹家三多堂、祁县乔家堡村的乔家大院、祁县城内东大街的渠家大院以及灵石县静升镇的王家大院。

清代的建筑艺术已经达到相当高度，而晋商民居建筑奢华、气派，是清代北方民居的典型代表。“三雕”是晋商大院的主要建筑艺术的体现，即石雕（门墩石、柱础石、石墩、踏石、墙基石、石栏、转角石、压阶石等）、木雕（家具、楹联牌匾、门窗、门罩、斗拱、挂落等）、砖雕（壁雕、脊雕、屏雕、扶栏影壁、祠堂等）。这些艺术装饰手法在晋商大院中极为普遍，主要是因为“三雕”用于建筑有一定的便利性。从材质上讲，石头与木头都是直接取之于自然的，这些材料随处可见，对于民间匠人来说，容易接触并掌握，设计者与制作者合于一身，能很好地发挥传统手工业边设计边加工的特点。而烧砖技术在我国历史悠久，明清之际更加成熟。砖的原材料即水、火、土，也是最为原始的工艺材料，因此“三雕”可以说都是典型的自然主义风格的产物。从创作主体上讲，这些雕刻作品不是出自文人雅士之手而是出自民间巧匠，因此具有民间美术手工艺的一般特点。此外，晋商多为儒商，博学多识，商人和士大夫的文化观念及价值取向都有所表达，这就促使了“三雕”这种非实用性的建筑装饰艺术的大量出现，体现了中国传统为人之道和为官之道的儒学思想。

二、晋商民居建筑装饰的艺术表征

晋商民居建筑装饰的价值主要体现在艺术表现方面。从这个角度看，晋商大院的“三雕”作品以其丰富的内容、独特的艺术表现形式，表现了纸本绘画所无法表达的美感。

首先，从空间布局上讲，无论是三雕的哪一种都讲究空间分割原理，均为依轮廓而雕的纹样，布局饱满，体现了严紧性和细节性。这种手法直接造成视觉上局部“纤细烦琐”的效果，同时又能从建筑整体出发，巧妙地利用疏密关系达到搭配的合理、匀称。在图案的选择与安排上，用雕刻形象的点、线和面表现中国传统纸本绘画的“黑”，用镂空或平雕的地方表现“白”，这样来满足中国传统“知白守黑”的欣赏习惯。其构成方法分如下三种类型：一为同一平面的对称图案，多用在木制建筑构件中，让人们在院落中仰视时达到一种严谨的秩序美，给人以稳定、安全的和谐美感；二是在建筑构件中多用二方连续图案，给人装饰化和规律化的气势美感；三是具有故事情节的雕刻中敢于进行变化的动势构图，给人以强烈的视觉冲击力，使其形象生动、逼真。

其次，从雕刻内容的选题上看，是以写实主义为特色的自然主义风格，同时敢于想象，根据内涵需要大胆夸张，神态变化丰富多样，而且采用多种雕刻技法，如浮雕、透雕、圆雕，虚实呼应，凹凸有致，富有变化，使得艺术感加强。内容则有梅兰竹菊、荷花、牡丹等植物类，以及虎、猫、鼠、狮、鹊等动物类。这些动植物虽有深刻的吉祥寓意但并非名花异草，而是民间随处可见的，其造型都具备写实主义的特点。正因为其常见，故民间艺人也可以在同一题材之上进行再创作。例如，放置于大门两侧用来看门护院的中国传统吉祥物（石）狮子，这在明清民居中最为常见，但晋商大院中的狮子，即使是同一主题也绝无重复。不过，受地方封闭式生活的影响，民间工匠的作品很难摆脱程式化的约束。例如，博古题材和二十四孝图一类，其构图和人物造型手法基本没什么差异，千篇一律地模仿，独创性差。另外，明清民居雕刻体裁广泛，山水、人物、花鸟、书法、工艺都有涉及，这体现了主人的一种审美情趣，也是明清统治者对装饰图案的限制有所宽松，民间艺术多元化发展的一种真实写照。

最后，从木雕的色彩关系来看，体现了中国明清之际的民间美术审美习惯。中国古代木制建筑中的色彩称为“彩绘”，作为大院彩绘的一种必要性，我们可以这样理解，晋商大院整体建筑所采用的是青砖灰瓦，加上一些建筑的石头构件，整体呈中性色，而作为木质结构的屋顶如果不加以彩绘，就会呈现出木头本色，那么这样的一个居住环境色彩是比较压抑的。为了给建筑整体一种亮丽的美感，主人一般会做两件事：一是在所有的大门外挂红灯笼，另外就是在木头构件上进行彩绘。其实彩绘除审美功能外，还可以防止露在外面的木制构件被雨淋湿而遭到损坏，所用颜料是以矿物质为主，植物颜料为辅，加胶、粉调制而成。有的颜料含一定的毒素，能起到杀虫作用。晋商大院原彩绘由于年代久远，我们无法看清其原貌，只能从常家庄园博物馆的展览中认识一下彩绘的色彩原理：一是以青、绿为主要色调，配以赭石色和泥金，整体色调雍容大方而富贵。二是彩绘手法主要是叠晕，即我们现在装饰图案中称的渐变，用一种颜色调出 2—4 种色阶依次排列进行装饰。沥粉是用胶、油、粉调成膏将彩绘的某些部分凸起再加色，形成浮雕式的立体感、层次感；贴金箔一般用于档次较高的建筑上，产生光彩夺目的效果。三是彩绘内容与“三雕”雕刻内容相呼应，动物、植物、人物、工艺都有涉及。四是在每幅彩绘的纹样均依外轮廓变化而进行适合纹样的变化，点、线、面结合符合中国传统设计的原理。

当然，从晋商民居“三雕”装饰的整体风格讲，是追求繁缛复杂、追求精雕细琢的。从中外设计艺术发展史来看，凡是追求形式主义，追求装饰的都是为贵族阶层服务的，大院的整体风貌可以使我们领略大院主人的贵族气息。但是，从属性上讲，晋商大院民居的雕刻艺术又是实用性与美观性的结合，遵循“实用第一，美观其次”的原则，其雕刻的目的性具有典型的“形式服从功能”的特征。晋商大院是典型的砖木混构建筑，从作用上讲，“三雕”均以实用为主，纯艺术欣赏的部分相对较少。木雕主要体现在门窗、门罩、斗拱、挂落等方面，这些都是木制建筑的必要构件。由于其裸露在外，不进行装饰不美观，因此在实用功能第一的基础上，辅助了一些雕刻，并施以彩绘。

门墩石、柱础石、石墩、踏石、墙基石、石栏上的石雕，以及砖雕、花墙上的砖雕都属于建筑的结构性构件装饰。[3] 属于纯艺术欣赏部分的有楹联牌匾、门罩等装饰性构件，数量相对较少。

三、晋商民居装饰艺术的文化内涵

晋商大院的建筑装饰以“三雕”为主，院落中的雕刻艺术如同一幅有形画，一首无形诗，表述了语言文字无法企及的文化内涵，体现了中国传统社会的伦理道德和审美情趣。

第一，以传统吉祥动植物为主要表现内容，达到具象和意象的完美结合，形成富有哲理的雅俗共赏的文化，体现民间对福禄寿喜的宿愿。晋商大院“三雕”常见图案，多以吉祥动植物为主。这些动植物不仅造型美观、大方，最重要的是它们含有极其深刻的吉祥寓意：植物类有象征多子多福的葡萄，象征富贵有余的牡丹，象征长寿的桃子，象征清廉和发财的莲花等；动物类有寓意为“马上封侯”的猴子，谐音为“福”的蝙蝠，象征“勇不可当，威震四方”的狮子，被喻为仙禽的鹤、瑞兽的鹿等。这些图案形象生动，既符合民间朴素的审美情趣，又体现了大院主人对美好生活的向往。当然还有很多是采用谐音手法，使人们站在这些形象面前，口中随便一念，能给主人送个好的“口彩”。从形态上讲，这些动植物是写实的、具象的，生活中常见的。而从雕刻画面整体构图上讲又充满了丰富的想象，例如，狮子滚绣球，盛开的牡丹花中包着鱼头等。晋商大院中诸如此类的造型举不胜举。现实生活中狮子不会去滚绣球，鱼也无法在牡丹中存活，但根据民间百姓丰富的想象，使其雕刻效果达到了具象和意象的完美结合。此外，晋商民居“雅俗共赏”。从创作主体讲，“三雕”是民间匠人之作，是属于民间美术的一部分，具有民俗的特点，表达直接、浅显易懂，是对美好生活的一种单纯的向往，这是其“俗性”；其雅则体现在主人的雕刻要求上，大院主人大多为儒商，既有商人的特点又有文人、士人的风格，喜欢四君子图、二十四孝图或博古题材等，这些形象是文人雅士寓意自己博学、清高的“雅性”的代表。我们常说“仁者见仁，智者见智”，面对大院精美的雕刻形象，不同的欣赏群体其感悟是不尽相同的。

第二，装饰内容的选择是中国传统道德文化的集中体现，我们可以从一些传统吉祥图案的应用上感受“三雕”艺术所体现的传统道德文化。受儒家思想“无后为大”、“多子多福”等观念的影响，所以诸如松鼠葡萄、黄鹂石榴、麒麟送子等是对人丁兴旺、多子多福的表达。孝是传统美德的体现，有关“孝”内容的传统吉祥图案也很多，例如，王家大院的石雕唐夫人《乳姑奉亲》和《行佣供母》（《二十四孝》故事）等。在传统社会，“学而优则仕”，在三雕中也不乏这类题材，以常家庄园石芸轩书院法帖最具代表性。[4]雕刻内容的选择除了浅显的动植物题材之外，还有一些象征传统道德的内容，体现着主人的文雅书卷气质，如瓶、壶、炉、鼎、琴、棋、书、画、梅、兰、竹、菊等博古类，又如，大量的楹联匾额中书法的应用等。另外，传统认为阴阳宅地的风水关乎家族的兴旺，大院整体建筑布局，加之影壁、花墙都应该是主人对“风水”重视的一种体现，常家庄园的百寿图和八卦图即是典范。

第三，这是中国古代豪门巨富和达官贵人审美情趣的集中体现。院落亭宅规模宏大既是主人财富的象征，又有地方霸主的气息，如王家大院一进门的两座高大的影壁，是趋吉避凶的渴望与阴阳风水的讲究，同时“纤巧繁密”的雕刻所体现出的精巧，应该也是商人“粗中带细”处世原则的生动展示。以常家庄园“雍和堂仿俄砖雕门”为例，更是晋商主人“中学为体，西学为用”，勇于接受西方文化并敢于进行尝试的证明。总之，从晋商大院的整个建筑上来看，祠堂、影壁的位置，书院、戏台的安排，常家庄园的八卦影壁等都是其风水观念的集中体现。

清代晋商雄厚的经济基础推动了山西晋商民居建筑艺术的发展，财富的积累和文化品位的追求，带动了整个晋中地区建筑艺术水平的提高。“三雕”建筑艺术，不仅富含中国传统美术的艺术表征，也饱含了中国传统的文化和价值。山西的晋商大院作为我国民间建筑艺术的宝库，在我国乃至世界建筑史上都具有很高的艺术价值和地位。我们应当强化民众对这一珍贵文物的可持续性保护意识，并在此基础上研发以度假山庄为主要特色的山西特色文化建筑，争取打造山西传统与现代相结合的 “大院文化”样本。

参考文献：

[1] 余秋雨 . 山居笔记 [M]. 上海 : 文汇出版社 ,2002.

[2] 高宇波 . 晋商民居建筑文化 [J]. 太原理工大学学报 ,1999,（1）.

[3] 刘改英 . 晋商大院的“三雕”艺术 [J]. 中国地方志 ,2003,（S1）.

[4] 夏源 . 浅议儒家思想对中国民间建筑的影响 [J]. 四川建筑 ,2006,（6）.

作者简介：

李艳婷（1980—　），女，山西阳泉人，晋中学院美术学院教师。

三垂冈上话沧桑

安瑞燕

摘要： 位于山西省长治市郊区的三垂冈，本非名山大川，却因承载着三富的历史信息而常常被后人提及。唐朝末年，藩镇割据，开创后唐伟业的李克用、李存勖父子与三垂冈结下不解之缘。当年，李克用平定邢州之后，回军上党，置酒三垂冈，指着时年仅5岁的李存勖神奇地预言：20年后，此儿可代他战于此。李克用去世后，继位的李存勖利用对手放松警惕的机会，戴孝出征，取得了三垂冈之役的胜利，奠定了问鼎中原的基础。此段史实被后人一再传诵。清代诗人严遂成的一首七律《三垂冈》，更使三垂冈声名大噪。毛泽东同志亲书的七律《三垂冈》也成为其书法中的精品之作。

关键词： 三垂冈；李克用；李存勖

“英雄立马起沙陀，奈此朱梁跋扈何。只手难扶唐社稷，连城犹拥晋山河。风云帐下奇儿在，鼓角灯前老泪多。萧瑟三垂冈下路，至今人唱《百年歌》。”沙陀老将，晚唐残梦；风云帐前，灯下老泪；三垂冈下，《百年歌》唱……，苍凉中透出无限温情，吟唱中引来久久深思。刚与柔、动与静，被诗人巧妙地组合在一起；刀光与灯焰，河山与人心，更引来后人感慨无数！清人严遂成所作的这首仅有56字的《三垂冈》小诗，使晚唐风云变幻的社会情景跃然于眼前，也使沙陀英雄的形象别具一格，更使三垂冈名垂青史，闻名遐迩。

一、英雄置酒三垂冈

三垂冈，位于长治市郊区李村沟附近，距市区十几公里。三垂冈又名三垂山，即由三座“一字”排开的小山丘组成，被当地人称为大冈山、二冈山、三冈山。三垂冈并不雄伟，也不奇特，但就是这不起眼的几座小山冈，却因它承载了历史的信息，而被世人所知，更成为世代人们的谈资。

▲ 图 1　李克用

三垂冈被世人所记，与沙陀英雄李克用父子息息相关。李克用，西突厥沙陀部人，唐末著名的藩镇节度使之一。李克用一只眼瞎，被人称为“独眼龙”，又因他骁勇善骑射，被军中将士称为“李鸦儿”，意为行动如乌儿一般迅速敏捷。唐代后期，藩镇割据，德宗晚年时，沙陀成为边患之一。唐僖宗即位后，对李克用采取了安抚政策，授李克用大同军防御史。此后，唐王朝也采取过打压的方式，甚至一度迫使李克用父子逃入鞑靼。黄巢军攻陷京城，李克用再次被唐王朝起用。因镇压黄巢起义有功，李克用被授予河东节度使、陇西郡王。后来，又因功被唐昭宗封为晋王。

唐朝末年，昭义军管辖泽、潞、邢、洺、磁五州，治所设在潞州（今山西长治）。唐僖宗时昭义军节度使孟方立认为潞州山川高险，民俗劲悍，常有驱逐军帅之事发生；且孟方立是邢州人，于是把昭义军的治所迁到邢州（今河北邢台）。治所的迁移，引起了潞州人的怨恨，于是潞人将泽、潞二州归于李克用。孟方立以邢、洺、磁三州自立为昭义军。李克用多次征讨邢、洺、磁州，三州几成不毛之地，孟方立以孤城自守。公元 889 年，李克用发兵攻打孟方立。孟方立因部将不听调遣，知道大势已去，遂饮药而死。孟方立死后，部众拥立其弟孟迁为留后，继续抗拒李克用。第二年正月，邢州缺粮，孟迁率众投降李克用。

据《新五代史・唐本纪》载，李克用征伐邢州归来，回军上党，在三垂冈置酒庆功，让伶人奏《百年歌》助酒。《百年歌》相传为晋代陆机所作的组诗，共 10 首，每十岁为一首，内容为歌唱从少年到百岁的人的一生，感叹人生的无常与暮年的苍凉。人不管曾如何春风得意，到晚年都不免衰老凄凉，所以《百年歌》每段皆以“清酒将尽奈乐何，清酒将尽奈乐何”收尾，音律极尽悲怆。伶人在苍凉的曲调中吟唱到人生的衰老之际时，宴席上的人无不被其感染，李克用聆听此曲，更是老泪纵横。忽然，李克用捋着胡须，感慨地指着李存勖笑着言道："吾行老矣，此奇儿也，后二十年，其能代我战于此乎！"这时的李存勖才刚刚 5 岁。

二、问鼎中原三垂冈

有着"天下之脊"称号的上党，战略地位极为重要，历来乃兵家必争之地。占据上党，尽收三晋，北达幽冀，东征齐鲁，策马中原。因此，李克用与朱温为争夺上党，展开了反反复复的斗争，上党之地也数次易手。公元 907 年，朱温篡唐自立，国号"梁"，史称"后梁"。做了皇帝的朱温，调遣十万大军再攻上党。面对来势汹汹的后梁大军，晋军守将李嗣昭采取闭关坚守之策，致使后梁军队久久不能攻克。后梁军队便在上党城郊筑起一道小长城，谓之"夹寨"，战争进入相持阶段。

就在战争进入胶着状态之时，公元 908 年，一代豪杰李克用去世，年仅 23 岁的李存勖必须接过父亲的重担，在乱世中建功立业。据北宋王禹偁《五代史阙文》记载，李克用临终前，赐给儿子李存勖三支箭，嘱咐他完成三件大事：一是讨伐刘仁恭，攻克幽州；二是征讨契丹，解除北方边境的威胁；三是消灭世敌朱温。这三件事，每一件的完成在当时看来都异常困难。李克用的政治遗嘱反映了李氏父子面临的政治环境的艰难，也反映出一代豪杰李克用壮志未酬身先死的绵绵遗恨。

李克用的死，让后梁将士放松了警惕。李存勖对众将说："梁人幸我大丧，谓我少而新立，无能为也，宜乘其怠击之。"于是丧期之中的李存勖亲率大军，疾驰六日，策马三垂冈下，蓦忆当年，李存勖感叹道："此先王置酒处也！"遂令全军隐蔽待命，而梁军竟毫无察觉。次日凌晨，大雾弥漫，正是偷袭的好时机。李存勖利用浓雾的掩护，挥师前行，直捣梁军驻守的"夹寨"。尚在梦中的梁军，如何能抵挡住杀气腾腾的晋军？万余梁军的首级滚滚而下，惊慌失措的幸存者，丢盔弃甲，一路向南狂奔，最终仅百余骑得以逃生。身在开封的朱温闻听此事后，惊叹道："生子当如是。李氏不亡矣！吾家诸子乃豚犬尔！"

三垂冈之战，也称"夹寨之战"。此次战役使李存勖最终占据上党，为其问鼎中原举行了奠基礼。此后，李存勖的势力日益强大，并于公元 923 年称帝，建立了"后唐"王朝。

三、怀古凭吊三垂冈

三垂冈，因英雄置酒而充满神奇，因“夹寨”一役而名留青史。灯下读史，掩卷而思，思英雄老泪、少年奇功；冈上驻足，举目而叹，叹历史沧桑、山河依旧。三垂冈，曾令多少文人士子为之瞩目。

清末著名学者王先谦在江苏江阴讲学时，曾让学生以李克用置酒三垂冈为赋，并以“此先王置酒处也”七字为韵。学员刘翰的《李克用置酒三垂冈赋》让我们脑海中再度重现那段历史的尘烟，其文收入王先谦的《清嘉集初编》中，全文如下：

漳水风寒，潞城云紫。浩气横飞，雄狮直指。与诸君痛饮，血战余生；命乐部长歌，心惊不已。洒神京之清泪，藩镇无君；席部落之余威，沙陀有子。俯视六州三部，须眉更属何人；悬知万岁千秋，魂魄犹应恋此。

方李克用之克邢州也，大敌既破，我军言旋；霓旌渐远，露布纷传。虽贼满中原，饮至之仪已废；而师归故里，凯歌之乐方宣。更无围驿连车，醉教水沃；除是临江横槊，著我鞭先。

有三垂冈者，一城孤倚，四战无常；远连夹寨，近接渠乡。于是敞琼席，启瑶觞。举烽命醑，振衣远望。快马健儿，是何意态！平沙落日，无限悲凉。听《百年》之歌曲，玩五岁之雏郎。空怜报国无期，慕麒麟于汉代；未免誉儿有癖，傲豚犬于梁王。

座上酒龙，膝前人骥。磊块堪浇，箕裘可寄。目空十国群雄，心念廿年后事。玉如意指挥倜傥，一座皆惊；金叵罗倾倒淋漓，千杯未醉。无端长啸，刘元海同此丰神；未敢明言，周文王已先位置。

胜地长留，厥言非偶。问后日之墨缞，果当年之黄口。壮猷乍展，誓扫欃枪；陈迹重寻，依然陵阜。怅麻衣之如雪，木主来无；皎玉树以临风，山灵识否？峰峦无恙，还当陟彼高冈；杯棬空存，岂忍宜言饮酒。

雏凤音清，鼎龙髯去。先君之愿克偿，佳儿之功益著。临风惆怅，何处魂招；大雾迷漫，定知神助。生子当如是，孙仲谋尚有降书；杀人莫敢前，朱全忠闻而失箸。三百年残山剩水，留作少年角逐之场；五千人卷甲偃旗，重经老子婆娑之处。

世有好古幽人，耽吟健者。时载酒而题诗，试登高而望野。云霾沛郡，莫寻汉祖高台；日照许都，空拾魏王片瓦。回忆一门豪杰，韵事如新；剧怜五季干戈，忧怀欲写。茫茫百感，问英雄今安在哉！了了小时，岂帝王自有真也。

赋中“玉如意指挥倜傥，一座皆惊；金叵罗倾倒淋漓，千杯未醉”之句，让我们的思绪又回到鲁迅先生在《从百草园到三味书屋》中提到的那位寿镜吾老先生身上：白须老者，浅吟低唱，吟诵着长赋佳句，回味着历史深沉……

三垂冈，因它承载的历史传奇，让许多迁客骚人灵思涌动，遂留下千古名篇。清代诗人严遂成，雍正进士，在山西临县任过知县。严遂成才华横溢，文思敏捷，又喜游览名山大川，多有诗作传世。当年严遂成游历上党，途经三垂冈，触发了他的怀古幽情，写下了本文篇首的那首七律《三垂冈》。

毛泽东酷爱文史，熟知古代许多典籍。1964 年 12 月 29 日，毛泽东在批读《五代史·庄宗本纪》时，突然想到曾有一首写三垂冈战役的诗，但记不起来诗的作者，便写了张条子让秘书田家英同志去查。“条子”全文如下：

田家英同志：

近读《五代史后唐庄宗传》三垂冈战役，记起了年轻时曾读过一首咏史诗，忘记了是何代何人所作。请你查一查，告我为盼！

毛泽东

十二月二十九日

毛泽东非常喜欢这首诗，曾亲笔书写。这幅手迹，后来收入《毛泽东手书墨迹选》一书中，是毛泽东书法中的精品之作。1995 年，原潞城县县长郭栋材与常同华、申勤学、史留俊等人成立“太行诗社”，并创办《三垂冈》诗刊，刊名“三垂冈”三字便是从毛泽东这幅书法作品而来。

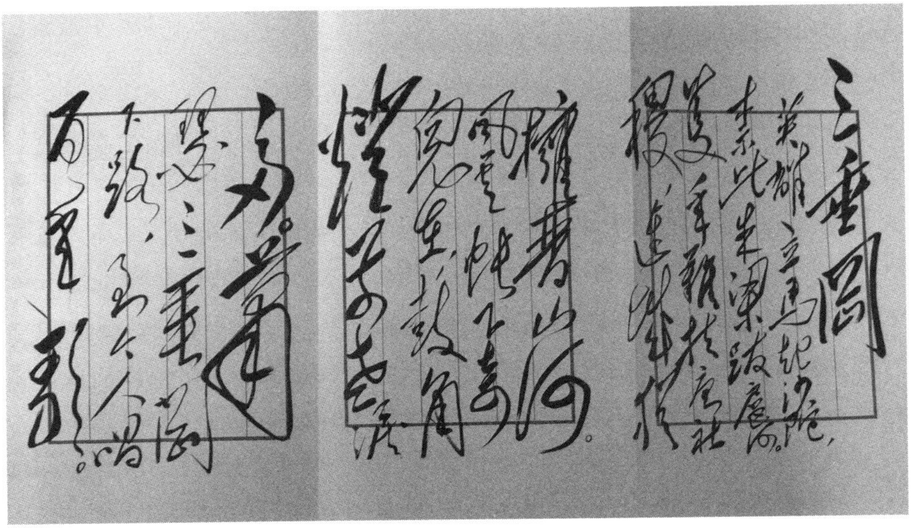

▲ 图 2　毛泽东手书《三垂冈》（作品提供：中央档案馆）

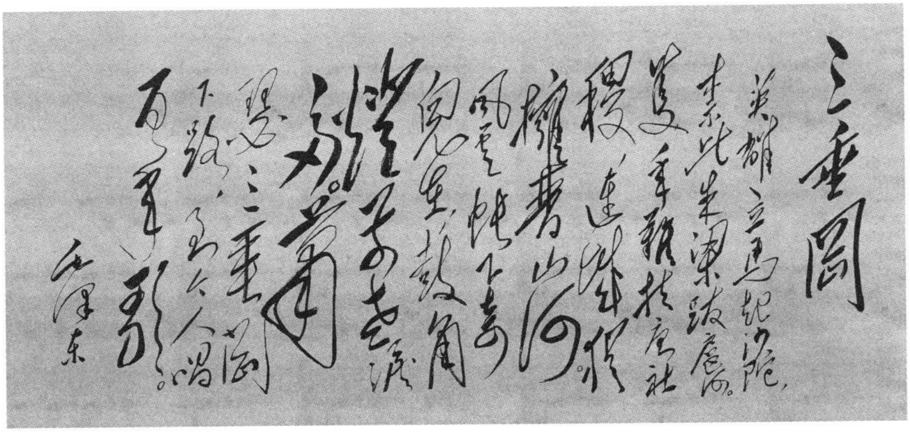

▲ 图 3　毛泽东书法《三垂冈》

风云变幻，沧海桑田，三垂冈之战的硝烟早已散尽，但三垂冈依旧，三垂冈承载的历史积淀依旧，三垂冈被后人传诵的神奇依旧。驻足冈上，怀古凭吊，多少历史涌上心头，万千思绪又当从何而说？

作者简介：

安瑞燕（1980—　），女，山西太谷人，山西师范大学第二实验中学教师。

西口雄关杀虎口

吴笑丽

摘要：位于今右玉县西北30公里的杀虎口，在历史上的地位曾十分显赫。杀虎口是北方重要的军事要塞，战略地位十分重要。杀虎口也是清代山西唯一的常关，曾一度使边陲之堡车水马龙，极尽繁华。杀虎口也是山西人走西口的必经通道，西口古道上曾洒下山西人多少辛酸与血泪。

关键词：杀虎口；军事要塞；榷关；西口

“哥哥你走西口，小妹妹我实在难留，手拉着哥哥的手，送哥送到大门口……”其离愁别绪的凄凉，其委婉诉说的惆怅，其不知归期的彷徨，其终年累月的张望，其随口而出的吟唱，使《走西口》传唱数百年而不衰，成为山陕原生态民歌的代表作之一。西口，也成为人们耳熟能详的一个地方。

西口，即今天右玉县西北30公里的杀虎口。杀虎口，东依塘子山，西傍大堡山，古长城在此中断。苍头河经杀虎口西北流入内蒙古和林格尔境内的浑河，后归入黄河。《朔平府志》载：“长城以外，蒙古诸蕃部落百种，分四十九旗，其通贡往来，秘道于边关，而杀虎口乃直北之要冲也。其地在云中之西，扼三关而控五原，自古称为险塞。”[1]《旧志辑录》载：“归化城为蒙古一大都会，而杀虎口实为中外之襟喉焉。”[2]杀虎口是一条联系塞内外往来的重要通道。

▲ 图1　西口古道

杀虎口，最初称为参合陉，《水经注》云：“参合陉，北俗谓之全鹤陉，道出其中，亦谓参合口。”从春秋至隋朝，一直沿用此名，唐代改称“白狼关”，宋代又称“牙狼关”。明朝为了抵御蒙古瓦剌的南侵，多次从此口出兵征战，故而起名“杀胡口”。

▲ 图 2　雄关杀虎口

顺治十八年（1661），清政府设杀虎口关市，为了缓和蒙汉矛盾，将“胡”改为“虎”，杀虎口之名便沿用至今。据《朔平府志》载，明嘉靖二十年（1541）筑杀虎堡，万历二年（1574）砖包。周长2里，高3丈5尺。嘉靖四十三年（1564），于近关处筑新堡新集堡，大小与旧堡同。后又在两堡中间东西筑墙，连环为一。前后左右各有门，两堡形成唇齿相依、犄角互援之势。

杀虎口独特的地理位置，使其成为古代北方非常重要的军事要塞。明英宗在土木堡之变中被蒙古瓦剌俘去后，明代宗继位。代宗为了打败瓦剌迎回英宗，曾许愿：如英宗归来，愿将“水陆神祯”赐给朔平府右玉县。后英宗被释，代宗派人将“水陆神祯”颁赐给右玉，以谢神灵。“水陆神祯”是皇宫中库藏的120幅稀世绘画珍品，据说这些画多出自唐人吴道子和阎立本之手。现在残存的部分珍品收藏在山西省博物院内。由此可见杀虎口在军事上的重要位置。

入清以来，杀虎口的军事要塞地位依然未变，成为清政府向西进军的重要基地，康熙西征准噶尔时，便以杀虎口为大本营。鉴于杀虎口战略地位的重要性，清政府在这里安置的军事力量有增无减。《山西通志》载：“杀虎口设副将以下将领八人，兵八百二十六名。雍正九年增设杀虎口协守备一人，千总二人，把总四人，兵六百四名。合原设副将以下将领共十五人，分左右二营兵一千六百四十四名。”[3] 军事力量的配置，反映出了杀虎口在战略上的重要性。

杀虎口，不仅是中国北方重要的军事要塞，而且也成为清政府征收关税的重要关口之一。明隆庆年间，蒙汉化干戈为玉帛，明政府在杀虎口设立马市，允许蒙人与汉人交换各自需要的物品。随着汉蒙贸易的频繁，顺治十八年（1661），清政府设立杀虎口关，管辖山西东起天镇新平堡，西至陕西神木一线200里的关口税收，且规定“商人运载货物，例须直赴杀虎口输税，不许绕避别口私走”。杀虎口税关是清政府在山西设立最早的榷关。

丙聯稅單
殺虎口稅關
貨色
完稅
中華民國

▲ 图3　民国二十年（1931）杀虎口税单

清政府自顺治年间起陆续在杀虎口这样一个边关小镇上设立八大衙门，分别为户部抽分署衙门、中军都司衙门、协镇衙门、驿传道衙门、巡检司衙门、副将衙门、守备衙门、千总署衙门。光绪三十年(1904)，杀虎口“户部衙门”之下设有六局三卡，即杀虎口南门局、大同的得胜口局、河曲的河保营局、归化城木税局、托克托木税局、包头牲畜税局和左云宁鲁口分卡、陕西府谷的黄甫川卡、右玉的朔平府南门分卡。清代末期林景贤担任监督时代(1904—1908)，“户部衙门”增加为八局十卡。除原有局卡外，又增平鲁西川镇堡分局、阳高小村分局、天镇新平堡分局以及兴和厅高庙分卡、大同东镇川堡分卡、左云的肋马口分卡等。

从这些衙门及关卡的设置，可以看到，杀虎口在清政府眼中的地位非同一般，其税收也为大清国库作出了巨大贡献。前几年在杀虎口发现、现存于右玉县政府的嘉庆十九年（1814）时任监督杀虎口税务的内务府郎中恒桂上报嘉庆皇帝的奏折载：“自嘉庆十八年九月二十二日起至十九年闰二月二十九日止，计六个月八日，征收税银二万三千二百五十两三钱八分五厘。臣恒桂自三月初一接收起至八月二十一日，计五个月二十一日，征收过税银二万二千五百八十五两七钱五分二厘。前后统计，一年共征收过陆路货物正耗银两四万五千八百四十两一钱三分七厘。”而在之后的道光、咸丰年间，杀虎口征收的关税更是成倍增长，当时曾流传着这样的说法：

东有张家口，西有杀虎口。

南有绍兴府，北有杀虎口。

先有杀虎关，后有绥远城。

榷关的设置，使边塞之堡异常繁华，车水马龙，商家不绝。晋商经杀虎口把物资往西由归化城（今呼和浩特市）经包头、宁夏、兰州、敦煌运送到叶尔羌，或由库伦、乌里雅苏台、科布多、哈密、乌鲁木齐输送到塔尔巴哈台，往北经库伦、恰克图、伊尔库茨克、西伯利亚、莫斯科到彼得堡进入欧洲市场。同样，蒙疆地区的货物进入杀虎口分三路销往中原内地。一路经平鲁、五寨、洪洞、赵城到达河南。一路从左云、朔县、宁武、静乐到太原、祁县，最后到达晋东南。一路由左云、浑源、五台到达冀西北定州一带，或者从大同、阳高直达北京、天津塘沽一带。杀虎口成为晋商贩卖物资的重要关口。

明末清初的战乱，使北方的生产受到极大的破坏，加之自然灾害，田地荒芜，人们流离失所。大批的山西人，背井离乡，走西口，去口外谋生。清初，政府实行封禁政策，控制内地人民出塞，当时要去口外的内地人民，出入关口都要登记注册，且须持有户部下发的“龙票”和地方政府下发的“印票”才可出关，最初清政府只在杀虎口开领。杀虎口成了内地民众走西口的必经之地。康熙年间，清廷政策进一步放宽，允许山西雁北一带的人们去口外做生意，走西口的人越来越多了。

走西口，梦想与彷徨相杂，激动与恐慌同在。关里的无奈，迫使他们把目光投向关外。向西走，虽然一路艰辛，不知何年何月才是归期，也不知归来时腰缠万贯？还是贫困依旧？甚至会倒在向西走的路上，但现实的困境，加之西口归来成功的先例，使无数山西人，为了实现自己的梦想，坚定不移地向西走去。“走西口”成为中国近代史上最著名的三次人口迁徙之一。从明朝中期至新中国成立初期，山西人的走西口，加强了关内关外的联系，也为当地的繁荣和发展贡献了才智。

长城脚下，苍头河畔，西口犹在，但少却了往日的繁华；黄河岸边，口里口外，《走西口》传唱依旧，但少却了往日的辛酸。西口雄关杀虎口，见证了往日的繁华，也承受了繁华之后的清冷。

参考文献：

[1]（清）朔平府志 [M]. 北京：东方出版社，1994.

[2] 右玉县志办公室 . 旧志辑录 [M]. 太原：山西人民出版社，1999.

[3]（清）山西通志 [M]. 北京：中华书局，2008.

作者简介：

吴笑丽（1972—　），女，山西山阴人，太原市口腔医院馆员。

“晋绣”三品

行佳丽　张德禄

摘要：山西晋绣源远流长，内蕴深厚。本文从审美趣味，历史映射、民俗风情三个角度对山西刺绣品评分析，发掘出山西刺绣所特有的内涵潜质，梳理了山西刺绣的历史渊源、非遗传承，为“晋绣”的理论建设做了一定的铺垫。

关键词：晋绣；绣娘；民俗

“晋绣”这个提法，比起如雷贯耳的“湘绣”、“蜀绣”、“粤绣”、“苏绣”，其内涵与外延似乎并不明晰。事实上，晋绣拥有悠久的历史，在山西晋南夏县尉郭乡西阴村的嫘祖庙，据说供奉的就是教民开始养蚕的嫘祖。西周成王将其弟叔虞封在今天太原以南沿汾水一带，据《诗·唐风·扬之水》载：“素衣朱襮，从子于沃。……素衣朱绣，从子于鹄。”反映了当时人们的衣饰刺绣，句中的“沃”和“鹄”便是今天的山西曲沃。[1]2005年山西考古研究所在绛县横水镇发掘了两座西周中期的大型墓葬，在墓的外椁上发现了10平方米以上的“荒帷”痕迹，这是目前我国考古发现的时间最早、保存最好、面积最大的墓内织绣装饰图案实物。《史记·苏秦列传》中有赵王“锦绣千纯，以约诸侯”的记载。这些史料都见证了山西刺绣曾经的繁荣与辉煌。然而晋绣没有跻身于四大名绣，成为世人皆知的绣种，这与山西所处的地理位置、文化条件不无关系。山西是较为封闭的内陆地区，悠久的古文化和浓厚的宗教气息，给大众文化以丰富滋养的同时，又紧紧地封闭了它，使山西的民间文化能够在长期的封闭状态中从容地完善自己和保留自己的原始风貌。[2]在各种绣品日趋同质化、市民化的今天，每一幅简单的晋绣作品都反映出了山西人对自身生命觉醒的人性意识，流露出天真洒脱、超然物外的审美情趣，折射出深邃的文化信息与远古遗风。

一、正大气象之美学追求

纵观古今的晋绣作品，多存在于个人服饰、生活用品等布面之上，每个篇幅不大，但内容题材很多却是大手笔。有表现儒家精神的“关公夜读”、“囊萤借光”、“渔樵耕读”；有赞美文人节操的“四君子”、“岁寒三友”；有描写神仙世界的“麻姑献寿”、“八仙过海”、“伏羲女娲”。还有一系列以戏曲故事为题材的，如“兰桥会”、“拾玉镯”、“七星庙”等，如此宽泛的选材在江南刺绣的创作主题中非常少见。[3]

▲ 图 1 《拾玉镯》——高平刺绣非遗传承人赵翠林仿制

以取材于传统剧目《拾玉镯》（图 1）的绣品为例。画面表现少男傅明偶至孙家庄，见到少女孙玉姣，二人互生爱慕之情。傅明故意在门前丢下玉镯一只，见玉姣拾起后，又称赠送，借以表达心意，此事被刘媒婆看见并为之说和成婚。绣面中三个人物，表情性格各有千秋，玉姣的活泼娇羞、傅明的彬彬有礼、手握烟袋的媒婆，三者相映成趣；从构图布局层面来说，突兀独立的五彩辕门将玉娇与傅明二人隔开于两个空间，刘媒婆斜倚在横空出世的楼阁窗户之上，真可谓大胆浪漫的创作手法。再仔细观察绣品的针脚，辕门、楼阁粗针大线的简单勾勒与三个人物精针细线的细致刻画形成鲜明对比，由此可知山西刺绣非不能穷其工，而是有所为有所不为。此绣品很好地体现了晋绣超逸大气、相由心生的美学特点。

▲ 图 2　刘海戏金蟾

二、遥远深邃的历史映射

晋绣自远古走来，在长期的历史演变中，每一幅作品都蕴含丰富，耐人解读。晋南乡宁县刺绣收藏者闫玉宁的一副"刘海戏金蟾"挂件（图2），据笔者分析，该挂件上孩童脚下所踩的并非"金蟾"，而是"鳄鱼"。查《吉州志》古鄂城，即今乡宁县。其河水名曰鄂河，因养鳄鱼为主，故称鄂国（商代方国）。1958年8月在乡宁以北的石楼县桃花者村出土的商代"龙纹觥"右侧镂一鳄鱼，说明上古时鳄鱼曾是当地部落的图腾。又如，流传民间的一副刺绣作品范式《龙生虎养凤打扇》（图3），讲的是农神"后稷"，因母亲姜嫄在郊野踩巨大脚印而怀孕生子，不敢养育，丢其于小巷、树林、冰面上，受到龙、虎、凤的保护，幸免于难，长大成人的故事。关于后稷的传说，见《诗经·生民》。晋绣范式"龙生虎养凤打扇"无疑为这旷古的传说展示了一个图情并茂的生存空间，有助于神话学家、人类学家进行更深入的思考与解读。

▲ 图3 《龙生虎养凤打扇》（2010年高平刺绣非遗传承人赵翠林仿制）

三、胸怀宇宙的生活态度

在山西，刺绣品种类繁多，涉及面非常宽泛。无论是身上穿的还是家里用的，逢年过节、婚丧嫁娶都极尽绣工。古人云："一女不织，天下或受其寒。"处于农耕社会时期的山西，刺绣是妇女立身之本。女孩子在七八岁时就开始学针线活，学用针线扎花；到十三四岁为准备出嫁做嫁妆，绣花衣、花裙、花鞋，绣花手帕，绣花蓝，绣衣柜装饰品，绣床帷，绣门帘、窗帘，绣披挂（盆灯镜盒防尘的苫巾），绣钱袋，绣荷包，等出嫁那天要在婆家展示她的全部嫁妆让众人品评；结婚后要为生孩子和过满月绣狮子鞋帽、虎头鞋帽、猪头鞋帽、麒麟鞋帽、云冠顶圈、肚兜等；当了媳妇要为长辈绣过寿用品；当了外婆，端午节要为外孙送五毒肚兜、五毒鞋等；老了又要绣"冥绣"的老衣。在这样热烈而美好的刺绣氛围中，山西的绣娘们成为"女红文化"的传承纽带，在刺绣中观察世界，记录生活，融入自我的情思，根据不同的装饰对象，施之于不同的装饰内容，使每一个享用者在不自觉中成为传统文化、民俗风情、地域特征的人文载体。如绣娘王婕刺绣的《日头奶》、《月亮婆》（图 4、图 5），选材于静乐县同名剪纸。如果我们仔细考察这两幅绣品，会发现太阳与月亮拟人化的表达虽不鲜见，但是日月化身为长辈陪伴新嫁娘来到夫家，却有一种潜在的心理暗示，曲折地流露出了保护、照顾新嫁娘的意图，少女对新婚生活的憧憬与惆怅在此展露无遗。山西人能够运用日与月这样宏大的自然主题表达如此纤细敏感的小情绪，非胸怀宇宙不能得此妙法。

▲ 图 4 《日头奶》（刺绣者：王婕）

▲ 图 5 《月亮婆》（刺绣者：王婕）

山西晋绣源远流长，内蕴深厚。正如杨育樟先生所言：“晋绣是三晋文化、风情的艺术体现，并且由于受地理环境、风俗习惯、文化艺术等各方面的影响，形成了图案纯朴、色彩艳丽、构图简洁、造型夸张、针法多样、绣工精致的独特艺术风格，在中国刺绣美术史上同样也占了一席之地。”[2] 今天，“和顺牵绣”、“上党堆锦”、“高平刺绣”、“侯马刺绣”、“繁峙刺绣”、“运城绒绣”相继被列为非物质文化遗产，各项绣活的非遗传承人得到政府扶持。“侯马刺绣”的传承人郭美玲独创剪布艺术，复活了中国自两千年前的汉朝就已经失传的“剪缣帛”技艺。刺绣业开始呈现出新的繁荣与活跃。

参考文献：

[1] 张德禄 . 山西是中国刺绣艺术发祥地之一 [J]. 山西文化，2011（3）.

[2] 杨育樟 . 浅谈山西民间刺绣艺术 [J]. 文物世界，2009（5）.

[3] 郝隽，沈九美，阎永舟 . 江南刺绣与山西刺绣在纺织品中运用比较 [J]. 丝绸，2012（4）.

作者简介：

行佳丽（1983— ），女，山西临汾人，山西师范大学美术学院教师，硕士。

张德禄（1940— ），男，山西临猗人，山西师范大学美术学院教授。

叁／近代篇

阎锡山的执政理念与为政之道

邸晓星

摘要：被称为“土皇帝”和“山西王”的阎锡山，统治山西长达38年，其行政管理或社会治理的成效也多被时人称道，素有“模范省”之誉。那么，是什么原因促使他在政局动荡、战乱频仍的年代能够较长时间保持着山西的相对稳定？透过《阎锡山日记》和《阎伯川先生言论辑要》等有关“政治”的种种述说，以及他“用众”、“诚信”、“亲民”的为政之道，人们也许能窥探到其中的某些奥秘。

关键词：阎锡山；日记；言论；政治；为政

阎锡山不仅是一位卓有成效的政治家，司政之余还留下了大量的文字记录。他曾说：“余不愿为自己留痕迹，愿对人类有贡献，故记理不记事。”[1](扉页)综观阎锡山“日记”及“言论辑要”，人事极少，说理颇多，且非常重视实践和经验。从中可见，阎锡山在其一生的政治生涯中，不仅定纲立制，躬身践行自己的政治理想，而且将日程琐屑和从政经验上升至“理”的高度——从“心理”、“事理”、“哲理”和“学理”等方面留给世人有关“政治”和如何“为政”的诸多思考。

一、何为政治

如果我们把政治理解为“有作为的做的行为”，那么，对“为什么做”、“怎样做”、“做什么”，以及“做了又会怎样”等问题的深入思考，不仅是研究者把握“政治”之实质内涵须认真注意的，而且是每一位有作为的政治家毕生所致力的。

在阎锡山看来，“政治是国家的生命，有适时的政治始能适应环境的需要，保证国命之永存。环观国之衰亡皆由于政治之腐败与落后。故必须有适时的政治始能保证国命的永存”[2]。适时之政治，乃识时、识机、识势，随机、随势而动，方能事成。

论及政治的功能，阎锡山认为，政治是人类社会所必需的，因为“人有理性因优于禽兽，人之性欲亦大于禽兽。同类相残禽兽所不忍，人类反优为之。强凌弱众暴寡富欺贫智诈愚皆人类之缺憾，必须政治制裁之保护之弱寡贫愚始能以生”[3](卷二)。政治是规范社会秩序的必要工具，更是国家强盛的关键：“国无强弱，惟民是视；民无强弱，惟正是视；举政则民强，民强则国强，未有政不举而国能强者。”[4](p33)

政治不是空中楼阁，它与生活息息相关。“切实以言之，政治是保障安全生活的有效办法，生活是政治所由以形成的母体，所以政治与生活，应当打成一片。在生活之中，建设政治；在政治支配之下，求谋生活。如是，才能互相推进不已。”[5](p327)他十分注重生活在政治活动中的重要意义和作用，认为不从生活中谋求政治，政治必亡。

为了实践自己的政治主张，1917 年阎锡山出任山西省省长后便开展了一系列的“革新运动”。他以“村”为基本单位，以“民德、民智、民财”为施政大纲，以“六政三事”为建设内容，开始了对山西的全面治理。尤其是有关“村本政治”的思考与实践，不仅在当时为他赢得了“模范省”的赞誉，而且为后世留下了“基层自治”的诸多经验。

阎锡山从统治山西的全局着眼，将行政管理的制度性规定实施至乡村。在他看来，村者，“人民聚集之所也，为政不达诸村，则政乃粉饰。自治不本于村，则治无根蒂。舍村而言政治，终非彻底之论也”[6](p1)。对此，他进一步阐释道：“村为人群聚集最小团体，适合行政之单位。办理行政，如不从村中着手，纵有良好政策，不能达到民间，即使勉强收效于一时，终难持久。”[7](p519)他反复强调：“政治的目的，在美满人类的生活，增进人类的福利。村是政治效用的表现处，政治文化的胚胎地，政治收获的储藏室，政治机能的培植所。综合来说，村是政治事项的实行处，也是政治福利的享受者，舍村而言政理是玄虚，舍村而言政事是画饼。因村为群生的最小单位，村以上是村的集合体，村以下不够一个健全的群生机构，所以我主张政治放在乡村。”[8](p1)

关于“村治”的具体做法，阎锡山有一整套的组织思想，他说：村制“就是把村子编成个活体，有管事的人，有管事的权，县里区里管不到的事，应该交付村办。村里能自了的事，不必到区里县里办”[9](p3)。为了将自己的“村本政治”落到实处，1918 年阎锡山设政治研究会，为用民政治之常设讨论机关；1921 年冬，阎锡山又主持召开“进山会议”，使其村治思想日臻完善。在其后的“村治”实践中，阎锡山不仅注意发展农业生产，包括水利、畜牧、蚕桑、种树、种棉、造林、编织等，以增加农民收入；而且注意发展商业和矿业，如筹设纺织厂，设省银行、整理货币、划一度量衡、整顿商会、奖励产业组合以及恢复西北商务；同时，提倡仿行西法，利用外国资本，开发山西矿产，具体措施包括保护小煤窑、创设矿物管理局、调查矿质、改良土法、整顿公司、奖励远销、建立铁厂、创设铁业公司等。

阎锡山的“村治”取得了巨大成效，不仅强化了阎锡山政权的行政能力，而且在基层社会建立了比较稳固的政治秩序，完成了社会秩序和政治秩序的双重建构。正如一些研究者所评价的：“村治是阎锡山实用政治理念的集中体现，更是其建立权力合法性的主要手段。将政治权力的合法性基础建立在一种‘善治’上，使一般社会民众由衷地认同和拥戴该政权，这是阎锡山较之同时代其他割据者的高明之处，也是阎锡山政治思想的一个重要特点。”[10](p350) 通过制度建设强化行政能力，为阎锡山巩固其在山西的统治地位奠定了稳固的社会基础。

二、如 何 为 政

阎锡山的为政之道主要体现在他的“用民政治”上。他说：“政治之用民，是为保障人民之安全，增进人民之幸福，实即民之用。”[8](p141) 在他看来，其政不良而国亡，其罪在官吏“不会用民”，而不在民之本身。因此，官吏“为政”应做到以下几点。

其一，用众。阎锡山认为，共和时代的建设全赖国民，只有全体国民投身其中，才能建设新政治。所以，治理的关键主要在于如何“用民”。

要用好民众，首先要为民着想，使百姓“做好人，有饭吃”，这也是他实施村政的具体目标。他说：“原来纯纯粹粹之政治，即是为百姓做好人有饭吃。现在内外政治之精神，均未臻此境。”[11](p12) 具体到“做好人，有饭吃”的标准，他认为不要钱、不吸烟、不贩卖金丹，这便是好人；能种树、种棉、牧羊、勤俭、积蓄，这便是有饭吃。

如何用民？阎锡山提出了一系列有关“官民关系”的卓见，以及合格官吏的标准。他强调："能自管是好人，能管人是好官。"[1](p141)正人先要正己，"不善于管自己者，绝不能管人"[1](p144)。因此，为官者要公道正派。

身为官吏，"何以领导人？看住人做事，不若鼓励人做事法子好。因看住人，人是被动的。鼓励人，人是自动的。被动的是表面的力量，不能长久。自动的是里面的力量，能长久。且看住人做事，只能管理少数人，鼓励人做事，能管理多数人。"[1](p15)他断言："不承认他人聪明，即是自己不聪明。不察觉他人糊涂，即是自己糊涂。"[1](p114)因此，他反复强调，为官之人必须学会用人，在调动民众中成就大业。

其二，诚信。取信于民是阎锡山吏治思想的重要组成部分，"信政"是其核心和要旨。他说，信为"政治生命，立国之本，必须人各守信，立国始有根本"[2]。在他看来，"政治的生命就是政信"[1](p210)。"为政最怕失信，失信等于自杀。"[1](p200)因此，"行政第一须言行相符"[1](p93)。

谈到"信政"的作用，阎锡山强调："信即是生命，人信是人的生命，政信是政的生命。人要失了信，虽活的亦等于死了。政治要失了信用，虽有政治亦等于没有政治。处事第一要保守人的信用，才能表现人的效用。为政第一要保守政的信用，才能表现政的效用。"[1](p143)他经常告诫即将赴任的县长们："使人民信什么？""皮面上是政信，说到哪里做到哪里，绝不以政罔民。骨子里是人信，信你这个人，不会偏私自私，做不利民之事。"[1](p12)他认为，信政即是踏踏实实地工作，只有脚踏实地，才能取信于民。

其三，亲民。深入民间，体察民情，是阎锡山为政的又一要旨。日记中记录了许多新任县长"请训"时阎锡山的教诲，其核心和关键词就是"常下乡"和"亲民"。如新任偏关县长请训时，阎锡山说道："偏关贫瘠，又处边陲，人民感政惠甚少，汝去应抱亲新二字。亲民以振其心，新民以兴其志，当多下乡，少文告。下乡要与人民说明利何兴，弊何除，使民知其趋向。贫瘠县份施政易显功效，你要父母其心，公仆其身，勤劳热心为之。"[1](p11)太谷县长临行请训，阎锡山说："太谷县初以商富，后溺于惰怠，烟赌等嗜好普遍，田野荒芜，你到县应拯溺励勤，本己溺己为怀，多下乡，多劝说。"[1](p11)可见，深入实际，调查研究，了解民情，关心民众，是为官者必备的基本素质。在他看来，"多少纸片上的命令，不如一趟面谕有效"[1](p188)。

但是，"亲民"并不是对民众一味纵容，宽严并济、奖惩分明是为官者应当时刻谨记的。“为政之要，在视民情而定，当宽者宽，则民知感，当惩者惩，则民知畏。若徒以宽为德，宽其所不当宽者，是加恩于坏人，而反贻祸于好人。”[6](p9) 在阎锡山看来，当今最适合中国的政治是人治、心治，而非法治。因为人治可以统一人心，只有实现从心治到人治的过渡，社会才能和谐有序，法治的实现才会成为可能。

综观阎锡山的“用民政治”，他虽然就“安民”、“治民”、“用民”提出了许多卓有见地的思想，但它和近代意义上的“民主”还是有着很大差别，他所有关于民的思想，最终都是为他的“治理”、“管理”和“统治”服务的。他反复强调的“道理即是生活，工作即是财富，存在即是真理，需要即是合法”，已经成了他的一种处世哲学，是其实用政治具体化的集中表现。

参考文献：

[1] 阎锡山日记（1931—1950）[M]. 北京：九州出版社，2011.

[2] 阎锡山日记 [Z]. 手抄本 . 现藏于山西省档案馆 .

[3] 阎伯川先生训话集 [Z]. 现藏于山西省图书馆 .

[4] 太原绥靖公署主任办公室 . 阎伯川先生言论辑要（一）[Z].1937.

[5] 第二战区司令长官司令部 . 阎伯川先生言论类编 [Z]. 卷 31939.

[6] 山西村政处 . 阎伯川村政汇编 [Z].1928.

[7] 阎伯川先生纪念会 . 民国阎伯川先生锡山年谱长编初稿 [Z]. 台北：台湾商务印书馆，1988.

[8] 第二战区干部暑期进步讨论会 . 阎锡山与县基能的村本政治 [Z].1941.

[9] 山西村政处 . 山西村政汇编 [Z].1928.

[10] 韩玲梅 . 阎锡山实用政治理念与村治思想研究 [M]. 北京：人民出版社，2006.

[11] 阎伯川先生言论辑要（第 1 辑）[Z]. 现藏于山西省图书馆 .

作者简介：

邸晓星（1984—　），女，河北深泽人，天津师范大学政治与行政学院博士研究生。

北京政府交通部与民国初年的正太铁路（1912—1916）

杨　涛

摘要：正太路是民国初年交通部管辖的国有铁路之一。交通部出台的铁路干路国有、崇官抑商、借债修路、统一路政等政策，客观上符合当时铁路建设特别是正太路发展的要求，对正太路起到了积极作用。

关键词：北京政府；交通部；正太路

正太路是资源大省山西修建的第一条近代铁路。1902 年，由时为督办铁路总公司大臣的盛宣怀与道胜银行正式签订 4000 万法郎借款合同。日俄战争后，俄国将借款权让予法国，1907 年全路竣工。由于正太路是作为卢汉铁路支线修建的，沿途经过井陉、阳泉、赛鱼等重要矿区。所以，“这条铁路的前途大家认为是不差的”。一些西方人认为，“当这条铁路筑成之后，它将是‘中国最好的财产之一’。它绝不仅对这样一个富饶的省份的极小一部分地区作出贡献，当这个地区和它的资源开发后，它一定能给所投资金一笔报酬”[1](p167-168)。但是，清末正太路长期控制在洋人手里，效益也并不好。到了民国初年，北京政府交通部为收回管理权，建设、发展好这条重要的国有铁路，制定了一系列政策。

一、铁路国有与崇官抑商政策的影响

民国成立后，交通部坚定推行铁路国有政策。交通总长朱启钤提出：“铁路为国家气脉，所关干路为路线经纬所系。各国干路多归国家经营，盖一由政治上之作用当属国家，一由财力上之负担不能责之于人民也。”[2](p3) 在国有化政策的影响下，交通部不仅收回了当时处于困境的商办同蒲铁路，还推行崇官抑商政策，即维护正太路等国有铁路利益，并不惜让商办铁路在某些方面作出牺牲与让步。

首先，是限制商办铁路借款。清末已有国有铁路京汉、京奉、汴洛、道清、广九、沪宁、吉长、津浦等线路，与正太路一样，无不是因为财政支绌而举借外债修建、赎回的。民国初年，由于资金缺乏，不仅交通部，革命领袖孙中山也主张只有借债修路一条路可走。但到 1913 年年底，除了原有正太等路借款需继续偿还外，交通部还要举借赎回同蒲等商办铁路借款。这些借款合国币 1 011 982 000 元，还息需 652 743 000 元。[3](第九卷 11 号) 为保障正太路等国有铁路外资来源充分，减少融资时遇到的竞争，交通部规定："铁路借用外债，关系至为重大、近闻各省商办铁路，颇有借用外债，并未经中央政府允准，径向外国商民自由订借情事，实于地方及路政主权均有关系，嗣后各处铁路借用外债，先应报部核准，方能向外人议借。所订合同条约，皆须交本部核准缔约；倘未经呈明致生纠葛，本部碍难承认，希转行各省办铁路公司一并遵照。"[4](第 6 册 ,p4006) 这一规定等于关闭了商办铁路借款来源，对还款额较大、而资金并不充裕的正太路来讲是极为重要的。

其次，以妨害干线或线路设计不合理为由反对修建商办铁路，影响正太路的发展。1913 年 6 月，直隶绅商曹祯祥等呈直隶省政府转咨交通部，要求集股修建沧州至石家庄铁路，当时交通部就致函直隶民政长，称："本部经令京汉、津浦查覆，据京汉复称于本路有所影响，与正太有利无害。津浦路复称于路线甚为妨碍。"表示坚决反对。之后在 1913 年 9 月、1916 年 8 月，交通部又以资金未筹集充分等理由否决该案。但曹某依照北京政府颁布的《民业铁路法》再次提出修建该路，交通部又以"正太有展线（至德州）成约在前，未予核准"。而交通部经办人员称，正太路展延支线拟由部自办，"故借口与外国订有合同，以塞呈请商办者之口"[4](第 14 册 ,p799)。

交通部制定的这些政策主要目的有两个：一个是规范商办铁路的开办制度，避免重蹈覆辙，出现清末商办铁路的困局；另一个是在民国初年财政支绌、铁路事业处于起步，需要国家统筹发展的时期，优先保障国有铁路的利益，将国有铁路作为发展中心。这些不能完全视为反动的、消极的。

二、统一路政政策的影响

进入民国时期以后，铁路的制度不统一问题仍然存在。除各路分属外资、商办、国有而造成的行政管理权不统一外，主要为铁路的经营管理制度的不统一。“中国铁路既均借外债，并由外人代为建筑管理，而我国政府亦无统筹之计划，任由各路各自为政，其建筑规范、行车方式、营业规则、会计制度等，均各采用其债权国之制度，以英款筑路者采英制，以法款筑路者采法制。此外尚有德、俄、日制。”“各路规章多不适合本国情形，且因纷乱不一，人民不知适从，至不便利。而政府欲执行铁路管理，或监督职权，尤感苦难，故统一各国管理制度，实为急要之图。”[5](p20) 当时正太路与各国有铁路推行了统一路政政策，其主要内容有以下几个方面。

（一）统一铁路会计制度

在交通部统一铁路会计制度前，“会计一端，尚无一定之成规。又因借款关系，其借英款，则办法从英，借法比款，则从法比，路各异制。路账用西式，报部之账，又改为四柱。甲路与乙路不同，近年与往年复异，新造各路，无所适从；民有之路，无所适从。成绩优劣，难睹其详，稽查考核，亦难着手。”[6](第1卷第7期) 正太路当时的会计、簿记制度采用法国式，与津浦、京奉等路并不一致。

1913 年 2 月，交通部以京张路为经验，提出改良铁路会计，设统一铁路会计委员会，聘请美国人亚当士为顾问，还聘请英国、瑞士铁路会计专家，其中正太路总核算石琛是 7 名中外专家担任的参订员之一，对有关法规起草产生了一定影响。委员会调查正太等各路局情况，最后制定十项铁路会计则例，1914 年又进一步制定出九种计算书及会计报告格式。[4(第5册,p3076,3081) 这些则例与会计报告格式，后来在正太路等各路推广实施。这是我国在路政范围内首次进行统一会计制度的尝试，揭开了我国官厅着手统一会计制度的序幕，意义深远，使铁道会计制度与会计核算方法向前推进了一大步。

（二）统一铁路行政制度

民国初年的正太路，除了行政机关名称、机构设置与其他路局不同外，其在行政管理上，“除总办外，由总工程司兼任洋总管，管理路事。各处首领皆法人，实权皆在法人手中”[7](第二编,p110)。因此，在行政制度上亟须与其他国有各路统一。

1913 年 12 月 6 日，交通部令划一各路局及长官名称，命令京汉、津浦、京奉、京张等八局应定为交通部直辖某某铁路管理局。正太、道清两局应定为交通部直辖某某铁路监督局。各路局总、会办均应改称局长、副局长。[4](第1册,p325)1916年8月，交通部公布了《国有铁路局编制通则》17条，通行全国执行。通则规定："国有铁路局之编制在官制未制定以前，悉依本通则之规定。"路局分为管理局和工程局二类，已通车营业者称为管理局，尚在建筑中者称为工程局；又以路线长短、事务简繁，区分各路为一、二、三等。正太路定为二等管理局。其权限为："掌理全部运输、修养、营业、会计及其他附属事项。"管理局下设总务处、车务处、工务处、机务处、会计处。局长由交通总长任命，负责管理全路事务，副局长由交通总长派员，辅助局长处理事务。总工程司、工程处长均由交通总长派充负责该管事务。课长、工程司、段长由局长呈请总长派充，而分段长以下由局长委任。[8](p133-136)正太路的行政管理制度由此得到了统一。

（三）统一铁路技术标准

当时正太路除了轨距未能与其他国有各路统一外，1916年依照交通部铁路法规委员会制定的以下法规统一了工程、技术等标准。这些法规包括《国有铁路建筑标准及规则》、《国有铁路钢桥规范书》、《国有铁路钢轨及机件规范书》、《国有铁路西门士规范书》、《国有铁路材料规范书》、《国有铁路车辆制造保养检查标准及规则》、《国有铁路机车制造规范书》、《国有铁路机车尺度规范书》等。[8](p253-254)此外，针对清末以来我国铁路因使用外资权度不统一问题，1915年1月，根据袁世凯公布之《权度法》，交通部由路工司致电正太等路，"营造尺、库平、制尺、镑制及万国权度通制先行制定。权度换算表发交作为标准，改良权度时换算之"[4](第1册,p743)。

（四）运输、营业统一

民国初年，正太路推行的旨在保障运输、营业统一的规章有以下几种：民国元年（1912）7月《限制铁路乘车及限价、免价条例》；民国二年（1913）2月制定，民国三年（1914）5月修改《军用乘车及运输执照暂行条例》；民国二年（1913）6月《国有铁路运输教育品特别减价条例》；民国三年（1914）7月《国有铁路运送电料减价章程》；民国三年（1914）12月《联运行李运输章程》；民国四年（1915）3月《遣犯减价乘车执照暂行章程》。[7](p80)特别是正太路率先在1915年规定团体乘车按八折，学生40人以上乘车，旅行在40公里以上者按七折计算。1915年、1916年为扶助民族工商业，还特别规定核减山西外运的粮食、皮毛，以及保晋公司运往汉口、上海煤炭价格。[4](第12册,p4084,4157) 特别要指出的是，1913年交通部鉴于联运需要，召集京奉、平汉、平绥、津浦、宁沪五路代表，在天津开会。“当经议定旅客行李及包裹联运各办法，于民国三年四月一日实行。”以后由五路逐渐扩充至其他国有各路，其中就包括正太路。[9](p359-360) 为方便联运，正太路与各路商定统一账目清算办法，将行李统一名称及免费重量标准，并对行李托运分寻常、保险两种，制订行李保险赔偿标准。[9](p388-391) 其中正太路与京汉路专门制定北京至太原、北京至榆次铁路联运行李托运章程。[4](第12册,p4169)

三、对铁路维护等政策

（1）铁路沿线造林。当时正太路对铁路两侧造林十分重视，特别是对榆树栽种十分强调，此中原因一是“既资荫凉，且固堤工”，二是“以后尤便枕木之需”。正太路由石家庄至获鹿、榆次至太原两侧均栽种了榆树等林木。[4](第1册总纲,p635-637) 得益于这一办法，正太路枕木更换情况有明显改观，清末合计更换枕木54 025根，而1914—1916年分别更换了33 077、34 897、47 211根。[4](第12册,p4065)

（2）对路基、桥梁、涵洞等加固与维修。1913年8月，正太路寿阳一带因山洪暴发，20多处路堤被冲毁，沿路电线杆倾倒，消息不通，桥梁毁坏严重。交通部先是拨给4万元紧急接济。1914年交通部将路基移筑到高坡上，“以期远离河滩，免遭水患。此项路床约二十华里。其间修造通水涵洞及水沟一十三处，并与第二百二十至二百三十启罗密达间添设桥梁，展宽桥口，以资宣泄”[10](p246)。

（3）照顾正太路实际情况，在机车修造等方面予以支持。清末修建正太路时，因为所经山地情况复杂，道路崎岖，因此正太路铁轨轨宽，机车型号等问题处理上，与其他路要求均有不同。民国初年，交通部充分考虑到了这一因素，鼓励正太路发展适合本路所需的机车等设备。1914年11月至1915年年底，交通部拨给专门预算经费11 000元，筹备巴拿马赛会，华南圭为总筹备处处长。当时的交通类参赛品主要为交通部博物馆陈列品，其中正太路小机车及机车所用各项机件与京奉路的中国第一机车真体及桥工用气箱模型，京汉路新式号志模型等均名列其中。[11](p30-31) 还需一提的是，民国初年正太路改变了过去没有能力设立工厂，自己修理车辆的旧状况。1914—1916 年，分别合计修理机车、客车、货车 1550 节、1367 节、1440 节。[4](第 12 册 p4077)

在交通部制定与推行的这些政策的影响下，民国初年正太路的建设、营业、管理等情况有明显改观。有学者评价由于本路机车车辆不致流入别路，而统一路政后，于别路亦无租车过轨计算之烦，故此路务一向均较简单。“加以运务兴盛，财政情形稳固，虽有借款合同条件相当苛刻，但终能按期归还本息，于清偿债务后完全归我国管理。”[12](p103) 正太路取得的发展可以通过一组数据予以说明，因时局变动影响，1912 年该路客车减为一辆，货车 60 辆，而至 1916 年分别增为 6 辆、108 辆。1911 年，正太路客车、货车、混合车共计开出车队 6216 个，行车里数 1 573 659 里；而 1916 年开出车队高达 10 716 个，行车里数 2 027 848 里；该路商运岔道多修建于民国初年，至 1916 年在井陉、阳泉、晋阳、榆次等地共计修建 81.7 公里。更重要的是，该路对当地经济发展起到了重要作用，如 1915 年、1916 年合计装运烟煤、硬煤 208 839、223 320 吨，而在 1911 年还只有 132 642 吨。旅客总人数 1911 年为 205 471 人，是清末人数最多的年份。1912—1916 年旅客均在 20 万人以上，其中 1916 年达到 279 412 人。[4](第 12 册 ,p4080-4082,4125-4126,4050,4055,4159) 总体上看，民国初年北京政府的这些政策对正太口路的建设与发展是产生了积极影响的。

参考文献：

[1] [英] 肯德 . 中国铁路发展史 [M]. 北京 : 生活・读书・新知三联书店 ,1958 .

[2] 宓汝成 . 中华民国铁路史资料（1912—1949）[Z]. 北京 : 社会科学文献出版社 ,2002 .

[3] 铁路借款考 [J]. 东方杂志 ,1922-4-13 .

[4] 关赓麟 . 交通史路政编 [M]. 南京 : 交通部、铁道部交通史编纂委员会 ,1935 .

[5] 修域 . 铁路政策之检讨 . 王开节、修域、钱其琛 . 铁路・电信七十五周年纪念刊 [Z]. 台北 : 文海出版社 ,1982 .

[6] 王景春 . 统一铁路会计说 [J]. 铁路协会会报.

[7] 张心澂 . 中国现代交通史 [M] . 上海 : 上海书店出版社 ,1982 .

[8] 曾鲲化 . 中国铁路史 [[M]. 台北 : 文海出版社 ,1966 .

[9] 金士宣 . 铁路运输业务 [M] . 天津 : 天津大公报馆 ,1932 .

[10] 国史馆史料处 . 中国铁路沿革史 [M]. 台北 : 国史馆 ,1984 .

[11] 俞飞鹏 . 交通史总务编 [M]. 南京 : 交通部总务司 ,1936 .

[12] 凌鸿勋 . 中华铁路史 [M]. 北京 : 商务印书馆 ,1981 .

作者简介：

杨　涛（1970 —　），男，河南济源人，安阳师范学院历史与社会发展学院副教授，博士。

一个近代区域社会的田赋负担状况调查

——以 1927—1937 年的山西农村为中心

张启耀　王新京

摘要： 20 世纪二三十年代，统治山西的阎锡山政府一边忙于军阀战争，一边又在实施“村制变革”，财政支出陡然增加。为了维持统治，阎锡山政府只有加大对农村社会的压榨，由此造成了当时山西农村严重的田赋负担问题。通过对田赋额数及占财政收入的百分比、田赋占地价的百分比和田赋正税与附加税的比例关系的翔实分析，可以看出这一时期山西农民的田赋实际缴纳额数节节攀升，说明了阎锡山大力宣传的“村制变革”实际上也是剥夺山西农村的重要途径，最终揭示了山西农村社会田赋征收的极端剥削性。1927—1937 年，阎锡山统治下的山西社会以乡民百姓的血汗为代价，换得了“模范省”的美称。
关键词： 区域社会； 山西农村；田赋负担

20 世纪二三十年代，中国社会总体上仍处于由传统向近代转型的重要时期。就山西社会而言，这一时期阎锡山一方面从事着军阀战争，另一方面着力于实施“村制变革”，可以说，战争与变革成为这一时期阎锡山所肩负的双重任务，最终，阎锡山在一个偏僻落后的省份取得一定的变革成效，使山西获得“模范省”的美称。当前，学界关于阎锡山“村制变革”对山西乡村社会的影响程度还未有定论。在此，笔者谨以近代山西乡村社会转型期的田赋负担为主题，以历史资料和相关数据为依据，以田赋额数及占财政收入的百分比、田赋占地价的百分比和田赋正税与附加税的比例关系三个方面为线索，对山西田赋负担情况进行全方位的考量。分析 20 世纪二三十年代这一乡村传统赋税形式在山西的征收情况，说明了阎锡山大力宣传的“村制变革”实际上也是剥夺山西农村的重要途径，并进一步揭示出山西农村社会田赋征收的极端剥削性，也展示出山西区域社会鲜明的地方特色。

一、田赋数额及占财政收入的百分比

20世纪20年代中期以来，整个国家处于动荡和战争状态，全国的田赋征收十分混乱，阎锡山等各地军阀往往占地为王，一直不向中央缴纳田赋，田赋成了各省主要的财政收入。由表1、表2可知，1928年山西每亩征收田赋额是1902年的750倍，这一增长比例超过了经济较发达的山东、四川、江苏、浙江等省。到20世纪30年代前半期，山西农民的田赋缴纳额数逐年节节攀升，从1931年的6 272 403元到1935年的7 929 908元，增加了20%以上，而田赋收入占整个财政收入的比例却没有明显的下降。1937年，抗日战争爆发后，全国很多省份田赋占总收入的比例都相对有所下降。[1](p236-673)山西省也不例外，1938年田赋占总收入的比例由20世纪30年代前期的40%下降为27%。[1](p575-673)

表1　20世纪20年代后期田赋正税的公开税率

省份	山东	河南		山西		四川	江西	江苏		浙江	
县份	莱阳					成都		无锡	江宁	湖州	嘉善
每亩征收额	1.900	1.196	3.000	3.000	1.289	2.560	0.766	1.200	1.370	1.200	1.280
征收年度	1927	1927	1928	1928	1929	1928	1929	1931	1928	1931	1928
增加率	475	299	750	750	322	640	192	300	343	300	320
材料来源	陈翰笙《中国农民负担的赋税》	1929年5月财政部报告	秉山《中国田赋的高度》	秉山《中国田赋的高度》	1929年财政部报告		1929年财政部报告	《无锡人报》1932年6月7日		《新闻报》1931年2月15日	《杭州民国日报》1928年3月8日

注：表中“增加率”一栏，系以光绪二十八年（1902）全国最良稻田每亩征收额4角为100之增加率。“每亩征收额”的征收单位为“元”

资料来源：徐羽冰：《中国田赋之一考察》，《东方杂志》第31卷第10号，1934年5月，第56页

表2　1931—1935年山西省田赋收入与岁入总额之对比表

单位：元

项目	1931年	1932年	1933年	1934年	1935年
田赋收入额	6 272 403	6 523 801	—	6 523 801	7 929 908
占岁入总额(%)	55.26	47.68	—	42.77	43.55

资料来源：根据《最近五年各省预概算中田赋收入与岁入总额之对比表》制作，《申报年鉴》（1936年），上海申报年鉴社1936年发行，第427页

如按人均计算，山西农民的田赋负担更显沉重。“屯留的田赋，连同附加的粮捐，前数年就是每一两银子征收二元九角八分，现在名义上虽仍旧贯，但实际上，农民所缴纳的远在三元以上。”[2](p273) 县志中也有相关的记载。《翼城县志》记载，1927 年，“翼民年纳熟荒粮银计共五万六千七百六十三两五钱八分，折合大洋一十五万五千五百三十二元二角一分，其负担亦可谓重矣”[3]。《曲沃县志》中记载：“民国二十二年（1933），征正额 123 897 元，省附加 30 974 元，县附加 12 880 元，共计 167 751 元，每两正银征收 2.716 元。”“民国二十三年收入银元 262 189 元，其中田赋 127 790 元。” “二十六年每两正银实际征收 3.6 元。”[4](p208–214) 太原县乡绅刘大鹏在 1936 年 4 月 21 日的日记中也针对不断增加的田赋额记述道：“以吾太原县之征收钱粮，现在办法，每两银原系二元六角，现加一元五角，今年完粮一两必须大洋四元一角，此外又按户起派保卫团费。”[5](p495) 这一缴获量在当时亩产量非常低下的情况下已是非常之高了。

二、田赋占地价的百分比

农民田赋负担问题的严重程度也可以通过田赋占地价的比例反映出来。南京政府在法令中明确规定：“附加总额连同正税一并计算不得超过地价百分之一。” [6](p468) 但中央政府执法不严，而地方政府往往又有法不依，旧习不改，税额早已超过法令的限制，造成 20 世纪 20 年代以来农民田赋负担的不断加重。

由表 3、表 4 可知，历年来，水田、平原旱地、山坡旱地的田赋额占地价的比例均不断升高。从山西和其他省份的比较来看，到 1932 年和 1933 年，山西山坡旱地田赋占地价的百分比在全国遥遥领先，平原旱地田赋占地价的百分比则仅次于陕西和四川，水田田赋占地价的百分比也在全国名列前茅。山西田赋负担情况由此可见一斑。

表 3　一些年份全国田赋占地价之百分比（各年份地价为 100）

土地类别＼年份	1912	1931	1932	1933	1934	1935	1936
水田	1.69	2.08	2.39	2.67	3.05	3.09	2.88
平原旱地	1.80	2.33	2.48	2.74	3.26	3.49	3.21
山坡旱地	1.99	2.48	2.74	3.05	3.46	3.74	3.51

资料来源：《农情报告》第7卷第4期，1939年4月，第50页

表 4 部分省份历年田赋占地价百分率表（各年份地价为 100）

地区	水田（占地价，%）			平原旱地（占地价，%）			山坡旱地（占地价，%）		
	1912 年	1932 年	1933 年	1912 年	1932 年	1933 年	1912 年	1932 年	1933 年
山西	1.70	2.60	2.66	2.75	3.09	3.35	3.24	3.64	3.86
陕西	1.90	2.64	3.12	2.72	3.51	3.86	2.70	3.00	3.49
河北	1.19	1.39	1.33	1.42	1.42	1.37	1.46	2.19	2.21
山东	1.79	1.67	1.59	1.62	1.77	1.66	1.38	1.84	1.66
江苏	1.39	1.89	3.11	1.57	1.77	2.40	2.00	2.49	3.13
安徽	1.46	1.83	1.96	1.21	1.74	1.84	1.22	1.96	2.28
河南	1.63	2.26	3.23	1.56	1.72	1.99	1.99	2.75	2.38
湖北	1.31	2.92	2.66	2.01	2.71	2.97	2.11	2.31	2.87
四川	1.59	3.49	3.69	1.89	3.47	3.67	2.05	3.43	2.91
湖南	1.28	1.61	1.87	1.06	2.53	2.79	1.25	2.92	3.07
广东	1.56	1.81	1.96	1.51	2.16	1.95	2.34	2.52	2.63

资料来源：《各省历年田赋之变迁与田赋占地价之百分率表》，王毓霖编《经济统计提要》，1935年版，出版社不详，第22页

如果考虑物价因素，山西农民的负担更重。从阎锡山的山西省政府秘书处编制的 1936 年 6 月份“山西省会批发物价总指数图”[7](p1)中可知，虽然从 1933 年至 1936 年 6 月山西物价整体处于上涨态势，但物价上涨幅度并没有超过 13%，而同期农民却在田赋缴纳中增加了 20% 以上的田赋额。同一时期，农村地价急剧下跌，“华北几省地价跌落的程度”尤其严重，1934 年山西、河北、山东三省合计“旱地平均较二十年（1931）降落 32%，水田降落 27%”[8]。随着地价的不断下跌，田赋额在地价中所占的比例日益增加，难以活命的农户即使出卖土地也无济于事。

三、田赋正税与附加税的比例关系

田赋附加税的实质就是田赋带征各款，即“旧有之正税外，凡以亩数（即亩捐）或赋额及串票等为征收标准之一切税捐”[9]。由表 5 可知，1912—1936 年，山西各类耕地的田赋正附税都迅速增加，其中水田增长了 43.2%，平原旱地增长了 43.6%，山坡旱地增长了 46.1%，涨幅都在 40% 以上，其中增长最高的年份是 1931 年，其次是 1932 年。后来随着田赋整顿的进行，田赋征收数

额略有减少，但仍高于民国初年。

表 5　山西每亩田赋正附税总额增长状况表（以 1931 年为 100）

年份	水田	平原旱地	山坡旱地	报告县数
1912	55	53	49	85
1931	100	100	100	
1932	97	99	100	
1933	95	98	99	
1934	95	98	97	
1935	93	97	91	
1936	97	94	91	

资料来源：《农情报告》第7卷第4期，1939年4月

就正税和附加税的关系而言，表 6 反映出，在大多数时候，田赋附加额超过了田赋正税额，与中央所作出的田赋附加不得超过正税的规定相左。但从另一方面来说，山西省的田赋附加额与正税额相去不远，为正税的一倍多，还是低于全国很多省份的。到 1935 年，山西附税额征数为 256 多万元，不及正税的一半，仅高于陕西省，低于华北的河北、山东、河南等省份。[10](p348) 不过这一情况并非说明山西的田赋附加税较轻，只是因为山西的田赋正税已相当高。那么，之所以出现这种正税较高、附加税相对较低的状况，笔者认为有以下原因：第一，除了因为阎锡山政府对山西乡村社会的压榨之外，还由于长期以来整个山西的地方建设都是由阎锡山政府在较严密的行政网络下统一实施和进行，很多资金也同样由阎锡山政府统一安排和供给，不像其他省份那样，地方各项建设纷繁复杂而没有政府的统一实施纲领和明确的资金来源，县政府只好随意征收各种附加税来应付地方建设之需。第二，在实际征收中，田赋附加税征收种类并不仅仅是官方规定的省附税、省亩捐、县亩捐、县警捐、教育捐、农桑费、区经费、差徭费、征收费 [11](p63)9 种。例如，在 20 世纪 30 年代初，山西的“田赋附加税一般分为四类：一是额外税收，如警费、学费、区费、差徭等；二是生息，如学款生息、公款生息等；三是杂捐，如粮捐、油帖捐、铺捐、牲畜牙捐、屠捐、店捐、婚帖捐、烟酒税捐等；四是杂款收入，如田房交易公证费、过割费、农务局收益等”[12](p483)。第三，当时有一种情况是，山西农民的“兵差”、村费等负担在全国各省中名列

前茅。在阎锡山势力所及的范围内，包括山西、绥远、察哈尔、河北等省，“兵差”负担要比全国其他省份重很多，不管在“兵差”所覆盖的地理范围上，还是在“兵差”的严重程度上都是如此，特别是在山西更是这样，这一点已为学术界所证明。这一特点表明当时山西农民的总体负担并不轻，他们除了要缴纳沉重的田赋正附税，还要担负比其他省份的农民重得多的“兵差”等负担。

表6　山西正税与附加税征收额比率的变化（以各年份征收的正税额为100）

年份	水田附税	平原旱地附税	山坡旱地附税	报告县数
1912	79	81	73	73
1931	98	117	103	
1932	107	108	101	
1933	115	115	107	

资料来源：《农情报告》第2卷第11期，1933年11月；《农情报告》第2卷第12期，1933年12月

通过以上对20世纪二三十年代山西田赋负担情况的详细分析，可以看出，在当时阎锡山政府从事军阀战争和实施“村制改革”的大背景下，山西乡村担负着沉重的赋税，田赋的实际缴纳额数节节攀升。如此，阎锡山统治下的山西社会以乡民和百姓的血汗为代价，换得了“模范省”的美称。由于阎锡山政府的山西建设重在工业和军事，对农业和农村建设的关注少得多，资金投入是少之又少，也就是说，政府对农村社会是给予得少、拿走得多，长此以往，这一剥削政策最终导致了山西农村经济的崩溃和农村社会的衰落。

参考文献：

[1] 关吉玉，刘国明．田赋会要 [M]. 南京：财政部，1941.

[2] 冯和法．中国农村经济资料续编 [M]. 上海：黎明书局，1935.

[3] 马继桢督修，吉廷彦编纂．翼城县志 [M]. 台北：成文出版社有限公司，1929.

[4] 曲沃县志编委会．曲沃县志 [M]. 北京：海潮出版社，1991.

[5] 刘大鹏遗著，乔志强标注．退想斋日记 [M]. 太原：山西人民出版社，1990.

[6] 中国第二历史档案馆．中华民国史档案资料汇编（第 5 辑：财政经济）（二）[Z]. 南京：江苏古籍出版社，1997.

[7] 山西省政府秘书处．山西省会批发物价指数 [M].1936.

[8] 巫宝三．民国二十二年的中国农村经济 [J]. 东方杂志，1934,（31）.

[9] 整理田赋附加办法草案（1933 年 2 月 11 日会议修正）．全国经济委员会派员参加整理田赋附加会议 [C]. 南京：中国第二历史档案馆，全宗号 44, 案卷号 518.

[10] 申报年鉴社．申报年鉴 [M]. 上海：申报编辑部，1935.

[11] 孙群．整理山西田赋计划书 [Z]. 太原：晋绥整理赋税研究会，晋新书社．山西省档案馆藏，类号 M, 编号 0043,1932.

[12] 山西省史志研究院．山西通志（卷 7）[M]. 北京：中华书局，1999.

作者简介：

张启耀（1967—　），男，山西万荣人，运城学院政法系副教授，博士。

王新京（1961—　），女，河北辛集人，山西省电力勘测设计院馆员。

抗日战争时期山西交通损失调查

田　明

摘要： 交通事业是近代化展拓的重要层面，也是推动国家及社会近代化的主要动力之一。近代以来，山西各项交通网络随着山西近代工业和商品经济的发展而兴起，取得了不菲的成绩，但日军对山西的入侵及占领严重阻碍了山西交通的近代化进程，并给山西交通带来了巨大损失。

关键词： 抗日战争时期；山西；交通损失

山西近代交通网络是随着山西近代工业和商品经济的发展而兴起的，并在各界政府的支持下取得不菲的成绩，但随着抗日战争的全面爆发，山西交通事业的近代化进程被打断了。

一

山西是中国较早拥有铁路干线的省份之一，到 1911 年，已经拥有了正太及京绥两条铁路干线。其中正太线为窄轨线，全长 235 公里，山西境内线路长 172.381 公里。[1](p12) 京绥线为标准线路，全长 830 余公里，山西境内干线长 148.4 公里。[2](p10) 另于 1919 年修建京绥线大同运煤支线 20.569 公里。[1](p47) 山西本土铁路的修建始于 1932 年的同蒲铁路，到 1937 年抗日战争全面爆发前，同蒲铁路基本建成并通车运营，其中干线 853 公里，另有 6 条主要支线，共约 270 余公里。[3] 同时，山西还修建了几条专用侧线，以用于专用厂、矿的生产，共约 38 公里。[1](p104-111) 至此，在 1937 年，山西境内各类铁路 1500 余公里，占华北铁路总数的 1/5。铁路干支线的修筑，也带来了丰厚的经济利益，以同蒲铁路为例，仅 1936 年就盈余 2 960 561.39 元（法币）。[1](p608)

与此同时，公路的兴建也有了较大发展。至抗日战争前，山西先后建成

23 条（段）公路干、支线总长 2938 公里。[4](p13) 1935 年山西的公路修建达到高潮，一年中共修建公路 6 条，共计 1000 余公里。但这样的修建速度远未达到当时政府之要求，为此，1937 年 2 月，山西省政府提出了“二十六年（1937 年）以筑路为中心工作”的宏大计划，要求“全年修筑公路五千余里”[5](p122)。此时，公路汽车运输也已开始出现并快速发展，“到 1936 年全省的营业汽车共达 389 辆，其中客车 267 辆，货车 122 辆”[6](p769)。

山西邮政网络的建设要早于铁路、公路的建设。早在 1901 年，山西就设有太原邮政局，归北京正邮界管辖。1905 年，太原邮政局升为副总局，统辖山西全境。到清王朝覆灭时，所辖局、所达 297 个，全省邮路长 8014 公里，其中火车邮路 203 公里，其余均为步班邮路。[7](p2)1913 年，太原邮政总局改称山西邮务管理局。到 1932 年，山西邮政事业进入了中华邮政管理下的“黄金”阶段。至“民国二十六年（1937）6 月底，山西邮路总长度达 17 555 公里，其中铁道邮路 969 公里，占 5.5%；汽车邮路 1155 公里，占 6.6%；邮差邮路 15 431 公里，占 87.9%”[8](p98)。与此同时，“全省 105 县中设置管理局 1 处，二等局 20 处，三等局 68 处，合计 89 处，占县城总数的 84.8%；设代办所 16 处，占县城总数 15.2%。另在县城以下的城镇设局 15 处，代办所 347 处”，这样山西在抗日战争前基本上形成了以县、镇为中心，辐射全省的近代邮政网络系统。[8](p135–136)

电信是山西最早开办的现代通信事业，其种类分为电报与电话两个子系统。至 1937 年，全省国营电信局所共有 36 处，占全省县城的 34.2%。除此之外，阎锡山于 1913 年创办了山西军用电信局。山西军用电信局在阎锡山的大力支持下，凭借政策等优势在各县广设分局、分卡。军用电信局名为军用，实属军民两用，至 1934 年，各县军电分局、分卡共有 140 处，全省 105 个县和主要集镇都可通报通话。[7](p3) 电话业务也有长足进展，到抗日战争全面爆发前，山西省内的各电报局、卡都可接转通话，同时，省际长话也连通了河南、陕西、河北、江苏、湖北、湖南、江西和热察绥蒙等地。

至此，到抗日战争全面爆发前，山西已基本形成以铁路、公路为动脉，以火车、汽车、邮政、电报、电话为主要工具的连通省内外的立体式交通网络。但这一完备的交通网络在日军侵晋之后，便先后沦为敌手，成为敌人掠夺资财及奴役三晋人民的工具。

二

抗日战争全面爆发后，日军迅速占领平、津，并进一步向周边地区推进，随着国土的沦丧，华北大部分交通设施陷入敌手。为了确定日军占领华北的方针，日本陆军中央部制定了“华北政务指导大纲”，随后，关东军提出了“对时局处理大纲”，指示战争初期“直接供作战用的中国方面交通、通信机关，统由军方直接使用”[9](p51)，这奠定了日军在进攻阶段对中国交通设施的基调。

1937年末至1938年年初，日本将占领的正太和同蒲铁路完全用于了军事行动，军运占90%以上[10]，而山西铁路的货、客运则大幅下滑，正太、平绥、同蒲三条干线铁路1938年的货运量仅为1935年的59.2%。[1](p428) 正太、同蒲两铁路1938年客运量锐减为1935年的36.9%。[1](p376) 这一时期的客、货运量大幅下降，与铁路设施受损严重，客、货源因战争而相对减少以及日军军运挤占正常客、货运输有直接关系。

在此期间，为了弥补铁路运量不足，迅速恢复和扩大占领区，日军还妄图恢复和改善山西的汽车运输及公路。但由于战势的紧张以及1937年年底结冰期的到来，使日军恢复道路交通的图谋不得不到解冻后再实行。

对于战争初期的山西邮政体系，由于其负责人为意大利籍巴立地（F. Poletti），为避免与第三国发生纠纷，日军没有强行接收或军管山西邮政管理局，而是将其纳入伪华北临时政府的管辖之下，令其行政组织正常经营。[9](p57) 但与此同时，日军委派日人作为调查员监视各占领区邮政局的业务。1938年，日军在华北设立独立于中华邮政以外的邮政总局。虽然名义上是伪华北临时政府简派局长，但日本递信省委派的“各局日籍副局长不仅监督局务，而且还可擅自处理事项，从而实际上控制了从总局至各邮区的各级邮政”[11](p195)。1938年8月15日，伪华北临时政府在北平设置邮政总局，日本对华北邮政的统制至此开始。

伪北平邮政总局还相继在榆次、阳泉、太原、平遥等31个市县设立邮政局，同期，又在定襄、宁武、离石等16县及宗艾等城镇开办了71个代办所。而雁北13县各等邮政局所，则化归伪蒙疆邮区管理。[7](p27–28) 伪蒙疆邮区采取独立经营的方策；并与伪满洲国邮政实行一体化经营。在恢复各邮政机构的同时，日军以武力来整肃邮路，1938年，日占区通邮路线达7965公里，至该年年底，

火车邮路全长 243 公里。[8](p149)

而在战争初期，日军对其占领下的电信事业的主要政策是恢复原有的县用电话，以用于连接县城和县内各警备区，以便收集情报、指挥警察队及保卫团的工作。[9](p71)

纵观日军侵晋初期对山西交通的占领，是采取一种在损坏中利用的态度，其基本主旨便是力求通过对山西乃至华北交通的控制达到对整个战局的掌控，正如日本政府所言："帝国更必须在实质上抓住必要的交通事业，特别是华北方面，应以国防要求为第一位。"[12](p273) 因而，在战争初期，日军对山西交通的占领主要是使其利于军用，而对于国防资源的掠夺由于种种原因还无暇多顾。

三

随着抗日战争进入相持阶段，中日间大规模的军事行动告一段落，原本交由满铁兼营的华北交通也相应进入新的阶段。1939 年 4 月，成立了中日合办的统制华北交通诸部门的殖民机构——华北交通股份有限公司（简称"华交"）。该公司是华北开发公司下属子公司中规模最大、军事性最强的一个，资本金计 4 亿元，而在华北开发公司出资的 2.3 亿元中，"中国原有铁道器材设备折合资金达 14 970 万元"[13](p546)，"其业务经营华北境内之铁道、公路、内河水运外，还委托经营蒙疆地区之铁道经营"[14](p585)。指导方则是要将华北交通的实权掌握于日本势力之下，"谋求自由而适当地运用，以期用兵作战上无撼"[15](p116)。而在营运中，"华交"下辖之任何企业，均不以盈利为目的。为完成日本政府交给的任务，必须做到不惜一切牺牲。[5](p200) 在对华北交通统制的政策既定之后，日军又以"华交"为核心制订了详细的交通统制计划，即"适应煤炭开发计划，参酌输送距离、港湾能力，设立煤炭输送路线年度计划"。"铁道建设计划应符合煤炭增产最小限度的需要；以增强线路及提高线路运量为主。"[16](p54) 就此，"华交"成了日本侵略军掠夺物资、军事布置的重要工具。日军对山西交通大规模"利用"也在山西局势相对稳定后，在"华交"的统制下进行。

"华交"设立后就将"工作"重心放在对华北原有交通设施的修复上，希冀借助交通网的修复进而扩大"开发"规模，增强其力度。为此，从 1940

年前后日本开始筹划并实施新的交通建设方案，“拟投资近4亿日元，以占其对华北产业投资总额60%以上的巨额资金，实现到1940年底的修复扩充计划，即届时计划修复铁路6312公里，新建铁路687公里，运营路线长达6999公里，修复和扩建公路达18 600公里”[11](p172)。在此计划的指导下，山西交通网络也开始了修复、建设“高潮”。

在铁路方面，在日军侵占山西后，经过一年半的复修，使正太、同蒲能够维持断断续续的通车。同时，为了实现“大陆铁道一贯经营”，使山西铁路能够连通津浦、平汉线，日军对正太路及同蒲路北段进行窄轨变标准轨的改造工程，到1939年10月，正太路干线完成改造，次年10月，北同蒲铁路改造工程也已完成，并通车运营，1942年8月底，又改建同蒲路南段。此时，山西铁路运输还完成400辆机车改轨工程，“如明确指示作战，计划再改成200辆”[17](p533)。在对两条干线铁路进行改造的同时，“华交”还有针对性地修建了一些用于掠夺煤炭等资源的铁路支线，妄图尽快将矿产品运往日、满等地，总计343.83公里。[11](p14,25–26,172) 驻伪蒙疆之日军也不甘示弱，除计划修建从大同到渤海湾的约600公里的铁路，还计划铺设新的复线运煤专用线，以实现运输量从1000万吨到3000万吨的掠夺计划。[18](p256)

而在公路方面，华北日军也制订了相应计划并付诸实施。以山西为例，到1942年，山西省公路长度为7109.9公里，其中国道10条，省道59条，另有为数众多的伸入农村的临时便道（注：此处尚不包括伪蒙疆统治的大同及雁北地区）。[19] 这些公路的改扩建对于日军维护占领区的“治安”，清剿、封锁和分割抗日力量，起着极其重要的作用。

在邮政方面，随着抗日战争进入相持阶段，“为了补充日伪在占领区所需通信，以安定民心来维持对占领区的统治”[11](p195)，日本在占领区内着力恢复由日本控制的邮政系统。在1939年，伪山西邮政管理局恢复了管理局一处，二级邮政局18处，三级邮局12处，代办所35处；承办信件、包裹、储金、电信、保险、汇兑等业务。[20] 至此，日本初步建立了服务于日本侵略政策的山西邮政系统。

但日本侵略者并不满足这样的“战果”，为此，根据日本占领当局的指示，进一步对邮政系统进行大规模的修复和扩建。到1940年，日伪山西邮政管理局管辖下的山西邮路总长已达17 451公里[8](p101)，基本与战前的山西邮路总长相当，并在这一年先后开通了北京—太原—运城、北京—张家口—太原、青岛—北京—太原的三条航空邮路。[21] 到了 1941 年，开通了太原—雁门关、太原—离石、阳泉—和顺、代县—繁峙、侯马—翼城、运城—荣河、侯马—河津、潞安—泽州、运城—夏县的汽车邮路[22]；开通了石太线、同蒲线（宁武—蒲洲）、原平线（原平—崞县）、东潞线（太原—潞安）、平遥线（平遥—汾阳）的铁路邮线。[23] 同时扩充各等邮局，到 1942 年，各等邮局有 380—470 处。[24]

但各级邮局以及邮路的恢复和扩展，并没有带来邮政业务量的相应提高。以邮件为例，即使在最高峰的 1940 年，也不过收寄邮件 10 851 400 件，较 1936 年仍少 38.4%。[8](p149) 邮政事业的这种畸形发展，主要归咎于日本的侵略政策；即在占领区内利用各种手段钳制占领区人民的思想交流，致使出现虽各等邮局及邮路不断扩展，但业务量并没有太多增加的现象。

在电信方面，1938 年 1 月，日伪在太原成立太原通信局，随即修复山西军地电信设备。同年 7 月，创办中、日合办的华北电信电话股份有限公司（简称“华北电电”），统管华北占领区的电报、电话业务，其宗旨是“力谋铁路沿线各城市通信之联络”，“乃为使电气通信事业极度集中于战争目的”[25](p56)。因而，日军在山西的电信线路及网点都是沿铁路线设置，先后架设了石家庄—太原铜线 142.9 公里，铁线 269.9 公里，太原—阳方口铜线 388 条公里，铁线 483 公里，榆次—运城铜线 1684 公里，铁线 3967 公里的电报、长话线路。当华北局势稳定之后，“华北电电”之宗旨也随之兼顾了煤炭生产与运输之使命。因此，“华北电电”在太原、阳泉、潞安等 10 处架设电缆，开通电报、电话业务，并在太原西山煤矿、黄沙岭煤矿、黄丹沟煤矿、静乐铁矿、定襄铁矿设立了报话收发处。同时，伪蒙疆自治政府在口泉矿区的永定庄矿设有 300 门史端桥式自动交换机一部、平旺矿有 300 门共电交换机一部。8 大矿所在地各设 10 门磁石交换机一部。[7](p50,291,344)

在抗日战争相持阶段，日军大规模修复并新建各类交通设施，妄图通过控制交通网来谋求“治安”之稳定及“国防资源”的获取。同时，为了使控制具有“合法性”和“统筹性”，对华北交通的掌控都是在“中日合办”的外衣下由“华北开发公司”下属各子公司完成的。

在抗日战争相持阶段后期，日本的疲态已经显现。1944 年前后，日本在军事上遭到盟军强有力的反击，其交通运输线时常被毁，运输线的畅通根本无法保障，战备物资很难满足供应。因此，“华交”属下之机车多出现燃油不足的现象，对此，“华交”不得不对机车进行改装，“车辆多改为石炭车，现在运行之数约为百分之三十二，预备车为百分之十八，未运行者达百分之五十”[14](p587)。并且，为了加大资源运输量，日本采取了缩减客运的计划，1940年每天平均有107辆客车替代货车使用，1943年则增为每天平均274辆。[11](p303)

由于敌人控制区域的急剧减少，日伪控制下的山西邮政也随之不断萎缩，到1944年年底，日伪统治下的山西各等邮局仅剩“二等局6个，三等局26个，支局3个；三等局改为简易局6个，代办所减为180个”[8](p23)。邮路总长度也减为5219公里。[8](p101) 而对于电信方面，日本则更突出了其军事性。1943年10月，在东京召开“大东亚电气通信会议”，议决东亚电气通信业务改正纲要，指出“此次改正，乃为使电气通信事业极度集中于战争目的”[14](p591)。

但如此之努力收效甚微，日本被迫作出最后反应，即妄图重新将华北交通尤其是铁路完全握于己手，以图通过铁路这一最后之稻草做垂死挣扎。为此，1945年3月30日，伪“中华民国”行政院院长陈公博与冈村宁次签署“关于华北及华中铁路运营之军管理协定”，规定：总司令官（冈村宁次）自1945年4月1日起，暂行管理公司（华北交通股份有限公司、华中铁道股份有限公司）所经营之华北及华中之铁道运营；国民政府对于公司之监督权仍存在，但关于军管理实施上有抵触之事项，停止监督权之行使。[14](p722) 但这救命草绳并不能挽救日本之败局，几个月后，日本便在世界反法西斯同盟的打击下无可奈何地无条件投降了。

综观日本对山西交通的掠夺过程，无论是制订计划还是具体实施，基本上都是将山西交通纳入到华北交通的整体框架中考虑的。究其本质都是满足于军事占领的目的，但对于不同类之交通又有所区别，铁路在战争初期及后期其军事职能较为明显，在相持阶段，则主要用于军用物资和“国防资源”的输送；公路及电信的基本职责是维护占领区的“治安”及对各抗日根据地的封锁，这一职能贯穿战争始终；占领区之邮政两项功能间之界的限较为模糊。

四

日军侵占山西的过程，就是对山西交通网络的破坏与侵占的过程。在战争中，交通是中日双方争夺的重点，因而破坏程度相当严重。从 1937 年 8 月至 1938 年 2 月，日军空军轰炸同蒲路 22 个车站 109 次（不完全统计），炸毁各类车辆 130 余辆。[1](p264) 以怀仁站为例，在 1937 年 9 月 5 日的轰炸中，毁坏路基 4 公尺，轨道 6 公尺，电线线路 2430 公尺，水塔 1 个，总计损失 1465 元（法币，以 1936 年的法币核定，下同）。[26] 随着战势不断恶化，损失越趋严重。到 1938 年 3 月 5 日风陵渡失守，山西铁路全部沦陷。同蒲铁路损失窄轨车辆 1383（辆），机器 76 件，各类损失高达 2 731 395 787 元。正太路损失窄轨机车车辆 1248 辆。[27] 而此时的山西公路运营由于战局的紧张而被迫停业、歇业或他迁。

同样，山西原有的邮政系统也在战争中经受了血雨腥风。“七七事变”后，日军进犯山西，随着大部分县城的先后沦陷，这些地方的各级邮局相继南撤，至 1937 年年底，山西邮区停办邮局 47 处，代办所 223 个，停办邮路 10 559.4 公里，设备损失 4732 件，估价 1 352 022 元。[28] 仅 1937 年抗日战争爆发后到 1938 年年末，山西邮政营业损失就高达 826 647 19 元。[29] 随着战事的不断恶化，山西各级邮局的撤退规模也不断扩大，“至民国二十九年（1940）底，中华邮政在山西的邮政局已撤销 94 个，占全省（1936 年）各等邮局总数的 92.16%”[8](p22)。同时，战争还使各等邮局设施损失严重，共有 4432 件设备受损，折成法币分别是山西邮政管理局 6 594 51 元，二等邮局 3 356 51 元，三等邮局 3 481 62 元。[30] 而在这些损失中尚不包括那些设在农村的代办所。因此，日军的侵晋，对于山西邮政事业来说，首先是破坏了山西的邮政网络，使山西各等邮局无法开展正常业务，进而阻塞了山西信息交流的渠道。

当日本宣布无条件投降后，我们接收到的只是一个支离破碎、千疮百孔的交通网络。战前纵贯南北的同蒲路，到接收时原平—大营、平遥—汾阳两支线完全被日军折损，忻窑支线也仅可通车至定襄之蒋村；干线仅可由大同南至史村，安邑至蒲州。“所有能通车段复经敌人八年之使用，枕木、钢轨均腐朽不堪，机车车辆亦均破损，能用者仅有三分之一。”[31] 具体至各铁路线之损失分别为：原大线共计金额 31 465 470 000 元；忻窑支线 7 928 184 200 元；忻窑高索线 43 545 420 000 元；太兰线 8 732 968 000 元；榆谷支线 10 043 309 600 元；平支线 9 090 100 400 元；东晋线 6 332 493 000 元；永风线 7 231 044 400 元。[32] 公路受损情况更重，到抗日战争胜利前夕，全省公路无一条全线畅通。[4](p13) 如果用数字来计算山西战时交通的直接财产损失的话，计铁路 225 823 501 680 元，公路 140 420 000 元，电信 40 398 500 100 元。[33]

日军对山西交通的破坏除以上有形之损失外，更为严重的是无形的创伤。山西原本统一的交通体系在日军占领期间被分割为互为统属的三个交通系统，既日伪、中共及国民党之阎锡山。以公路为例，山西主要公路干线中，太大（太原—大同）、太风（太原—风陵渡）、侯河（侯马—河津）等公路，基本为日军占领，而太军（太原—军渡）、浑五（浑源—五寨）、白晋（白圭镇—晋城）、平辽（平定—辽县）、阳大（阳明堡—大营）、汾隰（汾阳—隰县）等公路，或被一分为二或被一截三段，分别由三种不同势力所控制。[5](p185) 而诸如邮政、电信等方面同样有如此的分割。

交通事业之通畅为现代社会发展的重要表征之一，而日本的占领不仅使山西交通遭受重创，更使其长期处于分离之状态，此种损失之累加无疑是难以用数字量化的。总之，日军对山西交通的利用及占领不过是整个抗日战争的一个缩影，但从此仍可审视中国的近代化道路中战争因素所带来的巨大滞碍。

参考文献：

[1] 山西省史志研究院 . 山西通志・铁路志 [M]. 北京：中华书局，1997.

[2] 李大钧 . 山西铁路史话 [M]. 太原：山西人民出版社，2001.

[3] 山西省档案馆 . 同蒲铁路概况 [Z].B30-2-495-2.1946.

[4] 山西省史志研究院 . 山西通志・交通志 [M]. 北京：中华书局，1999.

[5] 山西省交通厅交通史志编审委员会 . 山西公路交通史（第一册）[M]. 北京：人民交通出版社，1988.

[6] 中共山西省委调查研究室 . 山西省经济资料（第二分册）[M]. 太原：山西人民出版社，1959.

[7] 山西邮电志编纂委员会 . 山西邮电志 [M]. 太原：山西人民出版社，1995.

[8] 山西省史志研究院 . 山西通志・邮电志 [M]. 北京：中华书局，1996.

[9] 日本防卫厅战史室，天津市政协编译组 . 华北治安战（上）[M]. 天津：天津人民出版社，1982.

[10] 张利民 . 日本对华北铁路的统制 [J]. 抗日战争研究，1998，（4）.

[11] 居之芬，张利民 . 日本在华北经济统制掠夺史 [M]. 天津：天津古籍出版社，1997.

[12] 复旦大学历史系日本史组 . 日本帝国主义对外侵略史料选编：1931—1945[M]. 上海：上海人民出版社，1975.

[13] 军事科学院 . 中国抗日战争史（中）[M]. 北京：解放军出版社，1994.

[14] 张伯锋，庄建平 . 抗日战争(第六卷)[M]. 成都：四川大学出版社，1993.

[15] [日] 依田熹家著，卞立强译 . 日本帝国主义的本质及其对中国的侵略 [M]. 北京：中国国际广播出版社，1993.

[16] 郑伯彬 . 抗战期间日人在华北的产业开发计划 [M]. 南京：资源委员会经济研究所，1947.

[17] 日本防卫厅战史室，天津市政协编译组 . 日本帝国主义侵华资料长编（中）[M]. 成都：四川人民出版社，1987.

[18] [日] 岩崎继生著，侯振彤编译 . 山西历史辑览 [M]. 太原：山西省地方志编纂委员会办公室，1987.

[19] （伪）山西省政府秘书处统计室 . 山西省公路概况表 [M]. 山西省统计年鉴（下卷）.1942.

[20] 山西省档案馆 . 太原邮局邮务员伊藤给有关日军部队关于山西邮政概况的附件的报告 [Z]. B51-1-191，1940.

[21] 通告 [N]. 邮政公报 . 第四号，1940-06-21；第七号，1940-09-17.

[22] 华北交通公司载运邮件汽车路线表 [N]，邮政公报 . 第十七号，1941-05-05.

[23] 火车邮路接发邮件局所调查表 [N]，邮政公报 . 第三十号，1940-11-24.

[24] 山西省档案馆 . 邮政局所及所属邮政机关数目表 [Z].B51-2-35，1943.

[25] 诵唐 . 华北开发公司之伟绩 [J]. 中联银行月刊，1944，（3）.

[26] 山西档案馆 . 同蒲铁路战时路产损失统计表 [Z].B30-1-825-4，1939.

[27] 山西省档案馆 . 敌伪破坏机务关系统计表 [Z].B30-1-829-2. 同蒲铁路战时财务损失统计报告表 [Z].B30-1-825-2，1946.

[28] 山西省档案馆 . 山西省邮区邮政损失统计表 [Z].B37-4-12，1938.

[29] 山西省档案馆 . 邮政财务损失表 [Z].B37-4-15，1939.

[30] 山西省档案馆 . 山西邮区民国二十六年度邮政业务损失统计表 [Z].B37-4-12，1938.

[31] 山西省档案馆 . 太原铁路局接收情形及修复计划 [Z].B30-1-87-3，1946.

[32] 山西省档案馆 . 敌伪破坏机务关系统计表 [Z].B30-1-829-2，1946.

[33] 山西省档案馆 . 山西财产损失表 [Z].B13-1-75，1947.

作者简介：

田　明（1976—　），男，山西太原人，太原理工大学政法学院副教授，博士。

新区“土地改革”时期农民协会的组建及其特征

——以晋中新区为中心的考察

郝正春

摘要： 新区“土地改革”时期的农民协会是中共“国家权力”延伸与基层社会重构的重要执导者。它是中共在汲取先前组建贫农团等群众组织的经验基础上，在新区“土地改革”实践中逐步建立的。虽然“土地改革”时期组建的农民协会最终退出了乡村政治舞台，但其组建的经验历程、固有的组织特征乃至存在的现实缺陷，均为当前农村基层群众组织建设提供了有益的经验借鉴和深刻的历史启示。

关键词： 新区“土地改革”；农民协会；组建；特征

美国著名政治学家亨廷顿曾认为，要使土地改革成为现实，在政府和农民之间必须有农民自身的组织，即“农民联盟、农民协会、农民合作社都是保证土地改革具有持久活力的必备条件”[1](p365)。早在大革命时期和土地革命时期，以贫农为主体的农民协会就是中共在农村所依靠的基本群众组织。到解放战争时期，农民协会再度兴起，活跃于新老解放区的每一个村落。中共自1948年年底在晋中新区开展“土地改革”期间，亦在汲取先前组建贫农团等群众组织的经验基础上逐步建立了农民协会。可以说，农民协会是中共在“土地改革”时期向乡村渗透权力和重构政权的关键性执导机构，其组建过程很大程度上勾勒出了中共在乡村社会重组基层的权力运作景象。

一、农民协会的组建缘起

在新区“土地改革”正式展开之前，贫农团曾是老区乃至新区“土地改革”实验中一种独特的权力组织，其在“土地改革”运作中发挥了极其重要的作用。

“贫农团”这一名称就非常直观地表明了参加该组织的绝大多数为贫农。这与贫雇农在乡村各阶层中的较高比例及其生活状况所决定的阶级属性密切相关。然而，在老区“土地改革”实践进程中，由于贫雇农内部的等级区分和利益争夺，贫农团形成了狭隘、封闭的权力性格，成为村庄秩序和道德的破坏力量。[2] 对此，中央领导层也有了逐渐明晰的认识。如习仲勋曾对贫农团的负面作用作了详细论述：老区贫农团不能尽其领导一切的作用，因为贫农团本身很复杂，有的因为过去分得地坏、地远，或人口增加，经济不能发展；有的因为偶遭灾祸下降；有的是地富还未转化；有的因为吃、喝、嫖、赌，不务正业而致贫者。后一种人占贫农中的1/4，因而这种贫农团在老区一组织起来就是向中农身上打主意，“左”的偏向亦由此而来。中农欢迎地，贫农不要地。在运动中犯“左”的地方，甚至贫农也恐慌。发展下去，流行于农村的借贷、买卖、租佃、雇佣等关系都停止了。土地再平分，农民都感到把农村追死啦。真正劳动的贫雇也抱怨我们给他们造成好多困难。贫农团除此作用外，就再少其他作用。至于生产吗，在农村那倒是中农领导贫农。至于起领导作用吗，那又会变成少数不纯分子把持村、乡政权。[3](p156) 之后，基于对贫农团负面作用的认识和对“土地改革”新阶段的判断，中共中央对贫农团的态度和政策发生了显著变化。1948年2月3日，毛泽东明确提出，在老区不要再人为地组织贫农团去领导农会，而应在农会中组织贫农小组，并赋予中农一定的政治地位。[4](p1277) 对于毛泽东的这一认识倾向，刘少奇、周恩来等高层领导也纷纷表示认可。[2] 显然，中共的意图旨在要逐渐限制、削弱贫农团的领导作用，乃至最终撤销贫农团组织。

1948年2月，中共中央在《关于新区土改要点的指示》中明确指出：“先组织贫农团，几个月后即组织农民协会，严禁地主富农分子混入农协及贫农团。贫农团积极分子，作为农协的领导骨干，但必须吸收一部分中农积极分子参加农民协会的委员会。”[4](p1283) 据此，《中共晋中区党委关于今冬新区土改意见》明确规定，新区“土地改革”中“最好先组织贫农团（或组）”，“在适当时机，以贫农团为基础吸收中农成立农会。在成立农会之前，贫农团在讨论有关全体农民之重大问题时，必须吸收全体中农参加。农会领导机关必须包括不少于1/3的中农成分。农会成立后，贫农团即成为农会内部的中坚组织，而不在农会之外与农会并列存在，以利团结”[5]。因而在这一阶段的“土地改革”实验中，普遍先建立贫农团，再以贫农团为基础吸收中农成立了农民协会。但晋中新区实验村工作刚展开不久，1948 年 11 月 15 日区党委即发出《关于新区土地改革的决定》，对于领导“土地改革”的机构做了新的规定，提出不再组织贫农团，而是“组织以贫雇农为骨干的、团结全体中农及一切劳动分子的、不包括地主富农在内的农民协会”，且规定农民协会“应保证有 1/2 到 2/3 的贫农雇农和不少于 1/3 的中农参加”[6]。

由此可见，贫农团在晋中新区村庄政治舞台上活跃的时间相当短暂。这与当时中共即将获得政权并力求巩固新政权的现实考量密切相关。此外，晋中新区解放后，原有农村政权的控制网络被摧毁的同时，农村的政治经济秩序和文化权力结构也发生了天翻地覆的变化，在农村不可能立即构造出全新的正式的权力体系，为此就需要一种既能执行政权职能又便于动员农民的群众性过渡组织。于是，中共便借鉴以往经验，在新区“土地改革”正式展开之际，在群众动员的过程中，普遍地成立了包括中农在内的农民协会作为“土地改革”的合法执行机关。

二、农民协会的组建经验

在晋中新区“土地改革”初期即成立农民协会，而不像老区或先前的实验村那样先成立贫农团而后成立农民协会，这对当时的“土地改革”干部来说可谓老革命遇到了新问题。很多干部对此表示疑惑，有的说是为了简单省事，有的说因时间关系。[7] 针对各种疑惑，当时分管“土地改革”的晋中区党委副书记武光在1948年12月中旬召开的扩干会议上作了专门解答。他指出：“在晋中新区，由于阎匪实施‘兵农合一’暴政的结果，将广大群众的生活与生产给予比任何天灾人祸均严重的破坏，因而中农阶层的群众对封建阶级的仇恨，比任何其他地区的中农为深；其对我党我军热诚拥护之情，也较任何其他新区的中农为高。”据此，他认为直接建立农民协会“是可以的合理的。这样做是较为简便而为实际情况所需要的”。当然，他强调在执行中必须坚持“首先发动贫雇农，以贫雇为骨干团结中农”的方针，“在划分封建阶级与农民阶级界线的同时，在已有贫雇农骨干的基础上，迅速成立农民协会”。为了能实现“依靠贫雇农”的方针，并保证贫雇农在农民协会领导中的优势，武光认为在实践中必须做到以下几点：“首先，在广大群众中进行教育，提高贫雇农的威信；其次，是教育贫雇农以英勇模范的斗争行动，在群众中建立自己阶级的威信；最后，是必要时，召开不定型的贫雇农会议，以加强贫雇农的集体意志与集体行动。”[8]

那么，究竟怎样成立农民协会呢？该报告并没有具体规定，只是指出“尽管一切组织发展的规律都是由小到大，由不巩固到巩固的”，但由于“过去我们在土改中曾经犯过严重的关门主义倾向，这一倾向之影响在今天仍潜伏于我们某些干部的思想中，需要继续克服。同时，在全国胜利的形势下，我们也需要防止那种不合时宜的、缓慢的、手工业的工作方式。因此，今天对农协的成立与发展，我们不提‘由小到大’，以防发生错觉与偏向。但这并不是说农协成立后，我们可以丝毫放松其巩固与健全的工作”[8]。

各地“土地改革”的经验证明：“农协的好坏是决定整个土改好坏的关键。”[9]因此，如何组建农民协会是“土地改革”初期亟需解决的问题。鉴于无经验可循，晋中区党委希望各地能将不同认识及实际工作中的经验提出并进行讨论。1949 年 2 月 1 日，《晋中日报》发表了刘山的《怎样成立农民协会》一文，一来作为经验传布，再者亦可引起大家对这一问题的讨论。刘山认为，“成立农协，既不过早，也不要太迟，而要适时地成立农协会”。怎样才能适时呢？他认为“适时就是贫雇农已经站起来，在群众中有了威信、形成骨干，同时并进行了团结中农的工作，使中农紧紧团结在贫雇农的周围，这时农民有了组织起来的要求，便可成立农协”[7]。

参加农民协会具体遵循什么条件，在晋中新区“土地改革”的相关政策中并没有硬性规定。为此，刘山指出参加农民协会“一定要自愿，不能大会宣布一下即算农协会员了，也不能将入会条件规定得过于严格，同时入会手续，也应比较简单些”[7]。在《中共晋中区党委关于今冬新区土改意见》中，对于群众中的积极分子的标准作了如下规定：“1. 正派。2. 常年劳动好。3. 拥护共产党，反对蒋阎。4. 群众关系好，有威信。5. 能接受我之任务在群众中活动。”同时要求村政权“要保证掌握在正派的、劳动好的、在群众中有威信的劳动人民手中。”[5]因此，各地在审查加入农民协会及农民协会委员的条件时参照了以上规定。如晋中一地委选举农民协会委员的条件是发扬民主、工作积极、常年劳动、不自私自利、和地主没有联系[10]；平遥沿村堡选举农民协会委员的条件是常年劳动、为人正派、大公无私、群众拥护、热心工作[11]；徐沟靳村提出参加农民协会的条件是："劳动好，为人正派的；和地富没有勾搭的；愿意给农民办事的。"[12]然而在实践中的评判标准很难整齐划一。如寿阳石河村在讨论农民协会会员候选人时，因嫌陈某只能笑，做不出什么工作来，不要她当候选人；因辛某"嘴不稳"，不能当候选人。[13]在晋中三地委则"除地主、富农和一些确实有些不可改造、争取的走狗、坏分子外，其余广大群众，经过宣传教育，均可吸收其加入农协"[14]。正因实践中的评判标准不一，导致了各地农民协会组织的人员结构亦不尽一致。

就组建农民协会的方法而言，虽然各地都是在工作组的参与和指导下进行的，但具体方法又各不相同。"土地改革"初期平遥县组建农民协会的做法大致反映了实践运作中的三种趋向。

第一，以贫雇农串联贫雇农，串联到一定数量（没有团结中农）即成立农民协会筹委会，实际上等于过去的贫农团。这种做法被认为"基本上还是过去一套经验主义的做法，虽然名义上叫农协筹委会，实际上与贫农团无异。这种做法忘记了晋中新区的特点，忽视了巩固地团结中农，也会引起中农的恐慌不安。这种对中农的关门主义，是有害无益的"[7]。的确，这与晋中区党委成立农民协会的初衷是相悖的。

第二，经过初步宣传发动后召开群众大会，划出地主、富农及农民中为群众反对之坏分子后则一律宣布为农民协会会员，于是农民协会宣告成立。然而，这种由上而下直接被"宣布"为会员的方法，某种程度上违背了农民自愿的原则。这种做法也使某些坏分子乘机钻进农民协会进行破坏。

第三，到村后进行了一般的宣传教育之后，先召开贫雇农座谈会，首先发动贫雇农，并在农民群众中进行阶级教育，提高贫雇农的威信。当贫雇农团结起来，并已形成骨干时，自觉地团结中农；领导上又进行"中、贫农是一家"的教育；农民群众有了组织队伍的要求，这时召开农民大会，初步划出地主、富农及农民中为群众所反对之坏分子，讲明农民协会意义及会员条件，然后号召农民自动报名参加。最后，划分农协小组，由各小组提出候选人，经过充分的酝酿讨论后，正式选举出农民协会委员。这种做法被认为是"较好的"，这样做"既保证了贫雇农骨干作用，又巩固地团结了中农"[7]。

由上可见，农民协会组建成功与否的关键是如何处理好"依靠贫雇农"与"团结中农"的关系。然而，各地实践运作中的状况极为复杂。一些村是基本上掌握了党在“土地改革”运动中“以贫雇农为骨干，巩固地团结全体中农”的总政策与总路线。有些村却不敢大胆地公开宣传党的政策，怕“依靠贫雇农”妨害与影响了“团结中农”，以致造成贫雇农没有起来，地富趁机造谣，中农因恐慌而躲避贫雇农，反给地富通风报信的情况。还有的则是只去个别串通贫雇农，不注意团结中农，甚至贫农自身也感觉力量单薄，要求团结中农，中农也提出愿意参加“土地改革”工作的情况下，领导干部却在怕“贫雇农形不成力量，团结不住中农”的借口下，不接受群众这种要求，结果酿成中贫农之间很大的隔阂。[15] 有些地方则“不是积极地去教育中农，提高其政治觉悟，而是片面地认为‘中农不可靠’”，因此，自觉或不自觉地忽视了对中农的团结。还有些村里指出，“农协中不要‘透气筒’、‘二流子’、‘坏人’，而因没明确的界限，错误地将地富地邻居或多少有些亲友关系的基本群众关在门外”。有些地方因“怕刺激中农”，不敢说“依靠贫雇农”，在发动步骤上采取了“先中农后贫雇”，模糊了贫雇农在土改中的领导地位等。[14]

晋中新区“土地改革”中组建农民协会的经验历程并非一路坦途，其是在参照历史经验教训的同时，不断地探索新经验的过程中逐步完成的。这为其他新区农民协会的建立提供了借鉴，亦为新中国成立后新区“土地改革”中更加规范地组建农民协会奠定了基础。

三、农民协会的组织特征

从农民协会组建的缘起和经验历程可以窥见其自身所固有的组织特征。

第一，它并非完全意义上的农民自愿组织。在中共的理论架构中曾强调农民协会必须是农民自愿结合的群众组织，但在各地的实践运作中，起始农民并没有“自愿”组织起来，而是在“土地改革”干部的不断宣传动员下才逐步组织起来的。在近代中国的政治舞台上，任何力图有所作为的政治力量均面临一个最具挑战性的问题，即一个外来的政治力量如何把农民动员起来，使其成为社会变革的积极参与者。[16](p1) 在新区“土地改革”之际，中共亦有类似的遭遇。贫雇农虽然处于中共预设的阶级体系的中心地位，但并非中共所设想的那样天然地爱革命。“不识字的，疑虑重重的、对外间世界有些害怕的农民，对思想、对人类、对文明并无兴趣，他关心的只是自己，只是自己那四面墙里的小天地。”[17](p140) 对于中农而言，虽然在新区“土地改革”

时被视为团结的对象，但他们鉴于过往生存经验，特别是老区“土地改革”中对中农侵犯的事实，保守退让是其主要的行为选择。他们一般把自己列于“土地改革”运动之外，认为“穷人是想要地，富人是怕要地，与咱没关系”，“咱是不动中农”（不参加运动的意思）等。[18] 由此可见，对于参加农业协会的贫雇农、中农而言，并非运动之初就自愿加入农业协会。正如杰克·贝尔登所言：“中国的农民并非总是自动地向封建堡垒发起猛攻的，共产党往往必须手把手地领导他们冲锋陷阵。”[17](p202) 农民协会即是在中共的不断动员和助推下所建构的反封建的基层“群众”组织。

第二，它是一个“劳动者”或“受苦人”的组织。言其为“劳动者”组织，是就前述的加入农民协会的条件而言的。虽然各地加入农民协会的条件并不一致，但在所列条件中，“劳动”一项是各地所共有的，而这也是在传统农业社会被一直推崇的美德。此外，晋中区域的乡村百姓把下地劳动叫作“受苦”，把在地里作务庄稼的庄户人称为“受苦人”。对他们而言，“受苦”可能有双重含义：一方面是从事农业劳作的体力劳动相对较苦；另一方面则是日常生活的困苦。因而，对这些“受苦人”而言，经年劳动是其本分。为此，“是否劳动”及劳动的“好坏”，便成为中共在动员民众组织农民协会时的主要参照标准之一，当然这也最能被乡村民众所接受。于是，在这样的话语体系引导下，那些“不劳动者、剥削别人劳动者、不好好劳动者”自然成为“受苦人”的组织所必然排斥且斗争的对象和目标。

第三，它是一个过渡性的基层权力组织。农民协会的组建是基于“依靠贫雇农、团结中农”的政治考量之上的，故从理论建构上彰显了其组织基础较贫农团更为宽泛，其权力性格较贫农团更具包容性。同时，相比初期农民用怀疑和沉默来应对“土地改革”的态度，农民协会的建立或多或少地暗示了农民对“土地改革”的认同和积极参与，从而“进一步加强了农民与国家政权的亲合力”[19](p228)。但是，当时的农民协会在一定程度上成了一种革命象征的政治符号，是否加入农民协会以及在农民协会中的地位决定了能否或者在多大程度上拥有农村各项事务的发言权。故在农民协会的组建中，乡村各种势力、各阶层亦难免相互争夺、纠缠，以致使其组织基础难尽纯洁。在晋中新区的农民协会组织中，就有“不能生产的流氓、地痞，有地主、富农利用的狗腿，有阶级异己分子”[20]，不难预见，一旦这样的农民协会在乡村社会中掌握实际权力，其难免不侵犯其他阶级以满足自身利益。后来的“土地改革”实践亦证实了这一点，在组建农民协会中因特别强调贫雇农的“骨干”、“领导”作用，贫雇农的优势地位凸显。于是，一些贫雇出身的会员“虽说成分好，但尽染了一套阎匪在时的恶劣作风”，“罚、打人的现象严重存在”，甚至存在“包庇地富，抵抗土改，歪曲执行政策，抓取群众果实”的劣习，“使党与群众的关系上发生矛盾”[20]。这在一定程度上仍是贫农团固有劣性的延存。正因为如此，农民协会所固有的或实际存在的这些缺陷注定其仍只能是“过渡性”的基层组织。

“国家与社会关系本身是极其复杂的：不仅包括了相互的影响与作用，其实也包括了相互间的权力和热情的借用。”[21]农民协会的组建过程可以说就是国家与社会关系的一种重构，一方面农民协会成为国家渗入乡村社会的中介，另一方面农民协会的力量来自基层社会对国家权力的借用，而在国家与社会关系的重构未完全成型前，双方的关系更多地体现为“权力和热情的借用”。所以，一旦“土地改革”运动结束，特别是中共执政地位的稳固，乡村基层政权随之陆续建立，农民协会的政治使命便相应终结并逐渐退出了乡村政治舞台。当然，这并不意味着可以完全避免其组织特性和缺陷不会在历史的轮回中时隐时现。但对一个积极进取的执政党而言，中共必然会汲取历史经验不断地完善其基层组织，以更有效地实现对乡村社会的治理。

参考文献:

[1] [美]塞缪尔·P. 亨廷顿著,王冠华译. 变化社会中的政治秩序[M]. 北京:生活·读书·新知三联书店,1989.

[2] 李里峰. 华北"土改"运动中的贫农团[J]. 福建论坛,2006,(9).

[3] 中央档案馆编. 解放战争时期土地改革文件选编(1945—1949)[G]. 北京:中共中央党校出版社,1981.

[4] 毛泽东选集(第4卷)[M]. 北京:人民出版社,1991.

[5] 中共晋中区党委关于今冬新区土改意见(1948年11月10日)[Z].A47-1-94. 太原:山西省档案馆藏.

[6] 中共晋中区党委关于晋中新区土地改革的决定(1948年11月15日)[Z]. A47-1-100-3. 太原:山西省档案馆藏.

[7] 刘山. 怎样成立农民协会[N]. 晋中日报,1949-02-01.

[8] 中共晋中区党委在晋中新区土改扩干会议上的结论(1948年12月18日)[Z]. A47-1-99-1. 太原:山西省档案馆藏.

[9] 晋源县土改总结(1949年4月5日)[Z]. A154-1-41-1. 太原:山西省档案馆藏.

[10] 太原一地委关于新区土改工作总结(1949年5月1日)[Z]. A48-1-38-5. 太原:山西省档案馆藏.

[11] 刘山. 丢豆豆[N]. 晋中日报,1949-01-27.

[12] 徐沟靳村工作组重视思想发动[N]. 晋中日报,1949-02-21.

[13] 寿阳县十一区石河村土改工作汇报 (1949年2月16日,1949年2月23日)[Z].125-1-1-5. 寿阳:寿阳县档案局藏.

[14] 中共晋中三地委发出土改指示,检查左右偏向,提出纠正办法[N]. 晋中日报,1949-02-09.

[15] 从祁县新区土改中初步看到的几个问题[N]. 晋中日报,1949-02-05.

[16] 何高潮. 地主·农民·共产党——社会博弈论分析[M]. 香港:牛津大学出版社,1997.

[17] [美]杰克·贝尔登著,邱应觉等译. 中国震撼世界[M]. 北京:北京出版社,1980.

[18] 土改运动初期各阶层群众的动态与我应有的措施[N]. 晋中日报,1949-02-07.

[19] 于建嵘. 岳村政治——转型期中国乡村政治结构的变迁[M]. 北京:商务印书馆,2001.

[20] 关于晋中新区土地改革的基本总结(1949年5月)[Z]. A47-2-100-6. 太原:山西省档案馆藏.

[21] 周晓虹. 从国家与社会关系看中国农民的政治参与——毛泽东和后毛泽东时代的比较[EB-OL]. 社会学人类学中国网,2006-02-08.

作者简介:

郝正春(1975—),女,山西寿阳人,太原理工大学政法学院讲师,博士。

农业合作化时期农民社会生活的变迁

——以山西省保德县为中心

王俊斌

摘要：农业合作化运动不仅对农村经济产生了重要影响，而且推动了农村社会生活的变迁。本文选取山西省保德县为中心，从家庭生活、生育行为和社会保障等三个方面的变革，对中国共产党领导下的农业合作化与农村社会生活变迁的关系进行了一定分析，认为新中国成立以来农村社会生活的变迁主要是依靠国家政权的力量来推进的，因而超越了当时农村整体社会发展水平，一定程度上造成了国家政策与传统农村社会之间的紧张。

关键词：农业合作化；社会生活；变迁

农业合作化运动改变了数千年来中国农村土地私有制和小农经济占主导地位的状况，不仅对农村社会经济产生了重要的影响，而且还推动了农村社会生活的变迁。本文以山西省保德县为中心，在充分利用该县地方史料的基础上，辅之以口述访谈资料，从家庭的变革、生育观念的变革和社会保障方式的变革三个方面，对中国共产党领导下的农业合作化与农村社会生活变迁的关系作一探讨。

一、家庭的变革

“家庭革命”的口号，早在辛亥革命时期就已出现。南京国民政府在20世纪三四十年代也开始推行《家庭关系法》，以期推动家庭的现代化。但是，这些改革都局限在受过教育的城市人中间，而且基本上没有政治、经济的改革作为基础。只有在新中国成立以后，特别是农业合作化时期，国家以多种方式直接参与了对家庭变革的推动，家庭改造在农村社会中才得以推行。

（一）家庭社会功能弱化

在传统社会中，家庭是社会的中心，并担负起大部分的社会功能，如经济、教育、宗教、娱乐等。这种家庭化的社会组织模式在农业合作化时期受到了严重挑战。农业合作化运动将农民家庭的土地、牲畜和农具等生产资料收归集体所有，传统家庭的生产功能削弱。此时，劳动生产由农业社统一组织，生产任务由农业社社长而不是家长来分派，劳动成果的分配按个人工分计算。

（二）家庭结构以夫妻为轴

在传统社会中，家庭结构以父子为轴，男性在家庭中有至高无上的地位。新中国成立后，随着女性地位的提高，家长权威的下降，以夫妻为轴的家庭结构逐渐形成。

1950 年 5 月 1 日，《中华人民共和国婚姻法》颁布施行。其中有关婚姻自由的规定，大大加强了妇女在婚姻中的自主地位。有意思的是，农民通常更为强调离婚自由而非婚姻自主，这对传统父权与男权地位构成了挑战。《中华人民共和婚姻法》中所规定的离婚自由对于提高妇女的家庭地位是非常有效的。当时农村普遍贫困，农民家庭主要财产都归了农业社，因此即使女方要很少的彩礼男方也很难拿得出来，因而男性很怕离婚，这就无形中提高了女性的地位。妇女地位的真正提高是恩格斯著名论断“妇女解放的第一先决条件就是一切女性重新回到公共的劳动中去”实践的结果。早在民主革命时期，中共就以此发动妇女走出家庭，走向公共领域。新中国成立后，更是视其为妇女解放的圭臬。在农业合作化运动中，在国家政权力量的动员下，广大农村妇女逐渐从家庭走向社会，参与公共劳动。她们通过学习技术成为农业生产上的“全把式”，逐渐分割男性的农活，从根本上打破了传统社会“男主外女主内”的性别分工格局。妇女经济地位的提高，使得夫妻关系相比较于旧社会更趋平等，夫妻成为家庭的核心。

（三）家长权威下降

在中国的历史上，孝道一直被奉为治国之本。父辈凭借其身份及掌握的土地、房屋享有家长的权威。到 20 世纪 50 年代，孝道、父权以及传统家庭价值观都受到了批判，这在一定程度上动摇了父母高高在上的形象。在实践中，中共通过激进的社会变革完全改变了传统社会依靠家庭成员劳动进行劳动积累的财产积累方式，在一定程度上削弱了家长的权威。高级社时期，农民家庭的生产资料基本归集体所有，父辈丧失了制约子辈的重要条件，子辈从父辈那里可继承的财产所剩无几。他们在农业社会里靠劳动挣取工分来增加家庭收入，子辈因身强体壮易掌握先进的农业技术，挣取的工分往往比其父辈要多一些。这也无疑提高了年轻人在家庭中的地位。

国家通过农业社与地方政府干预每个农民的家庭与私人生活，使得农民在很大程度上从家庭、血缘、亲缘等权力下解放了出来。换句话说，国家通过摧毁传统地方权力的方式，使家庭现代化的目标部分得以实现。值得指出的是，西方社会的家庭现代化一般是通过工业化、都市化过程中工作与家庭生活的分离而实现的。而中国农村社会的家庭变革则是借助于国家政权的力量，超越了经济发展的阶段而实现的。

二、生育观念的变革

在中国传统文化中，“多子多福”观念一直根深蒂固地存在于社会各阶层中，但由于农村普遍贫困，农民出于经济上的考虑而不能抚养过多的孩子；同时，婴儿的高死亡率也导致人口不至于过快增长。以保德县为例，该县 1918 年有 11 207 户，人口为 49 335 人，平均每户为 4.4 口人；1942 年全县有 12 193 户，人口为 52 006 人，平均每户为 4.2 口人。[1]（p18-19）普通农户家庭规模都较小，儿孙满堂只是少数地主富农才能实现的梦想。家庭生存条件的高低不同，导致家庭之间抚养水平的差异，这是传统社会的特征。

到了 20 世纪 50 年代的合作化时期，这种家庭之间抚养能力的差异基本不存在了。特别是在高级社时期，保证人人有饭吃的政策成为一种重要的生存保障，这就打消了农民怕抚养不起孩子的经济顾虑，甚至小孩多的家庭反而占便宜。这是因为农业社实行粮食按人头分配的政策，人口的数量决定家庭粮食的收入。再加之传统社会多子多福观念的影响，农民的生育冲动便一发不可收拾。同时，社会卫生条件的改善大大降低了婴儿的死亡率。在这种情况下，中国人口迅速增加。可以说，人口由高出生、高死亡、低增长向高出生、低死亡、高增长转变的态势正是在 20 世纪 50 年代形成的。以保德县为例，该县从有确切人口记载的 1914 年起到 1949 年的 35 年时间内，人口数量一直比较稳定，维持在 5 万多人的水平。1914 年为 50 544 人，1949 年为 56 694 人。[1]（p18）但在 1949 —1959 年的 10 年间，保德县人口从 56 694 人迅速增加到 71 617 人，10 年间净增人口 14 923 人。[1]（p18）

此外，社会性别比发生了变化。传统社会有重男轻女的思想，农民都以生育男孩为荣。民间历来就有把生男孩称为“弄璋之喜”、生女孩称为“弄瓦之喜”的说法。于是，一些农民家庭既想多要男孩又不想加重家庭负担，便大量溺死新出生的女婴。可以说，溺婴现象在大部分地区都是普遍存在的。这样就人为造成了旧社会农村性别比奇高，且这种现象越是在贫困落后的山区就会越严重。这种情况在农业合作化运动中有了很大改观。

出于政策对人口的影响有其滞后性的考虑，本文选取保德县 1953 年和 1964 年的数据来说明农业合作化前的男女比例。该县 1953 年共有人口 62 768 人，其中男性 36 067 人，女性 26 701 人，男女性别比高达 100 ∶ 135（以女性为 100）；1964 年全县共有人口 77 646 人，其中男性 41 175 人，女性 36 471 人，男女性别比为 100 ∶ 112。[1]（p19）由此可以看出，在短短的 11 年内，男女性别比例就有了明显的改善。可以说，合作化时期分配政策的平均化倾向使家庭维持其成员基本生存的能力增强，从而使得人口增加迅猛。同时，长期以来存在的男女性别比例不平衡的问题也得到了一定程度的缓解。

三、社会保障方式的变革

在传统社会中，农村的养老模式主要以家庭供养为主。地主、富农凭借着祖上的遗产和自己积累起来的财富安享晚年，并依靠掌握土地、房屋等财产的所有权而充分享受着儿孙的孝道。普通农民则只能通过不断地劳动来维持自己的生活，到了晚年失去劳动力后便和自己的一个儿子（一般是最小的儿子）生活在一起，并做些辅助性的农业劳动。

农业合作化之后，农村的养老模式主要以集体与家庭共同供养为主。集体为老年农民提供适当的劳动机会，让老年农民挣取一定的劳动工分，以获取一定的劳动收入，解决自己的生活问题。同时，“老吾老以及人之老”的社会公德依旧是农村社会的一种规范，家庭依旧承担着一定的赡养功能。

鳏寡孤独和身有残疾的农民是农村中的一个特殊群体，他们对农业合作化普遍抱有很大的顾虑。特别是高级社时期取消土地报酬后，他们的顾虑更大，唯恐“生无人养，死无人葬”。所以，这个群体对加入农业社一般是持冷淡态度的。据保德县统计，截至 1955 年秋，全县 95% 的农户加入了初级社。没有入社的农民仅有 739 户，除了 194 户地主、富农是不允许其入社外，鳏寡孤独和残疾农民就占到了 158 户。[2] 为了照顾到这个群体，全国人大在 1956 年通过的高级社示范章程中规定：“农业生产合作社对于缺乏劳动力或者完全丧失劳动力，生活没有依靠的老、弱、孤、寡、残疾的社员，在生产上和生活上给以适当的安排和照顾，保证他们的吃、穿和柴火的供应，保证年幼的受到教育和年老的死后安葬，使他们生养死葬都有依靠。”①根据这个指示，农业合作社对鳏寡孤独残这一特殊群体普遍采取了五保政策（即保吃、保穿、保烧、保教、保葬），使他们有了基本的社会保障。

可以说，高级社一般都照顾到了社里弱势群体的生活和社会保障问题，并制定了规章制度。但由于各自的社情不同，社会保障的落实情况存在一定程度的差异。如一些社内五保户的社会保障难以落到实处，或只能停留在很低层面，甚至还出现了歧视五保户的情况。这一点在笔者的口述调查中也得到了证实。

1.问：合作社时期村里特别贫穷的，在1958年以前社内给不给补助啊？

答：主要靠社会救济，粮食不够给你供应，没钱给你救济。主要靠国家，社的职能就看不到，都赖到国家身上了。②

2.问：当时村里特别穷的，社里给补助吗？

答：国家救济的，社里不怎么管。

问：五保户社里也不管？

答：也不。③

3.问：当时村里特别穷的人家，农业社给不给补贴：比如说孤儿寡母的，没壮劳力，饿得活不下去了，社里给不给补些粮食？

答：不给，就等国家救济，国家救济来了给他多些。

问：农业社不管？

答：不管，农业社就没有说那个人穷得过不下去了多给个斗数粮。

问：村里的五保户、烈属、军属是不是都是国家补贴？

答：军烈属都是国家给补贴。（农业社）慰问军烈属也很少。大都是国家民政局给补贴了。合作化以前，对这些人，村里的主要劳力是你给军烈属做两天，他给做两天。这是村里的。自建社以后就没有了。④

注释：

①见《高级农业生产合作社示范章程》（1956年6月30日第一届全国人民代表大会第三次会议通过）。

②被采访人：陈秉荣，1941年4月出生，保德县石塘村人。采访时间：2008年2月9日。

③被采访人：赵密环，1932年8月出生，保德县路家沟人。采访时间：2008年2月11日。

④被采访人：王根留，1938年8月出生，保德县白玉泉村人。采访时间：2008年2月15日。

从上述资料可以看出，由于农业社普遍不富裕，对五保户和其他弱势群体的社会保障只能由国家来承担主要责任。国家每年也确实为农村困难户下拨大量经费。保德县 1953 年领取社会救济金 1700 元，1954 年增至 8000 元，到 1957 年猛增至 25 000 元。[1](p60) 这对农村的弱势群体而言无异于雪中送炭，以使他们在高级社取消土地报酬的情况下勉强维持生计。

四、余　论

需要指出的是，农业合作化时期农村社会生活，并不是随着农村社会经济的发展而变迁的，而是主要依靠中共通过国家政权的力量来推进的，超越了当时农村的整体社会发展水平。因此，农村社会中不可避免地出现了“夹生饭”的现象，造成了国家政策与传统农村生活之间的紧张，导致了农村社会一定程度的混乱。由此可见，社会生活的演变进程是一个缓慢的过程，它不会随着国家的一纸法令就迈入现代化的门槛，而是与整个农村社会经济的发展息息相关的。

参考文献：

[1] 陈秉荣．保德县志 [M]．太原：山西人民出版社，1990.

[2] 关于 1956 年普遍实行农业合作高级化的意见 (1956-01-10)[Z]．保德县档案馆，1-1-133.

作者简介：

王俊斌（1977—　），男，山西保德人，天津财经大学人文学院讲师，复旦大学社会学博士后。

2012年山西省戏曲剧种剧团现状调查与分析

张艳琴　谢玉辉

摘要：2012年6月对山西戏曲剧种剧团的现状调查显示，山西戏曲剧种、剧团、戏曲教育、演出市场等方面呈现出了一些新的发展态势，本文在收集数据的基础上，对这些方面进行了详细分析，指出了山西戏曲现状的发展趋势与存在的问题，并提出了解决问题的思路。

关键词：山西戏曲；剧种剧团；现状；调查分析

山西作为中华戏曲的发祥地之一，一度以剧种丰富、剧目繁多而享誉全国。但新时期以来，山西戏曲随着传统文化大环境的改变而陷入窘境，关注其生存发展就成为戏曲研究者的一项重要使命。近年来，随着文化体制改革的深入推进，山西省文化厅组织人员对山西戏曲剧种、剧团的发展现状进行了数次调研，2012年6月，文化部艺术司也展开了关于戏曲剧种、剧团现状的调查，而山西的剧种、剧团状况根据本次调查反馈呈现出了新的发展态势。本文引用的数据来源于实地调查，山西省各地市（县）文化管理部门、山西省戏剧家协会和近几年的山西文化统计年鉴。

一、山西戏曲现状

（一）剧种现状

据截止到2012年7月的数据统计，山西省戏曲剧种共有42个，其中晋中地区10个，晋北地区9个，晋东南地区10个，晋南地区10个，外来剧种3个。在这42个剧种中，包含了陵川平腔秧歌、孝义皮影戏、上党队戏、夏县蛤蟆翁、晋南清戏、河东道情、翼城目连戏、洪洞道情、凤台小戏、昔阳拉话等10个没有剧团的小剧种。在这些剧种中，剧团数量在8个以上的剧种共有9个，占总剧团数量的22%。仅留存一个剧团的剧种有20个之多。由此可见，演出的剧种已经不多，小剧种和稀有剧种的生存尤为艰难。

根据1984年出版的《山西剧种概说》，若包括外来剧种如京剧、评剧、豫剧、曲剧在内，山西剧种共有56个。1990年出版的《中国戏曲志·山西卷》载录山西剧种49个。《全国剧种剧团调查现状报告集》是2003年开展的“全国剧种剧团现状调查”的调研成果，书中统计山西有剧团演出的剧种28个，同时指出鲜有或者没有专业及业余剧团的剧种有21个，也就是叫上名字的剧种共有49个，这和《中国戏曲志·山西卷》中的统计数字吻合。根据2012年7月份的数据，山西省共有42个剧种，其中没有专业或者业余剧团的剧种10个，剩下拥有剧团的剧种有32个。从这些数据可知，山西剧种的总数从1990年到2003年基本没有变化，但有剧团演出的剧种数量减少了近半，没有实体剧团的剧种几近名存实亡，因此可以说这十几年当中山西戏曲总体呈现出衰落态势。2003—2012年，山西剧种总数降为42个，但拥有剧团的剧种数量增加为32个，这种变化显示了文化体制改革和保护非物质文化遗产实施以来，一些具有地方特色和独具文化内涵的小剧种在这些政策的扶持之下，恢复建团，以保护为基础开始演出。

（二）剧团现状

根据这次调查与山西省戏剧家协会统计的数字，山西省现有剧团共计266个，其中国有（全民和集体）剧团124个，民营剧团105个，民间班社37个，国有、民营、民间班社分别占比46.6%、39.5%、13.9%。《全国剧种剧团现状调查报告集》中“山西省部分剧团情况调查表”共记录138个剧团，其中国有剧团89个，占比64.5%，剩下49个为民营职业团体，占总数的35.5%，尽管此表为部分剧团的数

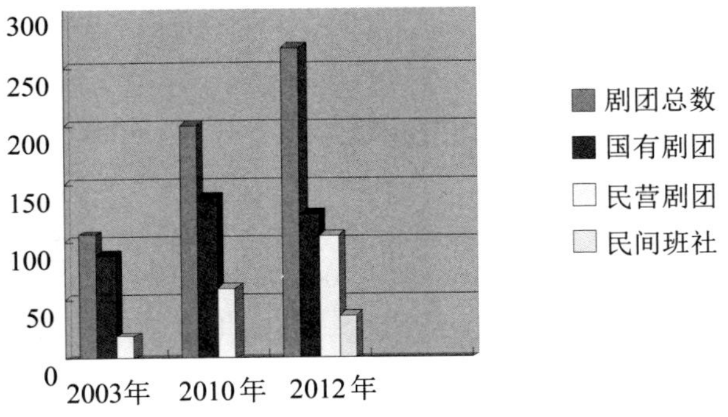

▲图1

据情况，但从比例中仍可以看出民营团数量较少。2010 年春天，山西省省委宣传部、省文化厅委托相关人员对山西戏剧生存现状进行调研和数据收集，结果显示，戏曲剧团共计 138 个，其中有 61 个民营剧团[1]，占比 44.2%。10 年来山西戏曲剧团的大致情况如图 1 所示。

由此我们可以看出，从 2003 年到 2012 年间山西戏曲剧团总数呈现上升趋势，剧团是因市场的需求而诞生的，说明山西戏曲生存状况近些年来出现了回暖趋势，其中民营剧团发展势头较快，在演出市场中和国有剧团形成抗衡之势。

民营剧团经过短短几年的发展，还出现了一些优秀的团体。如清徐的“嫦娥艺术团”，自 2004 年成立以来，演出足迹深入到山西、陕西、河北、内蒙古、河南 5 省（自治区、直辖市）的数十个县、近千个村。他们的新编剧目《龙兴晋阳》、《大红灯笼》多次参加评比演出，并获得多个奖项。2010 年，文化部授予其“全国文化产业示范基地”。他们生产能力较强，常演剧目达 40 个之多，年演出场次达 260—270 场，年盈利 580 多万元，其中公益性演出占到 10%—15%，创全省晋剧演出之最，成为全省众多民营剧团中的领军者。

在以上成绩面前，我们仍需看到，目前大多数民营剧团经营不善，缺乏科学管理，存在恶性竞争与盲目发展的情况。为了营造健康良好的市场竞争环境，希望相关文化部门能够制定详细的实施规则，对民营剧团的健康发展作出科学而有效的监督指导。

同时，我们也发现，在图 1 中，2010 年以后国有剧团数量有下滑趋势，这是因为随着文化体制改革的深入，山西提出了本省的文化改革政策，如“保护一批、改制一批、核销一批、专制一批”，因此，从 2010 年以后，山西的部分国有剧团因文化体制改革而撤销、合并，如太原市豫剧团核销，太原市歌舞剧团和杂剧团合并等。在国有剧团总数有下降趋势之时，民营剧团数量剧增，导致了剧团总数的增加。

从剧团的财政收入分析，在国有剧团中，除了长治地区的 5 个市级直属院团为 100% 的国家经费支持以外，其余的均为差额事业单位，采取国家拨款和剧团演出收入给演职人员发工资的模式。如 2011 年，山西省晋剧院的经费来源情况：财政补贴 446 万元，占总支出的 19%，演出收入 547 万元，占总支出的 21%，单位门面房和剧场出租等其他收入占总支出的 60%；山西省京剧院 2011 年的经费来源为：财政补贴 1164 万元，占总支出的 61%，演出收入为 92 万元，占总支出的 4%，剧场出租等其他收入占总支出的 35%，可见，财政补贴仍是这些国有院团主要的开支来源。据统计，国家年拨款共 5545.89 万元，平均每个剧团每年经费 67 万元。正因为有了国家财政的支持，国有剧团演员的工资收入相对于民营剧团和民间班社来说较为稳定，所以在文化体制改革中，存在着较大的改革阻力，而且长期以来的财政资助也降低了这些剧团的市场生存能力。在这种政策背景下，我们反思整个戏曲行业的生存现状，没有财政资助的剧团发展举步维艰，甚至难以维系生存。

（三）戏曲教育现状

山西戏曲教育与人才的培养，主要依托于文化艺术学校和戏曲剧团的师徒相传方式。山西的文化艺术教育机构共有 16 所，其中招收戏曲专业学生的院校有 13 所，分别是山西戏剧职业学院、太原市文化艺术学校、大同市文化艺术学校、阳泉市文化艺术学校、长治市文化艺术学校、长子县戏曲艺术学校、晋中市艺术学校、运城市文化艺术学校、稷山县黄河文化艺术学校、稷山县安福艺术学校、临汾市文化艺术学校、吕梁市艺术学校和汾阳市职业艺术学校等。根据统计，这些学校在 2010 年招收戏曲学生共 1096 人。以山西省戏剧职业学院为例，近三年的招生情况如表 1 所示。

表 1

<table>
<tr><th rowspan="2">学历层次</th><th rowspan="2">年度</th><th colspan="2">招生人数（人）</th><th colspan="2">学费（元）</th><th rowspan="2">实际就业（%）</th></tr>
<tr><th>戏表</th><th>戏音</th><th>戏表</th><th>戏音</th></tr>
<tr><td rowspan="3">中专</td><td>2010</td><td>42</td><td>12</td><td colspan="2" rowspan="2">3500（根据学生的学习成绩实行减免费制度，全额缴纳学费的人数占到 10% 左右，其余根据成绩排名进行减免。减免部分由学校承担）</td><td>100</td></tr>
<tr><td>2011</td><td>19</td><td>10</td><td>100</td></tr>
<tr><td>2012</td><td>23</td><td>17</td><td colspan="2">全免费</td><td>100</td></tr>
<tr><td rowspan="3">大专</td><td>2010</td><td>11</td><td>0</td><td colspan="2" rowspan="3">5000</td><td>100</td></tr>
<tr><td>2011</td><td>6</td><td>3</td><td>100</td></tr>
<tr><td>2012</td><td>36</td><td>5</td><td>100</td></tr>
</table>

由表 1 可以看出，2010 年共招生 65 人，2011 年招生仅仅 38 人，2012 年的招生人数为 81 人，总之，每年招收学员不足百人。唯一令人欣慰的是，戏曲专业毕业生保持着较高的就业率。其就业方向大致为 10% 左右的人到私

营剧团就业，有5%左右的毕业生选择自主创业，剩下85%的学生在国有剧团就业，从事戏曲工作。

近年来，随着保护非物质文化遗产的实施，有些小剧种设立了传承人和演出院团，这是保护山西稀有珍贵剧种的一种好的传承教育方式，也是山西戏曲教育的一个新形势。同时，一些地方艺术院校和当地剧团开办了地方剧种的传习班，如大同市文化艺术学校从2003年开始，就先后与大同市、灵丘县、朔州市、右玉县及相关剧团开办了耍孩儿班、罗罗腔班、道情班等，为地方剧种的保护、传承、发展培养了大批后备人才。

民营剧团和民间班社的后备人才教育处于民间自发状态的一贯规律中，大部分民营剧团在以盈利为根本目标的前提下，不养闲人，不用上不了舞台的人，因此，民营剧团的后备人才培养实质上基本空缺。但山西清徐嫦娥文化艺术团是个例外，他们从2004年注册公司起，就开始尝试戏曲艺术人才的专项培养路径，先后培养青年艺术人才200多名，不仅满足了自身需要，还向兄弟院团输送了大量人才。

尽管如此，我们且不算戏曲艺术人才的流失数量，但就山西作为一个戏曲大省来说，每年向戏曲市场输入千人左右的戏曲人才是远远不够的，唯一的一所戏曲高等院校一年招生也不足百人，可见戏曲教育的现状严重滞后。细分析之，这种教育现状是和当今戏曲行业在360行中的地位与戏曲市场对人才的需求直接相关的。从社会大环境来看，从事戏曲演出难以取得良好的社会地位和较好的生活水平，社会能够提供给就业者更多的行业选择机会；其次，戏曲市场对人才要求不高。在现有剧团中，把市场回报、盈利赚钱、剧团生存当作主要追求目标，多数演员只要能上舞台，就不去选择进修深造。种种原因导致艺术学校戏曲招生颇为困难。

（四）山西戏曲市场现状

根据2010年度《山西文化统计年鉴》，162个戏曲剧团一年演出33 040场，其中在城市演出4320余场，约占总场数的13%，农村演出28 720余场，约占87%，每个剧团平均每年演出约204场，而农村仍然是戏曲演出的重要市场。

在戏曲剧目生产方面，合计演出剧目857部，其中传统戏剧目约559部，占比65.2%，新编历史剧剧目约166部，占比19.4%，现代戏剧目约132部，占比 15.4%。由此可以看到，在市场和生存压力下，剧团的创作取向仍以农村观众的审美趣味为主。

2011 年全年国有剧团演出市场收入为 6843.2 万元，财政补贴为 17 092.9 万元。以两个市级剧团为例，临汾蒲剧院实验蒲剧团的财政补贴为 303 万元，占总支出的 87%，演出收入为 43.8 万元，占总支出的 13%。长治市上党梆子剧团的财政补贴为 411 万元，占总支出的 77%，演出收入为 124 万元，占总支出的 23%。以上两个剧团均是市级团体中实力较强的演出单位，他们尚且如此，更不用说一些戏价不高、政府补贴也有限的市级、县级剧团了。可见，剧团的生存仅靠演出营收维持，实是困难，这与完全靠演出谋生存的纯粹市场化道路还有很大差距。

调查显示，民营团体的经营状况完全依赖于其市场收益，没有财政补贴，发展状况参差不齐。其中不乏像山西清徐嫦娥文化艺术有限公司、山西美锦贯中艺术团、山西文华晋剧院等经营良好、注重市场品牌的剧团，他们有的已经成为山西乃至全国民营剧团的发展典范。但多数民营剧团经营不佳，这就出现了演出市场低价竞争、不求演出质量等一些难以避免的问题，这些问题导致了演出场数虚高，表现出市场回暖的虚假繁荣景象。

二、当前山西戏曲面临的问题

通过以上我们可以看到，山西戏曲的整体状况出现回暖趋势。但由于戏曲艺术长期被主流艺术形式排挤、戏曲剧团长期被国家化，山西的戏曲要呈现出健康发展和满足人民群众日益增长的精神文化需求，还有很长的路要走，这需要克服众多问题。

（一）日益恶化的剧种生态环境加剧了剧种之间发展的不平衡

多数剧种具有很强的地域性，它们的生存完全依赖于特定地域的观众群体。但随着现代化进程的发展，一些民风民俗遭到破坏，相应地，依附于这些民风民俗而生的小剧种就随之衰弱甚至消失，如晋东南的对戏、雁北的赛戏、晋南的青阳腔等，越是反映山西地域特征、具有深厚的民间文化积淀的剧种，在现代化的生态环境中越容易消失灭亡。值得提醒的是，虽然随着保护非物质文化遗产的实施，一些剧种又“活”了起来，甚至还显现出活跃的趋势，如孝义皮影、雁北耍孩儿、罗罗腔等，但我们不想看到这些剧种“昙花一现”，而是希望这些剧种在外力的帮助下能激活自身，永续发展。

情况相对较好的大剧种，其生存仍主要依托于传统的迎神赛社和民间习俗，加之其还有一部分城市剧场演出，这些大剧种的影响力远大于民俗意味更强的小剧种，而且，它们之间发展的不平衡性还会随着现代化程度的提高而加剧。山西实质上是包容了观赏性、民俗性、仪式性等戏曲种类较全的戏曲省份，倘若随着时代的发展，而削弱了它们这些特性，那么山西戏曲的文化价值将会大大降低，山西戏曲在全国的影响力就会下降。因此，面对现实，我们有责任关注山西的任何一个小剧种，力求在保护剧种生态环境的基础上，尽量帮助每个剧种的生存与发展。

（二）国有剧团旧有的内部机制不适应日益市场化的演出环境

长期以来，国有剧团的行政级别身份，使得其难以降下身段，积极参与市场培育和创建，难以积极开发自身潜力，这大大阻碍了剧团的良性发展。其次，由于国有剧团有财政补贴，端着“国家饭碗”，等、要、靠的思想使得其内部机制呆板，人员思想僵化，市场意识淡薄。国有剧团是名演员云集之地，但新鲜血液较少。虽然拥有良好的人才装备、设备装备和资源装备，但在剧场演出中却无法实行真正的售票看戏制度，相反经常出现“送票”看戏，这不能不说是国有剧团的遗憾，使人不得不深刻反思其市场运作机制。

（三）传统剧目流失严重，新创剧目得不到推广

调查显示，通常一个剧团的常演剧目为 10 个左右，其中传统剧目占 80%。若一个台口按 7 场戏算，需要 7 个剧目，第二个台口演出定会出现老面孔。我国的传统剧目曾经洋洋大观，今天至此境况，可谓流失严重。另外，在山西的戏曲团体当中，只有财政资助较大的国有剧团才有生产新剧目的能力，但这些新创剧目大多为了参赛评奖，舞台规模较大，灯光美术要求较高，多半不适应乡村小舞台演出，因此，赛事结束后便夭折了。费钱费时的大制作剧目得不到推广，无法真正普惠观众。

（四）戏曲教育落后、生源短缺致使戏曲事业后继乏人

戏曲教育作为促使戏曲持续发展的一个重要因素，目前仍处于较落后的状态。戏曲教育资源匮乏，生源短缺，且毕业之后的学员没有真正锻炼的舞台，这些都已是影响戏曲可持续发展的主要障碍。

三、对策建议

综上所述，通过对山西省剧种剧团的调查和综合分析与比较研究，我们发现，山西戏曲的发展态势相较于前些年已经有了些许活力，这与山西经济转型，倡导建设文化强省的大环境相关，与近年来保护非物质文化遗产的实施有关，与山西文化体制改革有关，但这些小成就仍然不能唤回其昔日的辉煌。因此，针对山西戏曲目前存在的问题，我们提出如下建议。

（一）根据山西剧种的发展特点分类制订保护计划

山西戏曲种类多、数量大，仍然在我国戏曲领域居于独特地位。但从剧团数量与剧种来看，有 1/3 剧种的剧团数量已不足 10 个，如罗罗腔、卷戏、赛赛、耍孩儿、锣鼓杂戏等。这些剧种有的已经衰退，有的仅靠一个剧团勉强生存，这为我们敲响了警钟，越是独具艺术特色、反映地方民俗文化的剧种，影响力却越来越小。而对于这些具有鲜明地方特点的戏曲种类的保护已经不再是一句口号，不再是仅仅贴上“非物质文化遗产”的标签后束之高阁。我们建议把现存的戏曲剧种根据实际演出情况进行分类，乘着“保护非物质文化遗产”的东风，建立相应的发展保护政策。

（二）深化剧团体制改革，激活剧团内部运作机制

深化剧团体制改革，让剧团努力以市场主体的身份参与竞争。但任何改革都不能走极端，要采取循序渐进的原则，饥饿疗法固然可以培养剧团的狼性，可多年襁褓中的国有剧团刚刚推向市场，政府还应该扶上马送一程，将原先财政拨款的方式转变为以创作和演出为考核标准的激励机制，逐渐“断奶”。同时建议加大文化宣传力度，打造“山西乃戏曲之乡”的文化名片，使得这一名片能够深入影响当地的地方产业，筹集到更多的企业基金资助，为其争取到更广泛的演出市场，并通过政策倾斜，给予对剧团进行资助的企业和个人税收减免和优惠，以资鼓励。另外，剧团要明确责任分工，形成一团之内创作、演出、管理、宣传、财务等相对独立的企业化管理模式，并根据演员的艺术水平和演出场数实行合理的工资奖金分配制度，激发演员的积极性，搞活演出机制，繁荣戏曲市场。

（三）鼓励重排老剧与创作新剧并举

将重排老剧目作为保护非物质文化遗产的一项重要考核内容，政府根据

其演出反响予以剧团奖励。同时，建议将新创精品剧目能否在乡村舞台上演出、能否受到老百姓的欢迎，作为考核参赛评奖剧目是否优秀的一个重要标准。这样就避免了花重金排出的剧目无法适应普通剧场的弊病，避免了新鲜一阵子即刻在演出市场竞争中夭折的现象，努力做到既丰富了演出剧目，又争取到了实实在在的观众群体。

（四）优化戏曲教育资源，并对毕业后的学生提供就业保障

在戏曲后备人才的培养方面，给予戏校学生减免学费政策，且对他们提供一定的就业保障，解除学员的后顾之忧。鼓励名人名家带团招徒，继承且优化传统师徒教育模式，在培养学员扎实基本功的同时，以一种开放式的传承模式立足市场，吸取众长，接纳新的艺术元素，使得山西戏曲充满内在的生命活力。另外，不能把新从业者定位于“跑龙套”的角色，让他们感觉没有希望，进而灰心转行。相反应该充分提供给他们以露脸表演的机会。希望政府部门在努力为传统戏曲寻找出路，并将之发扬光大之时，更能关注戏曲后备人才的培养问题。

参考文献：

[1] 徐秉梅 . 敢问路在何方？——对山西国有文艺院团体制改革的思考 [J]. 娱乐 ,2011, 增刊 .

作者简介：

张艳琴（1979— ），女，山西长子人，山西省戏剧研究所助理研究员，山西师范大学戏曲文物研究所博士研究生。

谢玉辉（1965— ），男，河北涿州人，山西省文化厅艺术处副研究员。